科学家想要什么

那些在冰山星海间追梦的人

郑蔚 著

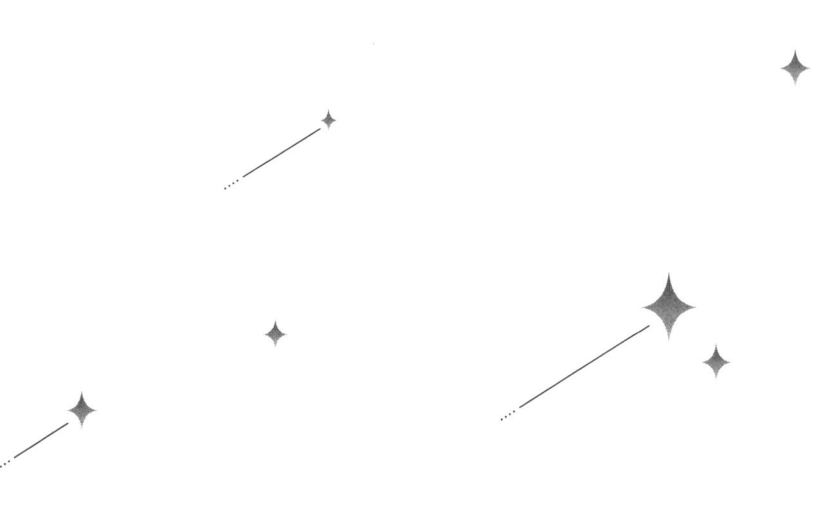

上海科学技术文献出版社
Shanghai Scientific and Technological Literature Press

图书在版编目（CIP）数据

科学家想要什么：那些在冰山星海间追梦的人 / 郑蔚著 . —上海：上海科学技术文献出版社，2023
ISBN 978-7-5439-8780-7

Ⅰ.①科… Ⅱ.①郑… Ⅲ.①科学知识—青少年读物 Ⅳ.① Z228.2

中国国家版本馆 CIP 数据核字（2023）第 038341 号

组稿编辑：张　树
责任编辑：王　珺
封面设计：留白文化

科学家想要什么：那些在冰山星海间追梦的人
KEXUEJIA XIANGYAO SHENME: NAXIE ZAI BINGSHANXINGHAI JIAN ZHUIMENG DE REN
郑　蔚　著
出版发行：上海科学技术文献出版社
地　　址：上海市长乐路 746 号
邮政编码：200040
经　　销：全国新华书店
印　　刷：商务印书馆上海印刷有限公司
开　　本：720mm×1000mm　1/16
印　　张：18.75
字　　数：247 000
版　　次：2023 年 8 月第 1 版　2023 年 8 月第 1 次印刷
书　　号：ISBN 978-7-5439-8780-7
定　　价：68.00 元
http://www.sstlp.com

编写说明

一、我们为什么要推出《科学家想要什么——那些在冰山星海间追梦的人》？

不知您是在哪里打开这本书的，是在高校明亮安静的图书馆里，还是在高铁飞驰的旅途中，抑或是乡村小学整洁简朴的阅览室里？无论您是在哪里打开这本书，我们为什么要向您推荐这本书，总是您很想知道的吧。

我们在这本书里讲了二十多位科学家的故事，他们来自不同的领域和行业。只要打开书页，您就会理解，为什么作者把他们称为"冰山星海间追梦的人"。他们中有的人，您可能已经久闻大名，但却未知其详；他们中有的人，可能已获得了国家最高级别的荣誉，但您不一定知道他们曾经遭遇的挫折和艰难；他们中更多的人，您可能连他们的名字都没有听说过，而他们默默无闻的努力正在改变着我们生活的世界……他们都不是精致的利己主义者，不是仅仅为了改变个人的社会地位而投身科学事业的人，他们坚持把"论文写在祖国的大地上"，他们用自己独特的人生经历和科学追求回答了一个共同的问题："科学家想要什么？"

科学家想要什么？对所有有志于投身科学事业的人来说，这难道不是最重要的问题吗？

二、《科学家想要什么》写了哪些值得您关注的科学家？

此书分三大板块，分别讲述了科学家、发明家的故事：

第一板块，主要写了几位承担"大国重器"研制重任的科学家的人生故事，如：共和国勋章获得者、我国第一代两型核潜艇总设计师黄旭华；"天问一号"火星探测器总设计师孙泽洲；"北斗三号"导航卫星首席总设计师谢军；"奋斗者"号深潜器总设计师叶聪；中国第三代核电站"华龙一号"的总设计师邢继；中国第四代核电站快堆的首席科学家徐銤；我国航空工业武器系统设计技术首席专家梁晓庚；还有在习总书记亲自推动后将中国首创的菌草技术传播到世界上 106 个国家和地区的科学家林占熺，等等。

这一板块中，还写了几位科学家中的先进模范人物，如中宣部授予"时代楷模""最美奋斗者"称号，生前任复旦大学研究生院院长的钟扬教授；首创青藏高原生态研究的援藏教师徐凤翔教授；"全国劳动模范"、创下多项世界桥梁第一的中铁大桥院总工程师高宗余院士；以及默默承担国家重任，在南海养育砗磲、恢复海洋生态环境的中科院南海研究院研究员喻子牛，等等。

第二板块，写的是企业家里的发明家。要提高中国在国际反华势力围堵中的抗击打能力、突围能力，实在太需要有科学家精神的企业家，以及有企业家精神的科学家了。他们中有得到习近平总书记称赞的攻克"手撕钢"难关的中国宝武太钢精带的总经理王天翔；有在短短的十多年里把"上海振华"这家集装箱装卸设备制造企业建成世界最大的集装箱桥吊制造商，使企业获得国家科技进步奖一等奖的管彤贤；还有从"抓斗大王"到"港口自动化创新者"的著名全国劳动模范包起帆；以及海归后建成世界首座海洋潮流能发电站的林东。他们的贡献令所在企业实现了技术能级的升级换代，实实在在地提升了企业在国际市场的竞争力，甚至如潮流能发电站一样开创了一个新的行业。

第三板块，写的是正在科研第一线的科学家们。作者跟随这些科学家或去长江源头（见《陈进：寻找长江源头冰川的"第一滴水"》），或去青藏高原

（见《张甘霖：俯首倾听青藏高原的喃喃低语》）科考，在海拔四五千米写下的故事真切感人。还直接连线在南极和北极科考的中国极地工作者（见《李斌：在南北极"守候"奇幻极光》和《孙立广：在极地冰雪中阅读极地生态史》），从独特的视角为读者打开了南极和北极科考的大门，让喜欢南北极的读者享受一道有趣的极地科普大餐。

三、《科学家想要什么》有哪些写作特点？

本书作者是以"人文大报"为特色的《文汇报》资深记者，曾担任该报专刊部和国内部主任，特聘首席记者，以及任专刊《天下》和《近距离》主编多年。他曾多次获得全国和上海市的好新闻奖，2001年获"上海市劳动模范"称号，2017年获"全国五一劳动奖章"。

这本书讲述的科学家的故事有血有肉有初心。如，讲述黄旭华人生的长篇报告文学《大海都知道》，最初是中宣部领导下达给《文汇报》的任务。为了写出一个有特点的黄旭华，他花了近半年时间，多次采访黄旭华和他的家人、同事，甚至还有30年前和黄旭华一起深潜的核潜艇的官兵。黄旭华一生坎坷，十年动乱中被迫去喂猪，但他初心不变，这是为什么？他对作者说："我的人生是在日本飞机的轰炸声里决定的。"《大海都知道》里还写了黄旭华30年没有回老家，父亲病故也未能回去，但他母亲读到发表在《文汇月刊》上的报告文学《赫赫而无名的人生》（祖慰著）时，尽管文中没有直接出现黄旭华的名字，但老母亲已经泪流满面。黄旭华虽然30年没有回老家，但这30年里他每个月给母亲寄20元，尽到了赡养老人的人伦本分，这一细节并非不重要，因为曾有人在网上质疑黄旭华"一个不孝敬父母的人连做人都不配，还说什么爱国"。有多家媒体写了"一把算盘算出核潜艇"，但本文作者并未满足仅仅堆砌一些宏大叙事语言去一味地歌颂，而是认真请教核潜艇的设计师们："设计核潜艇和设计一艘水面舰艇有什么不同""怎么计算出核潜艇的重心和垂心"，等等。该文严谨质朴的文风得到了中宣部的肯定。

这本书还有几篇讲故事的视角很独特。如，讲述全国优秀共产党员、"长江学者"钟扬的《雪域高原走来千万个追梦人》，采写完稿的时间在钟扬不幸遭遇车祸一年之后。故事缘起是钟扬在遭遇车祸前不久曾与作者约定，让作者跟随他一起去墨脱科考，记载下植物学家是如何采集植物种子的。不料就在他们相约出发之前，钟扬罹难。英雄远去，但作者没有忘记与英雄的约定，在钟扬遇难近一年后他再去西藏，请藏大钟扬的学生和同事讲述他们心中的钟扬。当他们泪流满面地讲述钟扬援藏的往事时，作者深为震撼，一个由众多视角汇聚而成的可敬可亲可爱的钟扬再次矗立在他的眼前。中宣部和上海市委宣传部都专门发文对此予以肯定。作者写的《徐凤翔：开创青藏高原生态学的"辛娜卓嘎"》，采撷了徐凤翔和著名报告文学作家黄宗英长达40年的友谊，将此作为切入的视角，人物形象生动，性格冲突鲜明，读来不仅有激情，还有温情且又有趣。

这本书兼具科普和人文这两大特点。如，黄宗英在40年前就写过徐凤翔的故事《小木屋》，该文还得过当年全国报告文学一等奖，但黄宗英全文并没有讲述徐凤翔作为林业科学家是如何科考的，以讲述其精神追求为重。对比本书此文，不仅介绍徐凤翔和黄宗英俩人的精神追求，而且画龙点睛地择要介绍了林业科学家是如何在森林里科考的，甚至对他们是如何计算一棵树的年轮也娓娓道来。通过这些细节的讲述，让读者理解科学家的日常是细致、严谨、繁琐而又艰辛的，没有严谨的"科学规范"，就没有所谓的"科学态度"和"科学精神"。

在跟随科学家奔赴长江源头的岗加曲巴冰川时，他写下科考队里一位年轻女博士的话："我是不会在微信群里发冰川照片的，因为我的同学都是研究这个的。"这引发了作者的思考，他写道：人们都说，生活中不但有眼前的苟且，还有诗和远方。这青藏高原的冰川不就是别人眼中的"诗和远方"吗？但这对立志一辈子研究青藏高原生态的这些科学家来说，又意味着什么呢？原来，这别人眼中的"诗和远方"，就是他们心甘情愿选择的一辈子的"冷板凳"啊！

正是通过对这些不同行业、不同年龄、不同年代的科学家群体的精神追问，此书帮助读者去思考：既然科学探索如此艰辛，这些科学家的精神原动力到底是什么？从而去认真思考"科学家究竟要什么"这个科学人的终极问题。相信不同读者阅读此书后，会各自找到有意思、有启迪的答案。

目录
- contents -

第一板块 1

1. 黄旭华：大海都知道 - 002
2. 林占熺："极乐鸟"为世界衔来"幸福草" - 042
3. 钟扬：雪域高原走来千万个追梦人 - 052
4. 谢军："上天揭取北斗柄" - 070
5. 孙泽洲：从月球到火星，走起！ - 080
6. 徐銤：耕耘中国快堆的"春耕牛" - 097
7. 徐凤翔：开创青藏高原生态学的"辛娜卓嘎" - 107
8. 叶聪：把深潜进行到大洋之底 - 123
9. 邢继："华龙一号"是安全标准最高的核电站 - 133
10. 梁晓庚：隐形飞机来袭？我们有中国空空导弹伺候！ - 142
11. 袁钧瑛：她第一个发现了细胞凋亡的基因 - 151
12. 高宗余：沪通大桥是我们为长三角定制的 - 161
13. 喻子牛：让南海"海洋热带雨林"斑斓多彩 - 170

第二板块 179

14. 王天翔：了不起的宝武"钢铁侠" - 180
15. 管彤贤：让全世界抬头仰视"中国制造" - 190

16. 包起帆：从码头工人到三次走上国庆观礼台 — 205

17. 林东：让大海的旋律来发电 — 216

第三板块 227

18. 陈进：寻找长江源头冰川的"第一滴水" — 228

19. 张甘霖：俯首倾听青藏高原的喃喃低语 — 237

20. 孙立广：在极地冰雪中阅读极地生态史 — 249

21. 李斌：在南北极"守候"奇幻极光 — 258

22. 陈冬：我要为祖国飞出新的高度 — 280

第一板块

First plate

黄旭华：大海都知道

黄旭华

男，1924年出生于广东海丰县，父亲按族谱秩序为其取名为"绍强"。在抗战中，他改名黄旭华。中船集团719所中国第一代两型核潜艇总设计师。1985年和1996年两次获得国家科技进步奖特等奖。1994年选聘为中国工程院首批院士，被评为"2013年感动中国十大人物"，2017年获得何梁何利基金科学与技术成就奖，同年获得第六届全国道德模范敬业奉献奖。2019年获"共和国勋章"，2020年获国家最高科学技术奖。

Huang Xuhua

> 伟大者善梦。梦想成真的国之重器，只能属于善梦的伟大者！
>
> 我国从20世纪50年代中期开始谋划运作研制核潜艇，历经千辛万苦，终于淬火成钢。如今，我国核潜艇已成为万里波涛中保家卫国的"定海神针"，它至今仍是国家密级最高的国之重器之一。为了这一使命，担任第一代两型核潜艇总设计师的黄旭华，曾30年没有回老家探望亲人。他隐姓埋名，殚精毕力，不畏艰险，为我国第一代核潜艇具备实战能力作出巨大贡献。
>
> 2019年9月下旬，中华人民共和国成立70周年前夕，中共中央总书记、国家主席、中央军委主席习近平向中船重工第719研究所名誉所长黄旭华颁授了"共和国勋章"。中宣部、中组部等授予他"最美奋斗者"荣誉称号。

这是一场不同寻常的会见，至今让人难以忘怀。

2017年11月17日上午，中共中央总书记、国家主席、中央军委主席习近平在人民大会堂亲切会见参加全国精神文明建设表彰大会的代表和全国道德模范代表。习近平看到93岁的中船重工719所名誉所长黄旭华院士和82岁的贵州省遵义市播州区平正仡佬族乡原草王坝村党支部书记黄大发年事已高，站在代表们中间，就握住他们的手，请他们坐到自己身旁。这感人的一幕，通过电视传遍了千家万户，温暖了全国人民的心。

"习近平主席握着我的手和我聊天，我觉得他就像和家人说话一样亲切。"黄旭华说道。

黄旭华在大会上的激情发言，激起了全场一次又一次热烈的掌声。当得知他为了我国第一代核潜艇的建设隐姓埋名、30年没有回老家时，很多同志的眼睛湿润了。

黄旭华走下讲台，鲐背之年的著名电影艺术家田华激动地对他说："您看，我双手都红了，是为您鼓掌鼓的！"

2018年，正是我国核潜艇事业走过六十年的日子。黄旭华为中国核潜艇事业贡献了六十年，他是我们共和国的英雄！

一 深潜就是战斗力

1. 伟大者善梦

1988年4月20日，中国核潜艇首次出海执行深潜任务。

深潜有多难？

曾任中国海军核安全局副局长的杨连新讲过美国"长尾鲨"号核潜艇沉没的故事：

1963年4月9日上午8时，美国大西洋西岸新罕布什尔州朴茨茅斯港，"长尾鲨"号攻击型核潜艇启航。它是当时世界上最先进的鱼雷攻击型核潜艇，其设计的下潜极限深度为300米。在"云雀"号潜艇救援舰的保驾下，它将进行首次大修后的300米下潜试验。

就像大多数海上的突发灾难一样，刚开始的时候，风平浪静，一切正常。

在指定海域，艇长约翰·哈维中校充满自信地下达了"下潜"的命令。9 时 02 分，"长尾鲨"潜入 200 米深的温跃层。温跃层内海水的温度和密度发生剧烈变化，"长尾鲨"原本清晰的通话声开始含混起来，"云雀"号收听到的水下电话变得断断续续。

7 分钟之后，"长尾鲨"号发动机舱的一个冷却管焊头断裂，发生泄漏。没有了冷却水，核反应堆迅速自动关机。核潜艇失去动力，开始下沉。哈维艇长立即命令自救，紧急启动备用的常规电池动力系统，用压缩空气排出核潜艇水柜内的压舱水。"云雀"号上的扬声器里，传出了"长尾鲨"上压缩空气全力喷射的"嘶嘶"声。

9 时 15 分，"云雀"号舰长紧张地通过水下电话询问哈维中校："你们还能不能控制住潜艇？"

无人应答。

1 分钟后，"长尾鲨"号发出了遭遇严重危机的信号：900。又过了 1 分钟，"云雀"号接收到一个短语："超过测试深度——"

9 时 19 分，"云雀"号监测到了大海深处传来的一阵具有高能内爆特性的低频噪音，这是"长尾鲨"号留在世间的绝响。

大海不动声色地关上了藏在深处的那道看不见的生命之门，迅疾而绝情，海面上风和日丽，波涛依旧。

11 时 04 分，美国海军大西洋潜艇司令部收到一份来自"云雀"号的报告："'长尾鲨'可能超过测试深度，潜艇爆炸……正在进行扩展搜索。"

次日上午，美国海军作战部长在五角大楼悲痛宣布："'长尾鲨'号沉没，100 多名艇员全部罹难。"

"为什么设施完备的专业潜艇救援舰就在边上却无法救援？""长尾鲨"号深潜的悲剧似乎难以让人相信。

在中船重工719所，曾在黄旭华领导下从事核潜艇设计的资深专家宋学斌双手张开虎口比划说："我们计算过，在极限深度，核潜艇只要有这么碗大一个破损，就难以救援了。"

水深每下降10米，就会增加一个大气压，极限深度之处就是几十个大气压。巨大的压力将海水通过破损处压进潜艇，这力度远大于核潜艇用高压空气将水舱中的海水排出的能力。

"长尾鲨"号至今仍沉睡在2300米深的海底。

"深潜才有战斗力。"黄旭华院士说。

二战中，反潜一方从空中和海面搜寻敌方潜艇，主要靠可见光观察和各种声呐。而如今，搜索核潜艇的手段更多了：布满太空的间谍卫星，无时无刻不在窥视着大洋，核潜艇的红外信号、尾迹信号，甚至是微弱的电场和磁场信号特征等，都会暴露水下核潜艇的踪迹。

深海，甚至大洋深处的海沟，才是核潜艇最有效的安全屏障。只有深潜，才有隐蔽性；有了隐蔽性，才有安全性；有了安全性，才有突然性，才能防不胜防、一击制敌，令侵略者不敢进行战争冒险！

"300米深，是20世纪六七十年代核潜艇研制的世界水平，美国和苏联研制的核潜艇深度大都在这个深度上下。"黄旭华说。

20世纪六七十年代，中国海军尚以近海防御战略为主，那第一代鱼雷攻击型核潜艇主要的对手是谁？只能是来犯的敌水面舰艇及水下潜艇，甚至是来犯的敌战略核潜艇。

来犯者潜多深，防御者也必须潜多深。

"如果，你和来犯的核潜艇不在同一个深度上，怎么发现、锁定和攻击目标呢？"年逾八旬的老专家宋学斌说。

"虽然当年我们的科研力量和工业水平在今天回首看去都还是刚刚起步，但我们制定的第一代核潜艇设计目标并不低。"黄旭华说。

客观地说，我国在六十年前要研制核潜艇，不仅当时国家尚不具备基本的工业制造基础，而且毫无研制核潜艇的科研技术储备。而这个雄心，仅源自一个不能落后挨打、再被帝国主义侵略欺辱的民族梦想！

2."深海同舟"

"1988年我们进行了首次深潜，但我们不是到了20世纪80年代才想起来深潜的，早在我国第一代攻击型核潜艇研制初期就有了深潜的目标。"黄旭华说，"我们设计时就提出，我国第一艘鱼雷攻击型核潜艇'401'艇应该既是试验艇，又是战斗艇。"

1970年12月26日，我国第一艘鱼雷攻击型核潜艇"401"艇在北方的一个半岛上神秘下水了。

核潜艇艇首扎着一簇巨大的红花；首水平舵上，八面红旗一字排开，象征着"八一"；毛泽东的画像高悬在潜艇指挥台正上方；船坞的四周，挤满了激动兴奋的科研人员和造船厂的工人师傅。

核潜艇的下水方式与常规潜艇及普通船舶不同。常规潜艇的下水一般是在船台的斜坡上，将缆绳松开，潜艇会靠重力自行滑下水去。而核潜艇则是在一个大厂房内基本建造完成后，让其坐落在几十台小车上，小车利用地面铺设的铁轨将核潜艇从大厂房运到船台，然后再从船台运到船坞的一个特大浮箱上，最后将浮箱灌满水沉下去，装满水的船坞就稳稳地托起了核潜艇。

这艘舷号为"401"的核潜艇，全艇有设备、仪表等2700多项、5万多台件；240多种电缆的总长度超过100公里；270多种不同规格的管道累计长度超过30多公里，全部由中国人自己研制，堪称"中国智造"的先驱。

当天、当年，甚至此后十年，中国没有任何一家媒体报道过此事。直到四十多年后，遮蔽在其身上的神秘帷幕，才掀开一角。

当年下水时，艇上核燃料尚未安装就绪。

1971年8月17日,周恩来总理亲自批准核潜艇开始试航。

"核潜艇下水后,首先要进行系泊、设备联调、启堆,完成系泊试验。系泊试验成功了,核潜艇才能出海,进行航行试验。航行试验的主要内容是核动力堆的性能以及核动力和应急动力的转换试验,以及潜艇的操纵、导航、声呐、武器等各个系统和噪音测试试验,等等。"黄旭华说,"'401'艇下水以后,我们所的主要任务就是配合核潜艇总体建造厂和潜艇部队解决试航、试验中发现的一切问题,提出不断完善的方案,力争尽快完成该型核潜艇的设计定型,使我们的核潜艇尽早形成战斗力。"

"我们三方经过4年的共同努力,完成了将近600次的核堆启堆、提升功率、发电、主机试车等系泊试验;以及20多次、累计6000余海里的出海航行,完成了水上、水下高速巡航200多次,不断优化设计,终于在1974年'八一'建军节这天,将'401'艇正式交付海军,编入人民海军的战斗序列。"

黄旭华清楚地记得,海军司令员萧劲光代表中央军委宣布了《第一艘核动力潜艇命名》的命令,首任艇长杨玺亲手升起的"八一"军旗,在碧海晴空中迎风招展。被命名为"长征一号"的"401"艇缓缓地驶离军港码头,在众人的注目礼中,潜入波涛之中。

人民海军由此跨进了"核时代"。

"'401'艇解决了中国'有没有'核潜艇的问题。但那时候不少设备还达不到我们期待的水平,还有的设备可靠性比较差,"黄旭华说,"我们在后续的'402'、'403'艇上又不断改进。到了20世纪80年代,我们的'404'艇终于可以向'极限深潜'这个目标冲刺了。"

时任"404"艇副艇长、退休前为海军某潜艇基地副司令员的薛法玉回忆说,当年美国"长尾鲨"号深潜遇难的事大伙都知道,所以海军和719所、核潜艇总体建造厂为这次深潜做了周全的准备工作,不但事先全面检修设备,还为操纵系统、反应堆安全、生化、电气设备等方面准备了28套500多条应急处置的预案。

他说:"黄旭华留给我的印象是文质彬彬,非常低调,一看就是知识分子,但他的工作非常严细。比如,同一个设备,我们海军的习惯说法和他们719所专家说的不一样;同一个动作,核潜艇总体建造厂的师傅和我们海军的叫法又不一样。大家说的到底是什么意思,一定要弄清楚,千万别搞错了。我们海军把专家说的'通海阀'叫'注水阀';我们海军说的'通风阀',就是专家说的'通气阀';要拉紧一根固定核潜艇的缆绳,船厂师傅用当地方言说是'带紧',我们海军习惯说'收紧缆绳'。这些语言上的区别,他都会在开会时一一问清楚,全都记在笔记本上,避免了来自五湖四海不同单位的同志在沟通时因为误会而贻误生产。"

"在深潜前的准备工作中,他要求把核潜艇的主要设备,如通海阀门、蒸汽管等八大系统的关键部位都挂上牌子,写清楚这个设备正常情况下应该怎样、应急情况下如何处置,海军艇员是谁在操作,719所是谁在监控保驾,核潜艇总体建造厂是哪位师傅负责维修,都一目了然。"

但是准备工作越充分、越周全,大家的精神压力也就越大。时任核潜艇总体建造厂厂长助理王道桐说,他当时是船厂派到深潜现场的总负责人,船厂在深潜试验前还为参加此次试验的十几位同志拍了"生死照",以防万一失败后做个"最后的留念"。而参加深潜的年轻艇员也一腔热血,有几十位甚至写好了遗书。

艇员董福生在悄悄留下的给妻子的遗书中写道:"嫁给军人不容易,嫁给干核潜艇的军人更不容易,什么事情都可能发生。我不能陪你走完一生,一辈子欠你的情。希望你不要难过,把孩子带好,再组织一个幸福的家庭……"他告别妻子,但没有告诉她去干什么。胜利返航后,这封万一深潜失败才寄出的遗书就一直珍藏到如今。

"404"艇艇长王福山请黄旭华去帮助做艇员思想工作,缓解一下过分紧张的情绪。上艇后,黄旭华也感觉到气氛有点沉重。他问艇长:"你们是怎么做思想工作的?"艇长说:"我们强调这次任务光荣啊。"黄旭华说:"完了。你们老说'光荣',这些小伙子会以为就是让他们去'光荣'的。不怕牺牲是崇高品质,但我们深潜不是要他们去牺牲,是要完成任务、要拿到深潜的数据再回来。"他当即对艇长说:"作为核潜艇的总设计师,我对核潜艇的感情就像父亲对孩子一样,不仅疼爱,而且相信它的质量是过硬的,我要跟你们一起下去深潜。"

核潜艇的总设计师亲自参与深潜!这在世界上尚无先例,总设计师的职责里也没有这一项。很多领导得知后,都劝年已64岁的黄旭华不要亲自参加深潜了。

黄旭华坚持这么做。他说:"首先我对它很有信心;但是,我担心深潜时出现超出了我现在认知水平之外的问题;而且,万一还有哪个环节疏漏了,我在下面可以及时协助艇长判断和处置。"

中国人有句形象地表达"生死与共"的成语,叫作"风雨同舟"。黄旭华的深潜,是现代版的"风雨同舟",比什么都有说服力:别紧张,兄弟,咱核潜艇的总设计师和你"深海同舟"!

深潜的决心下定了,但黄旭华还必须得到另一半的支持,就是他的妻子李世英。当黄旭华把深潜决定告诉夫人时,其实他内心多少有几分对妻子难言的愧疚。和丈夫同在719所工作了几十年的李世英,是一位懂俄语、英语、德语的专家,深知深潜的重要和风险。她面不改色地宽慰黄旭华说:"你当然要下去,否则将来你怎么带这支队伍?我支持你。你下去,没事的,我在家里等你!"

这位身材瘦弱的女专家,让人知道了什么叫爱侣间的"深明大义",世界上真难以找到另一位在精神上更适合黄旭华的知识女性了。那个大连海运学院毕业的高材生,当年在黄浦江畔遇见了英俊潇洒的黄旭华,接过他送上的

"定情礼"———两块手绢和一个笔记本，心房就立刻被幸福淹没了。

3. "先例"成"传统"

1988年4月20日下午，南海碧波万里。执行深潜任务的"404"艇驶离军港，前往200多海里外的试验海区。

极限深潜分两个航次进行：21日上午先进行了适应性预下潜，下潜至193米时起浮，潜艇一切正常；29日上午9时，进行极限深潜，要求达到极限深度。

艇上共有本次试验副指挥长、北海舰队副参谋长王守仁和技术负责人黄旭华等100多位勇士。下潜不久，突然出现了水声通信不畅的问题。艇内气氛顿时紧张起来，于是边排除故障边等待。

部队有唱歌的传统。为了缓解紧张的气氛，这时有人唱了《血染的风采》。在指挥舱二层的黄旭华笑着说："这首歌我也喜欢，但现在唱太悲情。我们是去做试验的，不是去牺牲的。我们要唱就唱《中国人民志愿军战歌》，'雄赳赳、气昂昂、跨过鸭绿江……'气势雄壮，充满信心。"

上午11时，接到继续下潜的命令，"404"艇如同一条鲸鲨向预定的深度潜去。薛法玉回忆说，从水深200多米开始，核潜艇的耐压壳体受到深海越来越强的挤压，有的舱门打不开了，艇身还不时传来"咔咔"的声音。

这"咔咔"的声音是从哪里来的？黄旭华说，核潜艇通常是双壳体的，外壳是非耐压壳体，不会变形；而内层是非常坚固的耐压壳体，耐压壳体在海水的强压下会发生变形。当潜艇的耐压壳变形时，连接内外两层壳体之间的结构件就会承受很大的拉力。如果焊缝有一丝不牢，就会被拉开；如果焊接得好，虽然焊缝没有拉开，但结构件也会拉动整个外壳变形，同样会发出在深海听来令人惊悚的响声。

薛法玉至今记得，深潜时，潜艇用于观通的升降装置固定支架被一点一点地压弯了；而当潜艇从海底上升起浮至海面时，这钢铁做的固定支架竟然又一点一点地被拉直，可见极限深度的压力有多大！

"一块不到扑克牌大小的耐压壳体上，要承受一吨多重的压力。"黄旭华说，所以这"咔咔"的声音在深海里听上去就格外"瘆人"！而且，有几个舱室的填料函出现了渗水，能听到"滴滴嗒嗒"的漏水声。

核潜艇有没有危险，还能不能继续下潜？薛法玉记得黄旭华那时格外沉静。黄旭华和艇上几位领导一商量：核潜艇状态良好，没有问题，继续下潜！

保存在我海军某潜艇基地军史馆中的一段当年留下的影像资料，永远留住了这历史性的一刻——艇长王福山报告："280米到了！"当时已经是某潜艇基地司令员的杨玺沉稳地下令："极限深度就快到了，咱们各个岗位认真操作，不要紧张，有点响声是正常的。"

人们都问黄旭华："您当时真的不紧张吗？"

黄老笑了："我当然也紧张，我要对全艇100多个人的生命负责啊，我可能是艇上最紧张的人！但我不能让人家看出我紧张，我一紧张别人就更紧张了。好在之前我们准备工作做得很充分，在每个舱室的关键岗位都有人盯着关键设备，每个关键部位都安上了记录潜艇结构承压变化的应变片。"

为稳妥起见，"404"艇再往下潜是每5米一停，各舱值班人员依次向指挥台报告："报告指挥舱，一舱检查机械设备、水密状况，A！"

"A是什么意思？"艇上有的领导不明白。

"别管它，没事，可以继续下潜！"黄旭华胸有成竹地说。

担心潜艇万一出问题，不良情绪会迅速蔓延，黄旭华事先就让报告人员当潜艇接近极限深度时，将一定范围内的数值对应"A、B、C"这三个字母，"A"表示一切正常，可继续下潜；"B"表示应力接近临界值，应小心下潜；"C"则表明超过临界值，必须停止下潜。

核潜艇的深潜为什么特别危险？它的深潜与常规潜艇的深潜有什么不同？

1965年就到黄旭华的潜艇设计部门工作的资深专家黄庆德说，常规潜艇深潜到海底时，可以关闭动力设备，靠蓄电池供电，它没有必须时刻与海水保持交换的通海部分。而核潜艇恰恰相反，核潜艇的动力是核反应堆，反应堆一旦启动，除了战时受损或故障停堆，是不能停的。现在的核反应堆寿命已经与核潜艇的寿命等同，加一次燃料棒，就可以工作到核潜艇退役。核潜艇的战略威慑力也来源于此。因此，核潜艇的核反应堆是一刻不停运转、也一刻不停地需要海水来降温的。核潜艇即使坐在海床上一动不动，它的通海部分依然必须对大海保持畅通，以进行海水交换。如果没有海水持续不断地为核反应堆降温，就会酿成类似 2011 年日本福岛核电站 1 号反应堆因无水降温而发生爆炸的可怕事故。

这是核潜艇深潜最难的关键点。通海部分的波纹管更是核潜艇最"脆弱"的部分，虽然黄旭华他们已经通过精心设计使波纹管有足够的强度，但真的潜到极限深度的海底，它还能不能经得住几十个大气压的考验？谁也没有试过。

薛法玉说，大海深处的温度和海水表面的温度是不同的。当时海水表面的温度在 18℃左右，但深潜到极限深度时就只剩几摄氏度了。而且，大海深处的盐度也是与大海表面不同的。这温度和盐度的不同，使得它对通海设备的压力，以及带来的金属热胀冷缩的收缩率也是不同的。始终不能关闭核潜艇的通海阀，这意味着核潜艇最坚固的耐压壳体和最脆弱的通海设备要同时承受着前所未有的严峻考验。

人民海军每个核潜艇兵都是最了不起的人！

中午 12 时 10 分 52 秒，指挥舱里深度计的指针显示，核潜艇稳稳地潜到了极限深度，还略有超过。各舱值班艇员的报告声依次响起，扣人心弦。

此时，艇体不再发出"咔咔"声，几处渗水处也并未加剧。核潜艇的耐压壳体和通海系统安全可靠，全艇机械设备运转正常，我国自行研制的第一代鱼雷攻击型核潜艇达到了设计目标，符合实战需要。

我人民海军潜艇史上一个深潜的最高纪录诞生了。

"起浮！"指挥员一声令下，核潜艇沉着地缓缓升向盛满阳光的海面。

当水手长报告核潜艇已经重新回到水深100米时，艇上所有人的激情和兴奋再也憋不住了，几乎同时爆发出一阵足以掀起巨浪的欢呼！

恰好艇上的《快报》请黄旭华题字，激情澎湃的黄旭华一挥而就：

"花甲痴翁，志探龙宫；惊涛骇浪，乐在其中。"

719所的深潜队长尤庆文按照黄旭华事先的布置，深潜中专门负责照看主循环系统的波纹管，他还抱着录音机录下舱室的声音和下潜的指令。录音显示，深潜过程中耐压壳体和结构件发出的"咔咔"声达11次。

"回来后，我们根据录音找到每一处发生'咔咔'变形的部位，分析它的成因，制定对策。"黄旭华说。

当深潜成功的喜讯传回武汉的719所，外表始终平静的李世英突然放声哭了，释放出压在心头已经太久的"几十个大气压"。

时隔三十年，黄旭华讲述妻子失声大哭的往事时，依然泪眼婆娑。

"原来，她心头的压力比我还大。"黄旭华说。

原来，世间有一种"神仙眷侣"，不是不食人间烟火，而是同甘共苦、有难同当。

"404"艇和后续艇，成为我国第一代鱼雷攻击型核潜艇的定型艇。

从此，我国核潜艇的总设计师随同首艇一起深潜，成了719所的"光荣传统"。

后来也成为新一代核潜艇总设计师的宋学斌，年逾古稀还参加了新一代核潜艇的深潜试验。

不久前，当黄旭华再次讲述"深潜"这段往事时，将自己的人生都归结到他当时写的那首诗里："我的人生都概括在那首诗的两个字里了，一个是

'痴'字，一个是'乐'字。六十年'痴'迷核潜艇，再艰难困苦也'乐'在其中，所以能百折不回。"

"痴"，是初心进入极致的状态；"乐"，是一种无我之我的大境界。在别人看来波澜起伏、跌宕辉煌的人生，原来可以概括得如此简单。

二 千锤百炼，方成国之重器

1. "当无名英雄？小事情！"

曾经承载着无数中国人厚望的"401"艇，如今静静地停泊在青岛的中国海军博物馆码头上。海军博物馆馆长康海东这样说，阅尽40多年的大海波涛，"401"艇已经卸去了武备和核堆，完成了光荣的历史使命。

它是中国核潜艇事业的第一座里程碑。它是当之无愧的大国重器。

大国重器，无一不源于民族自尊自强的伟大梦想。若无强国梦想，何来在"一穷二白"的条件下咬着牙铸就大国重器的血性！

时光回溯到六十多年前：1958年，中国核潜艇事业的元年。

就在那一年，时任上海船舶工业管理局设计二处潜艇科长的黄旭华，突然接到去北京出差的通知。走进了海军舰船修造部和一机部船舶工业管理局联合组建的核潜艇总体设计组，他这才知道是"天字第一号"绝密工程选中了他，那年他34岁。当时设计组只有29人，分为船体组，以及动力、电气三个专业组。

黄旭华至今记得，报到时领导找他谈话说了三条：一是"你被选中，说明党和国家信任你"；二是"这项工作保密性强，这个工作领域进去了就出不来，即使将来万一犯了错误，也不能离开，只能留在里面打扫卫生，因为出来了就泄密了"；三是"一辈子出不了名，当无名英雄"。

黄旭华毫不犹豫。"一辈子出不了名，当无名英雄"，这与"党和国家信任你"相比，算得上什么啊？当年，他加入地下党，不就是无名英雄吗？"党和国家信任你"，是那个年代的年轻人最为看重的荣誉，更与黄旭华本人的特殊经历分不开。

黄旭华生于 1924 年 2 月，是广东海丰县田墘镇人，排行老三，原名黄绍强。父亲黄树穀与母亲曾慎其都接受过西医教育，以诊所和药房悬壶济世。黄树穀是内科医生，而曾慎其是田墘镇上有名的助产士。黄旭华自幼记得，无数个夜晚，只要有人来敲门请母亲去接生，母亲总是放下一切拿起药包就走。那时接生助产的费用，完全依产妇的家庭情况而定，给多少是多少。有些贫困家庭拿不出接生费的，她也从不计较，安慰产妇家人说，"没关系，等孩子长大了，叫我一声'义姆'（方言：干妈）就行。"就这样，她老人家有了无数个"干儿子"。1995 年，老人家享寿 102 岁仙逝时，有几十个连黄家人都不认识的"干儿子"前来戴孝送行。

黄树穀先生在当地行医助学，颇具声望。日军侵占海丰后，想借助他的声望，威逼他当维持会长，被一口回绝。一日本军官气得把指挥刀架在他的脖子上，吓得边上的孩子哇哇大哭。曾慎其见状急中生智，赶紧拿出一叠钱塞给领路的汉奸。汉奸贪财，与日本鬼子嘀咕了一阵才恶狠狠地离去。

父亲的爱国情操和刚毅品性，母亲的慈爱和豁达，都深深影响了黄旭华。少年的他，就参加了当地的民间抗日宣传队，在《不堪回首望平津》中扮演一名逃难的小姑娘。"我们演得特别认真，台下看的人也很动情。演着演着，台上台下就越来越激动，抓到汉奸后，台下无数的观众含着泪水一起高喊：'杀！杀！'那时我就想，长大了，我一定要为国家做一点事情。"黄旭华回忆说。

1938 年，黄旭华为了求学，翻山越岭，整整步行 4 天才找到了为躲避日寇而搬迁到揭西山区的聿怀中学。但即便是在山区的草棚子里上课，日机也常来侦察轰炸。日机一来，老师就拎起小黑板，领着学生钻进甘蔗地或山洞里。这从天而降的夺命炸弹，竟然是一个从小在渔耕社会长大的农村孩子最早见识的"现代化"！这样的震惊、恐怖、无助和悲伤，哪个少年学子能忘得了？

1939年夏天，黄旭华回到老家，正逢日机多次轰炸海丰。黄家的老屋就在海边，黄旭华和他的兄弟妹妹站在屋顶上，一次次眼睁睁地看着天上日机五六架一群，依次从空中俯冲下来，把停泊在海边的一艘艘渔船炸毁。

这"现代化"的炸弹的冲击波彻底颠覆了他的人生。父母原来指望他们聪颖的三儿子长大后子承父业，黄旭华也很想学医，但此时的黄旭华却改变了主意，他说："学医只能救人，我要救国。"

"我的人生，就是在日本飞机的轰炸声里决定的。"年已九十有四的黄旭华，一字一句地说。

黄旭华于是决定将自己的原名"绍强"留给自己的二哥使用，给自己起名为"旭华"，寓意为："中华民族必定如旭日东升一般崛起，我要为中华民族的强大做贡献。"

为求学来到广西桂林后，他写信告诉父亲，自己将名字改为"旭华"。父亲回信埋怨说，你们兄弟都是"绍"字辈的，你爷爷才是"华"字辈的，你怎么能随便改成爷爷这一辈的呢？

"我爷爷叫黄华昌，是个武秀才。国难当头，他一定理解我'匹夫有责'的心情，我就不改回去了。"他说。

"国家兴亡，匹夫有责"，在中华民族到了最危险的时候，还有什么比这更大的事情！

当年，那些驾驶着现代化的飞机在中国的城市和乡村上空肆意投弹扫射杀人无数的"大日本皇军"，大概怎么也想不到，他们原本以为用最现代化的杀人机器可以粉碎中国军民的顽强抵抗和中华民族仅剩的尊严，却让中华民族自尊自强的信念更为坚定！

"当无名英雄，是小事情！"黄旭华风轻云淡地说。

1956年年底，黄旭华因公出差广州，顺道回老家海丰田墘镇三天，探望父母兄妹。

此后三十年，对父母而言，黄旭华只是一个会按月给他们寄生活费的神秘的北京信箱号码。

"我的小学同学、中学同学、大学同学，从此都没有联系了。此后三十年里，他们不知道我，我也不知道他们。"黄旭华说。

2."骑驴找马"

国无防不安。

20世纪50年代，美苏启动争霸世界的战车。1954年1月，世界上第一艘核潜艇"鹦鹉螺"号在美国下水；1957年8月，苏联的第一艘核潜艇"列宁共青团"号也下水首航，这意味着美苏两国不仅形成了陆海空三位一体的核战略格局，而且具备了第二次核打击能力。

别以为有了原子弹就是核大国，有了核潜艇才是真正的核大国。今天世界公认的五个领先的核大国中，英法已经宣布放弃陆基和空基核武器，只拥有海基核武器———核潜艇，作为核打击和核反击的大国重器。

1958年6月27日，时任国务院副总理、中央原子能事业三人领导小组成员聂荣臻元帅向中共中央呈报了一份《关于开展研制导弹原子潜艇的报告》。两天后，周恩来总理、邓小平总书记分别对这份绝密文件进行了批示并呈送毛泽东主席。毛泽东签批后，中国的核潜艇事业正式启动。

鉴于当时中苏两国的关系，最初我国曾希望核潜艇事业也能得到苏联的支持和帮助。然而，无论是中方参观苏联核潜艇工程，还是请苏联提供核潜艇的技术援助等要求，都遭到了苏方的漠视和回绝，苏方还提出了"成立联合舰队""在中国建立与苏联核潜艇通信的长波电台"等一些中国领导人认为无法接受的建议，被激怒的毛泽东留下了穿越时空的名言："核潜艇，一万年也要搞出来！"

关于1959年秋天中苏高层这次互不让步的会谈，赫鲁晓夫在他名为《最后的遗嘱》的回忆录中写道："在我访问中国期间，毛泽东曾经向我提出要帮助他们制造核潜艇，我对他这种异想天开只是一笑置之。"

赫鲁晓夫先生当然可以对中国人的"异想天开"一笑置之，但中国人不，中国人从小学过一句成语叫"精诚所至，金石为开"。

更何况，中国人最初想造"两弹一艇"也好，后来改为"两弹一星"也罢，都是"逼上梁山"。

这"两弹一艇"或者"两弹一星"，都不是中国人发明的。1950年，我国的放射化学家杨承宗回国前，法国杰出的科学家约里奥·居里对他说，看见你要回国了，我有几句话要告诉毛泽东主席。你们要保持和平，那么你们必须反对原子弹。你们要反对原子弹，必须自己要有原子弹。

"同理，我们必须拥有核潜艇。我们只要还有一艘战略核潜艇潜在海底，帝国主义就不敢按下核按钮。"黄旭华说，"正是这个信念激励着我们克服一切困难，一万年太久，必须只争朝夕地完成核潜艇的研制任务。"

如今已耄耋之年的上海核工程研究设计院技术顾问张维忠，半个世纪前就投身我国第一艘核潜艇核动力装置的研制工作。他说，根据最新解密公布的资料，20世纪50年代，苏联研制核潜艇其实也并不顺利：先是陆上堆的堆芯严重故障；后来其核潜艇一回路部分因采用直流式蒸发器，在发生海水泄漏的情况下，所使用的不锈钢管被严重腐蚀，导致设备使用寿命仅为设计寿命的几十分之一。这一问题直到1978年苏方才最后解决，此前，苏联有关核潜艇一直不得不"带病运行"。

由此可见，"核潜艇技术复杂"之说，也确实事出有因。核潜艇，对当时国家整体科技能力和制造水平都弱于苏联的中国来说，面临的挑战无疑更大。

更何况，当时中国人谁也没有见过核潜艇。之前，黄旭华虽是上海船舶工业管理局的潜艇科长，但当时苏联交由我国"转造"的都是常规潜艇，而他在上海交大读造船专业时学的是民船设计。

曾有人建议，将已经引进的苏联常规潜艇中间剖开，加一个核反应堆，但后来很快发现没这么简单。"我们认为还是要从情报入手，从国外报刊资料的点点滴滴中寻找蛛丝马迹，弄清核潜艇究竟是什么。"黄旭华于是提出了他的"骑驴找马"理论："我们没有马怎么办？那就先骑上身边的驴子找起来！核潜艇在任何国家都是绝对机密，要在文献中发现有价值的材料非常不容易。所以我说，我们找资料既要用'放大镜'，沙里淘金，追踪线索；又要用'显微镜'，去粗取精，看清实质；更要用'照妖镜'，鉴别真假，去伪存真。"

就在黄旭华他们艰难地摸索时，1960年年中，苏联突然宣布中断对中国所有的技术援助，还撤回了全部专家。当时，我国国民经济又遭受严重困难，中央军委提出了"两弹为主，导弹第一"的原则，中央又对国民经济进行调整。在经过了长达8个月的慎重的反复酝酿后，1963年3月，中央对核潜艇做出了最后决策：在保留一部分核潜艇技术骨干的同时，核潜艇的总体研制工作暂缓进行，习惯上说就是"下马"。

"我当时听到要'下马'，心里确实不好受。但我坚信中国不能没有核潜艇，所以我们终有一天会重新'上马'。好在我们也不是'马放南山'，而是从原来的'快马加鞭'变为'厉兵秣马，下马牵行'。"黄旭华说，"我们保留了一部分技术骨干，继续进行核潜艇关键技术的研究和突破。"

那时，国家进入生活困难时期，伙食很差，一个人一个月也只有1斤肉、3两油。大多数科研人员因营养不良而全身浮肿，而每个人的办公费才8分钱。但即便如此，留下来的科研人员依然"不改其志"，啃着咸菜窝窝头搞科研。

"当时我们留下来的团队中懂核的人很少，在'下马牵行'的日子里，核专家就给大家上课，反应堆物理、热工、自动控制、动力装置等，就是为了让大家尽快摘掉'核文盲帽子',等核潜艇重新上马后可以快马加鞭。"黄旭华说。

这段历程重要吗?重要的。人生和事业谁没有个高峰低潮?落寞时更见人的意志和品性。从没有系统学习过核工业、没见过核潜艇的黄旭华和他的同事们,甘坐冷板凳,拼命地汲取新知识。当历史再次向他们伸来机遇之手的时候,黄旭华他们的胳膊更有力了,思路更活跃了,胸怀也更宽广了。

1964年1月,时任国防部长林彪签署国防部任命书,任命彭士禄、黄旭华为国防部第七研究院第十五研究所副总工程师。

那年10月16日,我国第一颗原子弹爆炸成功。我国国民经济也出现了全面好转,核技术也逐步成熟,核潜艇的科研团队得到了壮大。

1965年的春天,对黄旭华来说,是七院副院长于笑虹将军的一个电话带来的。还在春节里,于笑虹就让黄旭华和他的同事钱凌白到他家商量工作。黄旭华向他汇报了核潜艇研制的最新进展,于笑虹将军让他俩代表六机部向中央起草一个核潜艇工程应尽快上马的报告。

那年春暖花开的时节,周恩来总理主持召开第11次中央专委会议,正式批准核潜艇研制重新列入国家计划。

于是,北方那个"荒凉的半岛"上,原已停工多年的核潜艇总体建造厂重又热火朝天地开始施工建设。中央决定成立719所,黄旭华和尤子平担任副总工程师。而719所正与核潜艇总体建造厂隔山而居。

3. 水滴线型?水滴线型!

半个世纪前"荒凉的半岛",如今已是一座繁华的滨海都市。

开车从核潜艇总体建造厂出发,沿着滨海公路前往当年的719所。车过灯塔山,只见夕阳点燃了远处海平线上的晚霞,绚烂无比,所有人精神为之一振。

"那时候,我们几乎每天下厂。要是赶不上一天一班的小火车,就只能自己走着去。中间要翻过那座山,山上风忒大。当地人有句俏皮话:'咱这里一年只刮两场大风,刮一场就半年。'"黄旭华笑着回忆道。

年已古稀的柏喜林曾是核潜艇总装建造厂的运行值班长,他回忆说:"那时每个人的粮食定量里,一个月才1斤大米、2斤白面,其他都是苞米面和带着糠的高粱米。那高粱米还是陈粮,做成高粱米饼子吃上去又苦又涩。它颜色是黑红色的,所以几个南方来的师傅管它叫'猪肝'。"

曾在核潜艇总体建造厂担任军代表的杨连新至今记得,有一年春节将至,当地副食品商店门口喜洋洋地贴出一张大红纸,上书:"欢度春节,每人供应红方一块"。

"'红方'是啥?东坡肉吗?"现在的年轻人问。

杨连新摇摇头:"酱豆腐。"

可见当时物资匮乏的程度已经超出了今人的想象。

但人的幸福感真的不是和物质水平画等号的。冀维新是清华大学1960级读了6年的工程物理系高材生,清华毕业就直接上岛。今人问年已77岁的他:"清华毕业没有留在北京,直接分到东北这荒僻的半岛上,您是怎么想的?"

"高兴啊。我家里条件不好,是拿着国家给的18块5的助学金才读完清华的。工程物理系学的是什么?就是核工业,所以我觉得专业很对口,是报效国家的机会来了。你可能想不到,当时我们厂里还有很多高干的孩子,连耿飚的儿子都在我们厂里干啊。"老人家爽朗地说。

那一代知识分子,说起自己能上清华,都归功于"国家培养"。"我们毕业时最看重的是什么?是专业对不对口。最怕的是'专业不对口',只要专业对口都好说。"他说。

"工业报国",这是那个年代的工科生、理科生的理想。

"我们从进厂起就接受保密教育,对外不能说我们是核潜艇总体建造厂的，只能说'保密厂'。只要你说出'保密厂'这三个字，别人就敬你一等。别人觉得你能在保密厂工作，一定是又红又专、家庭成分还特别好的那种现在说来试靠谱的人。"当年的那份自豪感，至今犹在。

半个世纪前，黄旭华家住的那栋望海寺903号小红楼还在，唯一的不同是楼下墙上多了一条广告："望海寺红房子渔家小院"。

当年，黄旭华家住三楼，推窗见海。

李世英说，那时候，黄旭华太忙了，所以无论是单位分白菜或取暖煤，还是换做饭用的煤气罐，都是她和大女儿黄燕妮两人"蚂蚁搬家"似地一点点扛上去的。煤气罐重，母女俩只能4只手一起抬，走一个台阶得歇一下，歇一下再上一个台阶。仔细数数，虽说是3楼，也足有30多级台阶。

"最艰难的是那次海城大地震，东北的2月份天还很冷，我一个人带着女儿住在帐篷里……"李世英说。

黄旭华在哪呢？他一直在忙着让他揪心的事儿：

我国第一艘鱼雷攻击型核潜艇究竟采用什么线型？1966年1月份，719所绘制的第一张图纸画的仍是在役的苏制常规动力潜艇的那种普通线型。但黄旭华一直钟情于水滴线型。早在1959年至1961年，他就和钱凌白在上海交大、无锡702所的水池里做过无数次试验。虽然因为水池不够大，试验的大部分结果只能定性、还达不到定量分析的要求，但已经证明水滴线型具有明显的优势。

为什么水滴线型最好？

水滴线型核潜艇的设计灵感据说来自海豚，海豚是世界公认的海中游泳健将，它每小时可以游40公里，短时间内的最高速度甚至可达百公里。有资料说，两艘吨位和动力相同的潜艇，如果一艘采用水滴线型，另一艘采用常规线型，前者在水下的航速要比后者快16%。

"这是因为水滴线型的每个切面都是圆的，圆的周边最短，与水的摩擦面积最小，所以水滴线型核潜艇在水下航行时，可以得到较高的航速和最好的稳定性；而常规潜艇因为经常要浮上海面充电，所以它采用和民船一样的普通型线型比较合理，普通线型使它在海面航行时可以得到较快的航速和较好的操纵性。"黄旭华解释说。

当年，美国是分三步走才实现从常规线型到水滴线型的过渡的，先造一艘水滴线型的常规动力潜艇"大青花鱼"号，再造一艘常规线型的核潜艇"舡鱼"号，最后造一艘水滴线型的核潜艇"飞鱼"号。"从技术创新的角度看，这样确实比较稳妥。但美国人已经走过的路，我们还有必要重复吗？就像侦察兵走了许多弯路，终于找到目标，我们还有必要重复他的弯路吗？"黄旭华力主我们应当站在美国人的肩膀上直接上水滴线型。

而主张先采用普通线型的一方则认为，我们连普通线型的常规动力潜艇都没有自主设计过，不妨先从普通线型入手，有了经验再造水滴线型的核潜艇，这样既能按时完成任务，也可规避可知的技术风险和不可知的政治风险。

第一代核潜艇的线型之争最后传到了聂荣臻元帅那里。1966年12月7日，聂帅召集会议，听取双方意见后拍板说："（第一艘核潜艇）不要采用常规潜艇的艇型，要重新设计，不然搞得'两不像'，又不像常规潜艇，又不像核潜艇。"

线型争论终于尘埃落定，它成为"401"艇研制的七大技术攻关项目之一。

719所将这七大技术攻关项目称为"七朵金花"。其余的"六朵金花"是：核动力装置——提供水下长期航行的能力；大直径、高强度的艇体结构——核潜艇的使命大于常规潜艇，舱室和武器装备也多于常规潜艇，因此核潜艇的直径和排水量也远超常规潜艇，其艇体的结构强度必然大于常规潜艇；远程大功率水声系统——先敌发现的利器，通过主、被动声呐在海洋的各种噪声中先发现和锁定敌方潜艇；鱼雷/战略导弹系统——对719所来说，主要负责保障实战时潜艇的姿态控制及操纵性能；综合空调系统——不仅是制冷，还包括制氧、有害气体的吸收和清除、净化过滤等功能，事关船员的生命保障；惯性导航系统——这是水下隐蔽航行、不依赖外界条件精确定位的保证。

这"七朵金花"，在当时都是尖端技术。黄旭华对同事说："大家不要怕搞不了尖端技术。美国的北极星导弹和阿波罗登月飞船，用的大多数都是常规技术，尖端通常不过是常规的综合或者提高。综合就是创造，关键是怎么综合见高低！"

常规的综合，就是创建一个新系统，而系统的功能大于元件。黄旭华已经在用系统论思想来激发创新攻关！

4. 都"豁出去了"

首艘核潜艇虽然选定了"水滴线型"，但黄旭华他们还真没有亲眼见过水滴线型的核潜艇是啥样。

功夫不负有心人。那时，我国一对外交官夫妇在回国去机场途中，在一家超市购物时偶然发现了几个孩子在玩一个铁灰色的核潜艇模型。外交官当然知道核潜艇是尖端武器，就买了一个带回国给孩子玩。有关方面无意中听说了有这么个玩具，就把它要来送给了719所。

巧合的是，当时六机部的一个外事代表团在香港中转时，也在一家商店中看见了一个核潜艇的玩具模型。六机部自然知道我国也在研制核潜艇，也果断地买了模型转送719所。

拿到模型的黄旭华喜出望外。"这两个都是美国建造的世界上第一艘弹道导弹核潜艇'乔治·华盛顿'号的模型，大的那个导弹发射筒和各舱室还可装可卸，做得很精致。"黄旭华他们将这个模型反复拆装、测量、记录、绘图，结果证明他们之前对"401"艇的设计思路是正确的，这让黄旭华的心里更踏实了。

眼看"401"艇开建在即，黄旭华已经考虑到如此庞大的核潜艇艇体和如此繁多的各类设备，万一装不进怎么办、装上了万一不能维修怎么办？他和宋学斌商议，向当时的所长宋文荣提议，先用木头建造一个与核潜艇大小1∶1的实体模型，以及早发现问题，改进设计，指导施工。

这个投资300万元建造的"木核潜艇"，汇聚了上万件设备和舱室的模型，帮助发现和解决了大量诸如总体布置、设备安装、管线走向、耐压壳体上1000多个开孔及管道紧固件的位置等问题，核潜艇总体建造厂可以据此绘制全套的施工图，核潜艇的总体施工设计和建造安装一次成功有了保障。

但风云突变，1966年底的一天，黄旭华正在北京的京西宾馆参加核潜艇工程协调会，719所的"造反派"竟然冲进会场，将他押回单位进行批斗。

"造反派"诬陷黄旭华在加入地下党时做了"叛徒"。

黄旭华确实是交大的地下党，"我刚入党的时候，其实对党的理解还很肤浅。"黄旭华说。

那时有一首来自解放区的歌《山那边哟好地方》，黄旭华很喜欢，他经常组织"山茶社"的同学唱这首歌。不久，有个同学悄悄来问他："你觉得共产党怎么样？"黄旭华回答说："好啊。'山那边哟好地方，一片稻田黄又黄。你要吃饭得做工，没人给你做牛羊。''山那边'没有剥削压迫，老百姓勤劳致富，人人有饭吃，当然好啊！"

这也许是对中国共产党"为人民服务"的根本宗旨最朴素本真的理解吧。

黄旭华就这样加入了地下党。当时他们严守单线联系的纪律，所以即使在上海解放前夕英勇牺牲的学生党员穆汉祥就住在他隔壁的宿舍，开始他也并不知情。

1949年4月下旬，在国民党从上海败退前的大逮捕中，黄旭华机智脱险，而穆汉祥不幸被捕遇难。

"其实，国民党大逮捕前4天，我们就得到消息，但躲了两天后发现怎么没有特务来抓人？后来才知道，是因为当局欠薪太多，特务拿不到钱罢工了，大逮捕也就推迟了几天。特务冲进交大抓人的那晚，我刚要睡觉，就听见外边响起一阵阵机关枪声,我一个激灵从床上跳起来,高兴坏了,我想'是解放军打进来了!'就冲了出去,没想到对面来人喊'不许动!'我这才反应过来,赶紧往回撤!"

机智的黄旭华没有跑回自己的寝室,而是躲进了西斋一楼走道尽头的公用洗手间。他听见几个特务在说:"妈的,三个寝室人都跑光了!"

过了一会儿,一个同学悄悄告诉他,三楼已经被特务搜查过了,现在特务正换岗,楼梯口没人,他可以躲到三楼去。黄旭华冲到三楼,见有一间宿舍的门开着,立即闪身进去。

第二天晚上,在地下党的帮助下,黄旭华换上礼帽长衫,坐着交大总务长的车离开了被特务严密监控的交大。

而穆汉祥因担心还有工作尚未交代,两天后返回交大,不料被潜伏的特务抓住。他坚贞不屈,最后在龙华牺牲。

"上海一解放,我就和同学一起去龙华找被特务枪杀的穆汉祥的遗体。那里,烈士的遗体很长一排,有几十具,因为时间太长已经无法辨认了。"黄旭华沉痛地说,"听说,后来是根据穆汉祥曾经在声援同济学生游行时被国民党骑兵用刀砍折了门牙这个特征,才确认了他的遗体。"

穆汉祥的纪念碑至今仍矗立在上海交大徐汇校区的绿树丛中。

而这次机智的脱险,却成为黄旭华在非常时期被审查批斗的重点:"谁知道你是不是真的躲进了三楼一间宿舍而没有被特务抓住?"

幸好真有人知道。出来证明黄旭华躲进那间宿舍的人,就是后来担任全国人大常委会副秘书长的李钟英。他也是地下党,他证明说:"黄旭华确实躲在我的房间里,特务没有抓到他。"

造反派无功而返,又理屈词穷,对黄旭华无计可施,只能勒令他去养猪。

大女儿黄燕妮回忆说:"我爸下放养猪时,养猪场就一个灶头一口大锅。每天早晨焖一大锅红薯,像样点的红薯我爸挑出来自己当饭吃,剩下的就都喂猪。"

但如今,黄旭华说起往事,却对当事人充满了宽容和善意:"其实,他们中的大多数也不是坏人,只是当年被'四人帮'那一套洗脑了。他们中的不少人还是很同情我的,常有人偷偷跑到养猪场给我通风报信:'明天要批斗你了,你不要紧张,就是说你什么事,你要有个思想准备。'"

弘毅而又宽厚,正是黄旭华的品格。

但"文革"带来的混乱愈演愈烈,各地工厂和科研单位纷纷停工停产,送来的设备质量也无法保证,核潜艇的建造陷于停滞。国防科委核潜艇工程办公室负责人陈右铭和汪祖辉等同事商定,借鉴原子弹试验时中央军委下发《通知》的方式,起草一个《特别公函》,上报了国防科委。国防科委副主任刘华清立即送呈聂荣臻元帅,聂帅当即以中央军委名义签发全国,强调建造核潜艇"是我们伟大领袖毛主席亲自批准的一项重要的国防尖端技术项目",要求各有关单位"以'只争朝夕'的革命精神,保时间,保质量,圆满完成任务"。

"正是这把'尚方宝剑'才保证了核潜艇建造的顺利进行!"黄旭华说。

因为有这把"尚方宝剑"镇着,造反派才不敢把所有的科研人员统统关进"牛棚"。更滑稽的是,当"401"艇遇到难题时,造反派的头面人物也知道担不起责任,只能跑到猪圈来硬着头皮求教黄旭华。于是出现了荒唐的一幕:黄旭华在猪圈和设计室、建造厂之间来回跑,今天是"猪倌",明天是"设计师",后天又是"臭老九",来回折腾。"401"艇的建造虽然磕磕绊绊,总算没有停止。

多年后,聂帅的女儿聂力问父亲:你当时为何如此大胆签发这份《特别公函》?

身经百战的老帅只吐了四个字:"豁出去了!"

三 让弹道导弹"飞起来"

1. 总 Mx ÷ 总 G = Xg（船的纵向重心）

黄旭华还在交大求学时，辛一心老师就讲过一个故事：美国麻省理工学院造船专业的学生毕业时，学校要给每人赠送一枚戒指，上面刻着一个公式："I/V"，"I"表示的是惯性矩；"V"指的是体积。它以此提醒学生造船第一要考虑的就是船舶的稳性。

在研制核潜艇时，黄旭华也给参研人员讲了这个故事，然后总结说：我们核潜艇的稳性设计要保证"不翻、不沉、开得动"。但却有人不以为然："这不翻、不沉、开得动，谁不懂啊，还用说吗？"

轻视常识的人，不幸的是他的底气常常来自不知常识的轻重。我国造船业刚起步建造现代化军舰时，就曾发生过新造的舰艇"头重脚轻"，结果一下水就翻沉的事故。

更何况，这是造核潜艇。设计核潜艇与设计水面舰艇相比，有什么不同和特殊要求？

黄庆德是这样解答的：

按照流体静力学里最基本的阿基米德原理，放在液体中的物体受到向上的浮力，其大小等于物体所排开的液体所受的重力。一艘 5000 吨的船，它的排水量就是 5000 吨。如果它的体积没有变化而自重增加了 500 吨，那么船的吃水更深一点就解决了，排水量为 5500 吨，重量和浮力又达到了平衡。但潜艇和水面舰艇不同，潜艇的耐压壳体是固定的，也就是艇体的浮容积是固定的。如果潜艇的前部超重了，潜艇就会艏倾；潜艇尾部过重，就会艉倾；侧向的左右哪一面过重了，潜艇的稳性就会被破坏，造成侧翻打滚。艏倾、艉倾和侧倾过大，都会造成潜艇沉没。

719所总师办主任黄文华说,潜艇的设计是从潜艇在水中的悬浮状态开始设计的,不是从它在水面的状态开始设计的。悬浮状态,就是潜艇的重力和浮力在水中得到平衡的状态。如果浮力太大了,潜艇就潜不下去了;如果重力太大了,就可能即使把水舱的水都排空了它也浮不上来了。只有重力和浮力得到平衡了,潜艇才取得了在水下的前后、左右和上下"六自由度"航行的能力。

这道理好像不太难懂,可设计起来绝非易事。首先,设计师要算出潜艇的重心和浮心,重心和浮心两者还必须纵向垂直。

黄庆德和黄文华继续科普:

那怎么才能算出潜艇的重心? 那先要算出潜艇的力矩。

已知:

潜艇上的每一块钢板或每台设备的重量

Lx= 它与潜艇坐标原点的纵向距离

M=(Mx, My, M)力矩(单位:吨米)

那么,算出纵向力矩的公式为:

G×Lx=Mx(单位:吨米)

然后将所有的 G 和所有的 Mx 分别相加,就得到了总的 G 和总的 Mx,于是就能算出潜艇的纵向重心:

总 Mx ÷ 总 G=Xg(潜艇的纵向重心)

我们知道在一个二维的平面上要确定一个点的坐标,必须知道它在 X、Y 轴上的数值,而潜艇的重心坐标则必须是三维立体的,所以它还有一个垂直方向的纵轴 Z,所以:

总 My ÷ 总 G=Yg(潜艇的横向重心)

总 Mz ÷ 总 G=Zg(潜艇的垂向重心)

同理,可以求得潜艇的浮心坐标(X_b, Y_b, Z_b)。

一艘悬浮于水面下的潜艇，要保持其正常姿态，艇的重心和浮心位置，必定是位于一根垂直于水平面的铅垂线上，即艇的重心和浮心的纵轴、横轴坐标相等，垂向位置有一个高度差值，即：

$Xg=X_b$

$Yg=Y_b$

$Z_b-Zg=\triangle$

其中，$\triangle>0$ 为一个设计值。

一艘核潜艇有上万个部件，包括钢板、设备、管线等等。那时，设计人员没日没夜地用算盘算的就是这上万个部件的加减乘除，从而确定整个潜艇的重心和浮心。错了一个数值，潜艇的重心和浮心就全错了。

更多的情况，不是他们算错一个数值，而是配套厂家送来设备的重量、大小与原来订货时相距太远，那就必须将所有数字都重算一遍。

仅此而已吗？黄庆德说："就连艇上一个舱配置几名艇员，几名艇员大致的体重，以及潜艇携带的淡水、食品等等，都在计算范围之内。"

算出船的重心和浮心后，还要看它俩是不是在同一条垂直于水平面的垂线上，如果相距太远，则必须调整。

船的重心和浮心应该相距多少？ 这直接关系到潜艇的稳性。在"401"艇的稳性设计上，黄旭华提出控制在浮心之下一定的数值比较合适。如果小于这个数值，潜艇的稳性就差，危险性增大；如果大于这个数值，稳性固然更好，但以当时的设计、施工能力而言，难度又太大。

老专家钱凌白认为，黄旭华提出的这一数值的稳性值是实事求是、客观科学的。他说，我国后来几代核潜艇的稳性设计都比较好，均得益于黄旭华最初提出的稳性设计思想。

2. 45000 张秘密图纸

由此可见，为什么核潜艇设计这么难，而计算又如此繁重。

"现在有了计算机，只要把数字输进去，一个软件一下子都算好了。当时我们只有算盘和计算尺，后来才有了手摇计算器，"黄旭华说，"但是即使现在有计算机，最原始的数据录入，依然要人一个一个输进去的，同样一个数据都错不得。"

当年只有算盘和计算尺的黄旭华他们，经常为得到一个正确数值而组织三组人马同时计算：如果三组人的计算结果都一样，那 OK，通过；只要三组数据有一个不同，就必须重算，必须算到三组人得出的是同一个数值。

计算之难，还因为设计时很多配套的设备尚未研制完成。只要一个数值变化，所有的重心、力矩都要从头算过。

黄旭华发现，核潜艇的重量和浮容积很难控制。没等潜艇造完，在施工中很快就发现全艇总重量将超重近 200 吨，核潜艇面临着超重、重心无法确定、无法平衡下潜的问题。

黄旭华找到所长宋文荣说，要解决好这个问题，必须问钱凌白。钱凌白少年时就参加了新四军，也是老革命，1954 年留学苏联列宁格勒造船学院潜艇设计专业，是 719 所顶尖的技术骨干。

黄旭华、尤子平和钱凌白反复研究，并吸取了其他设计师的意见，终于想出了控制潜艇的总重和稳性的多项措施。其中一条就是"斤斤计较"，采用最古老又最管用的办法，在施工时，所有设备、管道、电缆上艇都要称重备案，安装完毕切下的边角废料、剩下的管道电缆拿下艇时也要过秤，并从总重量中扣除。

如今走进"401"艇，就会发现核动力舱的过道是舷侧布置的。而美、苏核潜艇核动力舱的过道都在核岛的上部，那为什么改用舷侧布置呢？钱凌白说，最初我们也打算将过道设在上部，因为核潜艇采用的是两次屏蔽，第一层屏蔽是核堆，第二层屏蔽是核动力舱的舱壁。为解决稳性问题，采用了舷侧走道的方案，艇的稳性指标也相应得到了提高。

"401"艇最后总装完毕，实测下来重心与原来的设计基本一致，海军对此给予了很高的评价。

当年的老同事，至今非常怀念与黄旭华一起攻关的日子，感激他"还为我国的核潜艇事业带出了一支队伍"。

尊重每一位科研人员的贡献，充分发掘大家的智慧，在智慧的"众筹"中激荡创新，是黄旭华的创新智慧。祖慰在《赫赫而无名的人生》中对此作了精彩的描述：

每次开会，他提出个问题，像篮球教练裁判一样，把球往上一抛，挑起两队激烈交锋。

但是，他不像篮球裁判，老在那里吹哨，惩罚犯规者，判定得分；不，他不"吹哨"，在创造性思维领域里，无规则就是规则，无犯规一说。他希望双方争得越激烈越好，这样，双方的智能就能发挥到高峰值。他不判谁的这个意见对和那个意见错，因为他只要一判得分，就一锤定音，争不下去了。他只是听着，像他平常听贝多芬的交响乐一样，凝神听着。不，不是凝神，而是激越地听着。他的脸上，保持着永恒的微笑，严守中立，内心却处在高能激发态，自始至终投入激烈但又无声的论战。

——这就是他与同事们组成的头脑网络的一种模式。凭这，他的大脑成为决策的终端输出。他最后拍板，制定出一个又一个的设计方案。他的拍板不是用"我的意见如何如何"来表达，而是一种新型的"网络式"表达。他总把自己的意见与尽可能多的意见衔接起来，成了这样的独出心裁的表述式：

"根据某某的意见的启示，我这样想……"

"我赞成某某意见的某一提法,发展成了这样的想法……"

"某某的批评意见告诉了我们不能做什么,或者说告诉我们能够做什么的分寸……"

呵,每个人输出的信息都与他的信息形成了网络,每个人都在他拍板的定案中找到了自我,这就会激发出大家更多的热情和更大的智慧。

每次拍板之后,他还要加几句独具个性的补白:"在没有决定之前,大家说什么我都欢迎,骂几声都无妨。但是,一旦定了,我请求大家不要再动摇我的决心。干对了,没有说的;干错了,我当总师的承担责任。"

黄旭华带领719所的核潜艇设计专家团队,从最初的方案论证开始,到方案设计—初步设计—技术设计—施工设计,他们总共画了多少张图纸?

"我知道他们719所的专家总共为'401'艇画了45000张设计图纸。如果把它们一张一张连接起来,大约有30公里长!"行业的一位资深专家透露说。

45000张秘密图纸!

3. "千千万万普通人最伟大"

曾任核潜艇总体建造厂军代表的杨连新说:第一代核潜艇上的每一块钢板、每一台设备的零部件都是中国原创原装,使用的材料有1300多个规格品种,装艇设备、仪器仪表多达2600多项、46000多台件,电缆有300多种,各种管材有270多种。全国共有2000多家工厂、研究单位、大专院校、军队单位参与了核潜艇的研究、设计、试验、试制和生产,涉及24个省、市、自治区和21个国家部委,其规模之大在中国造船史和军工史上都是空前的。

核潜艇是中华民族聚合力的结晶,是这一民族聚合力创造的奇迹。

自从核潜艇工程于1965年3月重新启动,到1970年年底"401"艇下水,不过5年多时间。

黄旭华至今记得在"401"艇正式交付海军的仪式上，钱学森激动地说："毛主席说'核潜艇，一万年也要搞出来'，现在不是一万年，不是一千年，不是一百年，也不是十年，我们就搞出来啦！"

坐在一旁的黄旭华百感交集。核潜艇是他的理想，1945年他因优异成绩取得中央大学航空工程系保送资格，稍晚又接到上海交大造船工程系录取通知书。从小的大海情结、工业救国的理想，让他毅然选择了上海交大。交大求学期间，他加入地下党，走上革命道路。在中国核潜艇事业的"元年"受命入列，3年后海军司令员萧劲光、政委苏振华任命他为国防部第七研究院副总工程师，他内心十分感激组织的知遇之恩。

为了核潜艇，黄旭华30年没有回老家。这30年，对父母而言，黄旭华只是一个会按月给他们寄赡养费的神秘的北京信箱号码。1961年12月，父亲黄树榖仙逝，黄旭华都没能送上父亲最后一程。"我心里很难过，我也想回家去送送老父亲。但我知道这项工作的保密纪律很严，虽然我知道如果我提出来，组织上是一定会批准让我去的，但这会让组织上为难。我身上带的'密'太重大了，当时的研究任务又这么重，我只能打消了这个念头。"

停顿了一会，他说："我忍着。"

三十年没有回老家，他的8个兄弟姐妹难免对他有所埋怨。

1985年3月，他的二哥黄绍振病逝，享年65岁。因工作繁忙，他也未能回老家相送。

直到1987年第一代核潜艇的保密程度出现了些微的松动，作家祖慰才在那年《文汇月刊》的第二期发表了长篇报告文学《赫赫而无名的人生》，讲述了一位核潜艇总设计师为中国核潜艇事业隐姓埋名三十年的事迹。黄旭华把这期《文汇月刊》寄给母亲，这篇文章虽然全篇没有提到"黄旭华"三个字，但写了"他妻子李世英"，老母亲知道这是她的三儿媳，文章尚未读完，老人已经泪流满面。读罢，老人把其他的子女都叫到身边说："三哥正在为国家做大事情，你们从此不许说三哥的不是。"

黄旭华的妹妹后来告诉三哥，此后，每当老母亲想念老三了，就把这本《文汇月刊》拿出来反复阅读。每读一次，都双泪长流。

知子莫若母。母亲为他深深自豪。

直到1986年11月出差到深圳大亚湾核电站，黄旭华才首次重回阔别三十年的广东老家。母亲已经从一位硬朗干练的六旬大妈，成为白发苍苍、望穿秋水的93岁的老人。

黄旭华在广东肇庆陪伴老母亲3天后，即告辞回所。

"我母亲100岁时，依然生活自理。我爱人要为她洗衣服，她不让。她每天洗衣、扫地、浇花。不让家人插手。"黄旭华说。

1995年，曾慎其老人享寿102岁去世。弥留之际，还对黄旭华的弟妹说："三哥的事，大家要理解。"

每当说起铸造国之重器的大师，如"两弹一星"的元勋王淦昌、彭恒武、程开甲、郭永怀、朱光亚、邓稼先、陈能宽……我们心中就充满敬意。其实，为之付出牺牲的还有更多的普通人，就如黄旭华的父母兄妹，中国这样的普通家庭何止成千上万！他们无名如沙砾、沉默若黄土、平凡似溪流，却是哺育和支撑中华民族挺起的脊梁的血肉。诚如习近平总书记所言，"千千万万普通人最伟大"。

黄旭华说："自古忠孝难以双全。一个人对国家的忠，就是对父母的最大的孝。"

在老同事闵耀元的追悼会上，他失声痛哭。别人问他为什么哭？他说闵耀元对第一代弹道导弹核潜艇的贡献太大了。

我国第一代弹道导弹核潜艇在总体设计时，他们曾看到国外有一份资料说，为了在发射弹道导弹时保持艇体的稳定姿态，美国人在核潜艇上安装了一个65吨的大陀螺。这到底是真是假？要增加这么大一个家伙，核潜艇就要增加一个舱室，黄旭华一时也拿不准，就把研究任务交给了闵耀元、陈源和沈鸿源团队。经过他们翔实的科学论证，证明核潜艇根本不需要装这个巨型陀螺。黄旭华说，当年如果没有闵耀元他们的科学论证，我也不敢拍板。后来事实证明，美国战略导弹核潜艇其实也没有装这个大陀螺。

陈源说，黄旭华是个对同事有真感情的人。所有当年一起搞核潜艇的老同事的追悼会，无论什么职务、什么级别，他这个中国工程院院士都去参加。

"大家都是一起苦过来、一起为核潜艇拼过的人啊。"黄旭华说。

4."驭龙直上九重天"

弹道导弹核潜艇才真正是大国地位的象征。

1988年9月25日，我国第一艘弹道导弹核潜艇将潜射"巨浪1"导弹。

核潜艇发射弹道导弹，人们首先想到的也许是导弹的飞行距离、分导突防能力、命中目标精度等等与导弹有关的问题。

但"巨浪1"是潜射弹道导弹，它的发射与陆基弹道导弹"东风5"的发射状态截然不同。潜射弹道导弹自身重达几十吨，发射时会对核潜艇产生什么影响？潜射导弹打得准不准，怎么打，都离不开核潜艇性能的支撑。

"黄旭华关照我们：我们做核潜艇总体设计的，一切性能都要从满足海军的实际战斗需要出发。"宋学斌说。

潜射弹道导弹，对核潜艇是一个严峻的考验。首先，准备阶段，当核潜艇接到发射命令后，先要打开平时紧闭着的导弹发射筒舱盖。这时虽然舱盖打开了，但必须保证海水不能灌进发射筒，必须有一层软盖将海水和导弹隔离，这层软盖必须足以承受海水的压力，但又不能太厚，太厚了会增大弹道导弹出水的阻力。

其次，发射阶段，这时候整个核潜艇必须保持前后左右的平衡状态，艇身既不能艏倾也不能艉倾，否则"差之毫厘，失之千里"，发射时的稳态事关弹道导弹的精度。

三是发射后，核潜艇自身的平衡必须迅速恢复。一枚弹道导弹重达几十吨，发射时虽然是二次点火，但用高压燃气将导弹推出发射筒时，仍会产生巨大的后坐力，同时海水瞬间就会灌入发射筒，核潜艇的重心和浮心瞬时发生极大变化，所以如果不能及时"补重"调整，核潜艇就有"失稳"的可能。一旦失稳，第二枚弹道导弹就无法及时发射了。

"我们必须根据海军同志提出的要求，满足核潜艇在最短的时间里，恢复再次发射的能力。"黄旭华要求宋学斌说。

我们的弹道导弹核潜艇能否充分满足实战的发射需求？

黄旭华笑了，"海军提出的发射'巨浪1'的方式，我们核潜艇都能满足。"

那天，在艇长杜永国指挥下，在指挥舱里的机电长高德海将弹道导弹核潜艇稳稳地下潜至预定的发射深度。

发射时刻一到，杜永国一声令下："点火！"高德海传令："点火！"

导弹舱里的发射手迅速按下发射按钮。"巨浪1"裹着巨大的白色水雾从海中跃起，画面极为壮观。

杜永国通过潜望镜观测到"巨浪1"在空中二次点火，飞向蓝天，"导弹出水，运行正常！"

"我们的'巨浪1'采用的是'水下发射、水上点火'的方式，当高压燃气将导弹推出水面时，我们艇上人员都听到一声轰响，艇轻微地震动一下，略微下沉，很快就恢复了平稳。"那时在核潜艇上参加技术保障任务的钱凌白回忆说，"大家都宽慰地舒了口气。核潜艇轻轻地关上了发射筒盖。"

"巨浪1"几秒钟后就消失了，蓝天上只留下白色的尾迹。

弹道导弹核潜艇上的无线电兵不断地向杜永国报告指挥部传来的消息；"第一级发动机脱落""第二级发动机点火""第二级发动机脱落""测量船已经测到再入舱，飞行正常。""再入舱正中指定目标！"

正在迅速驶离发射阵地的核潜艇里一片欢腾!

"巨浪1"的研制成功,我国著名火箭专家、核潜艇弹道导弹运载火箭的总设计师黄纬禄居功至伟。

测试仪器显示,核潜艇发射弹道导弹时,艇体在行驶中的位置偏差、摇摆角、升降角、偏航角都接近于零,艇体姿态近乎完美,证明了我国第一代弹道导弹核潜艇设计得非常科学,满足了潜射弹道导弹的各项要求。

作为发射"巨浪1"试验首区副指挥长的黄旭华,在祝捷大会上即席赋诗一首:

"奋发图强奇功坚,苦战告捷喜开颜。骑鲸日游八万里,驭龙直上九重天。"

历史将永远记住这一刻:1988年9月15日14时,我国战略导弹核潜艇发射"巨浪1"潜地战略导弹首获成功。中国成为继美、苏、英、法4国之后,第5个拥有核潜艇水下发射运载火箭能力的国家。

中国海军,自此成为一支战略军种!

四 出走一甲子,归来仍如初见

如今,黄旭华献身中国核潜艇事业整一个甲子了。

这一个甲子的时光,只够黄旭华做一件事:为国家设计最好的核潜艇。黄旭华在核潜艇研制岗位上坚守了六十年,非常难能可贵。如果说,我国核潜艇的第一任总设计师彭士禄领衔解决了中国核潜艇"有没有"的问题,那么,第二任总设计师黄旭华使中国核潜艇真正具备核反击的实战能力,使中国核潜艇成为大国的"定海神针"。

核潜艇是国之重器,为"镇国之宝"。正如我国第三任核潜艇总设计师张金麟所说，只有建立起一支强大的核潜艇舰队，使我国具备了陆、海、空"三位一体"的战略核力量，才能大大提高我国在国际上的战略地位。

今天，身为中船重工719所名誉所长的黄旭华，敬终如始，依然在为我国核潜艇事业的未来出谋划策。

每天早晨，只要不外出开会，他都会出现在719所的家属院里，打一套兼具杨氏太极和陈氏太极特点的"太极长拳"。上午上班时间，他会准时出现在他的办公室里。但他总是谦逊地说，现在，我只是新一代核潜艇研制团队的"啦啦队"，偶尔客串一下"场外指导"。

杨连新与黄旭华很熟悉。他说，这位总设计师是性情中人，感情丰富而细腻。2006年，他去黄老办公室，说起希望收藏黄老当年设计核潜艇时用的算盘。黄老用商量的口吻对他说："这算盘是我老岳母送给我的，我先征求一下她老人家的意见，再给你行吗？"说到"老岳母"时，黄老眼含泪光。半年后，黄老从武汉进京开会，特意带来了这把刻着"旭华"两字的算盘。他还在包装算盘的大牛皮纸袋上亲笔写道："核潜艇工程1958年开始探索直至1965年正式上马使用过的算盘。"

作为第一代核潜艇总设计师的黄旭华，每次单位评技术职称时他都不申报"高级工程师"，总是把机会和指标让给下属。直到1988年，上级都看不下去了，才指定同事代他申报高工。外人有不相信的，问钱凌白是否真有此事？钱老说："没错，黄院士的申报材料就是我代写的。"

说起黄旭华的家庭，作家祖慰赞不绝口：他的家就如"人间净土"，真是太可爱了。黄旭华很有音乐天赋，会口琴、扬琴和小提琴，在繁忙的工作之余，他们夫妇俩和三个女儿会一起开个家庭音乐晚会，精神生活非常丰富。有一年春节，年过半百的黄旭华和女儿们一起放鞭炮，黄旭华随手拿个空罐子盖在鞭炮上，鞭炮炸响，铁罐一蹦老高，大女儿黄燕妮笑弯了腰："爸爸，过了年就把你送到托儿所去！"

像所有的父亲一样，黄旭华对女儿的爱难免有些"宠"的成分，但却从不逾越规矩的底线。从 1982 年 6 月至 1986 年年底，他当过四年半的 719 所所长，虽为"一把手"，但他严守所规。她的大女儿是通过公开招聘考进 719 所的。

对别人称颂他为"中国核潜艇之父"，他一概否认。说他"隐姓埋名"，他说："我们这个行业隐姓埋名的专家太多了。"

时光荏苒，甲子沧桑。回首往事，黄旭华说："我从中国核潜艇事业开创的第一年起，为他服务了六十年，这让我很自豪。"

他在"日本飞机的轰炸声里"铸就的初心，依然未改。

正是这"轰炸声"始终在提醒他"从哪儿来、往哪儿去"：唯有国家富强，人民的幸福才有保障。对他而言，这是再明了不过的道理。

"不忘初心，方得始终。"习近平总书记说，"中国共产党人的初心和使命，就是为中国人民谋幸福，为中华民族谋复兴。"

六十年来，正是这初心和使命，激励着黄旭华痴迷核潜艇事业。任何艰难曲折都动摇不了他内心的定力，可谓坚忍不拔。

2019 年 10 月 1 日上午，在首都北京举行的中华人民共和国成立 70 周年庆典上，黄旭华作为"共和国勋章"国家荣誉获得者应邀登上天安门城楼。

他激动地说："到天安门广场亲历 70 周年阅兵现场，是我此行最大的心愿。机会太难得了！所以，我一定要去！我是从事核潜艇研制的，我关注与核潜艇有关的所有武器。中国在 1964 年原子弹爆炸后，就发表声明，绝不首先使用核武器。但是，不首先使用核武器，并不表示要把核武器放在那里等着挨打。中国一定要拥有自己的核潜艇。站在天安门城楼上，我想了很多。我们研究核潜艇 60 多年，60 年过去弹指一挥间；中华人民共和国成立 70 周年，今天的祖国风华正茂、时代美好；我自己已经到了 95 岁的年纪，可总觉得还有很多事情想干，对未来充满希望。在阅兵现场，我最想看的大国重器都看到了，我很满意，很放心！"

这就是黄旭华的家国情怀。

"国家也好，家国也罢，有国才有家。"黄旭华说。这就是大国重器和他的设计师的故事。

都说中国核潜艇是"定海神针"。六十年过去了，核潜艇依然有很多不能言说的秘密。但是大海里发生的故事，大海一定知道。

大海无言。

但大海什么都知道。

林占熺："极乐鸟"
为世界衔来"幸福草"

林占熺

男，1943年出生于福建连城县，福建农林大学教授、博导。中国菌草技术发明人，国家菌草工程技术研究中心首席科学家。电视剧《山海情》中名为"凌一农"的农技专家的原型。2017年获"中国生态英雄"奖。2021年被授予"全国脱贫攻坚奖先进个人"称号。2021年，中共中央表彰其为全国优秀共产党员。

Lin Zhanxi

2021年11月19日，在北京举行的第三次"一带一路"建设座谈会上，习近平总书记说起20多年前一件往事：在福建工作期间，习近平同志接待了来访的巴布亚新几内亚东高地省省长拉法纳玛，"我向他介绍了菌草技术，这位省长一听很感兴趣。我就派《山海情》里的那个林占熺去了。"

《山海情》剧中名为"凌一农"的农技专家，原型就是福建农林大学林占熺教授。他是"中国菌草"技术的发明人。

"中国菌草"，是一项我国拥有完全自主知识产权的原创技术，通过中国政府的支持推进、林占熺教授团队和受援国家的共同努力，目前已传播到世界上106个国家和地区。中国-联合国和平与发展基金将其列为重点关注和推进的重要项目，是中国为国际社会提供的一项准公共产品，被受援国的民众称为"幸福草"，为全球减贫事业贡献了中国智慧。

"帮助世界上最不发达国家的民众使用菌草技术，帮助他们摆脱贫困，这就是构建人类命运共同体的具体实践。"林占熺教授对记者说。

虽双方"极端困难",中国菌草终于落地生根

国家菌草工程技术研究中心位于福建农林大学,其入口处刻着10个大字:"发展菌草业,造福全人类"。

中国菌草技术走向世界,已逾20载。1998年,中国与巴布亚新几内亚政府换文规定把菌草技术作为中国援助巴布亚新几内亚的实用技术培训项目。

早在1997年5月,林占熺教授就第一次随福建省科技考察团去巴布亚新几内亚考察,进行菌草技术重演示范。鲁法区的一位官员在接待时介绍说,巴布亚新几内亚仍处于部落经济状态,因为经济不发达,当地许多人仍穿树叶。当地政府急切希望引进中国菌草技术,为了帮助当地人民摆脱贫困,福建省与巴布亚新几内亚东高地省签署了"菌草技术重演示范试验"合作协议。7月底,林占熺率领专家组赴巴布亚新几内亚执行合作协议。他和专家组成员林跃鑫去重演示范基地的第一天,他们的车在行驶中,突然发现前方有持枪劫匪,幸亏开车的司机是当地一个部落的首领,立即掉头前往劫匪的部落进行沟通,才避免了一场意外。但如果你问林占熺:最初的巴布亚新几内亚之行,您印象最深的是什么?他回答您的一定不是遇险的经历,而是鲁法区人民夹道欢迎,抛洒的鲜花铺满了道路的场景。

虽然事先已对巴布亚新几内亚的国情有了一定的了解,但当林占熺率队踏进一片原始景象的巴布亚新几内亚洛果山区,心里依然感到重重压力。不仅是因为山区没有电灯、电话,没有像样的道路交通,两国之间生产经营、文化习俗,乃至饮食习惯的不同,林占熺想的是:怎么使现代生物技术——菌草技术让还处在部落经济的当地村民所接受、所掌握,怎么能完成好国家交给他的"授人以渔"的重任?

他们几乎在"原始"的条件下全情投入工作。白天冒着热带地区的骄阳

一个村一个村地推广菌草技术和旱稻技术，晚上没有电，就只能在煤油灯下工作，没有自来水、空调和冰箱。为了节省经费，他们自己做饭，每隔2周去一趟60公里外的省城买一次食品，但因为没有冰箱，只能隔上一两天就把肉煮一煮，把美味的中国菜降到了最低的维持生存必需的营养的程度。当地一些村民不仅没有灶具，甚至没有一日三餐的生活习惯。林占熺团队就把自己的灶具送给他们。1997年，当地遭遇百年一遇的大旱，主要粮食地瓜被旱死，当地报纸经常有村民被饿死的报道。鲁法区的区长彼得提出能不能种植稻谷？许多国家的专家去考察都认为东高地区不具备发展稻谷生产的条件。为了帮助当地群众摆脱饥饿，又开展种植稻谷的研究。经过他们艰苦的努力，村民用中国菌草和当地随手抛弃的咖啡壳种出了菌菇，如今已成为当地名产"鲁法菇"；能一次种植多次收获的旱稻技术也获得了成功，开创了当地种植稻谷的历史。

而这些成功，对当时年过半百的林占熺来说，付出的要比年轻人多得多。1998年9月初，林占熺率领团队带了十几箱菌种几经中转，长途跋涉，再次来到洛果山区。晚上没有烧水的柴火，只能洗冷水澡。没想到次日早晨，林占熺高烧超过40℃，还并发了心血管疾病，连续高烧多日。我大使馆获悉后，要求将他送到巴布亚新几内亚首都治疗，团队紧急与国内医疗专家联系，在最简陋的"远程医疗"支援下，林占熺终于退了烧，坚持着拖着虚弱的身体出席了菌草培训班的结业典礼。

经过福建省和东高地省20多年的共同努力，林占熺团队和当地民众创下了3个第一：巨菌草产量最高达853吨/公顷，农户旱稻产量达8.5吨/公顷；旱稻宿根法栽培创造了1次播种连续收割13次的纪录，使巴布亚新几内亚摆脱了对进口大米的依赖。当地民众赞誉林占熺为"布图巴"，意为巴布亚新几内亚国旗上的吉祥鸟——"极乐鸟"，巴布亚新几内亚警察部长卡拉尼更是对中国专家团队关怀备至，将自己的房子让给林占熺团队住，自己在车库打地铺。东高地省行政长官十分感叹地说："中巴双方是在极端困难的条件下实施该项目的，其中最具挑战性和最使人惊奇的是，中国专家能够适应这种发达国家的人望而却步的条件。从这些专家身上，我们还学到了许多十分有价值的东西。"

就在菌草、旱稻技术顺利推进之际，一件林占熺团队意想不到的事发生了。1999年，台湾用"5亿美元现金+38亿美元的经援"利诱巴布亚新几内亚政府与其"建交"，7月5日，巴布亚新几内亚当局签署了与台"建交"公报。

消息传来，林占熺团队感受到了前所未有的压力。这时，巴布亚新几内亚警察部长卡拉尼几次给林占熺打来电话说："眼前的曲折是暂时的，希望中国专家组不要中断菌草项目。"随后，卡拉尼联络了政府8位部长集体辞职，以此要求政府撤销这一错误决定。他们还分头联系了半数以上的国会议员，在一个小岛上集会，表达必须坚持一个中国的立场。会上，卡拉尼特意请来了负责推广菌草项目的官员，带着中国专家帮他们培育出的各种菌草菇，现身说法。卡拉尼在会上呼吁：巴中友好是时代潮流，不能为了几亿美元出卖国家长远的利益。他的发言，得到了与会众人的支持。

林占熺说，我们是为巴布亚新几内亚民众减贫而来，没想到菌草在坚持"一个中国"的外交原则上，还起到了赢得民心的特殊作用。仅仅16天后，这出闹剧破产，巴布亚新几内亚组成了新政府，当天就宣布撤销与台"建交"的错误决定，并恢复与中国的正常外交关系。时任中国驻巴布亚新几内亚大使张鹏翔回忆说："菌草技术在巴布亚新几内亚这场反对台湾'弹性外交'的斗争中，功不可没！"

"我也知道贫穷的滋味,所以菌草项目不能撤"

"中国菌草",究竟是怎么和林占熺结下不解之缘的?

这还得从林占熺的家乡说起。1943年,林占熺出生于闽西山区连城县林坊镇陂桥村,那是武夷山脉的南端,全县八山一水一分田。林家祖祖辈辈务农,家境十分贫寒。"穷到什么程度?有句话叫作'镰刀挂上壁,就要向人借粮',"林占熺对记者说,"意思就是刚用镰刀收割完水稻,还了地主的地租和欠下的粮食,家里又没有余粮,只能再出去借粮了。"

林家兄弟姐妹9个,林占熺是老大。童年时,父亲林学盛教他习武防身。1949年中华人民共和国成立后,父亲对他说,"解放了,不会再有人欺负我们了,你不用再学武术了。"虽然父亲只上过一年私塾,但秉承客家人尊师重教的传统。林占熺说:"客家人有句话,'养子不读书,等于养头猪',所以父母再困难也要让我读书。那时我家和四五家乡邻合养一头牛,我是放牛娃。每天天蒙蒙亮就牵牛出去吃草。等到同学来叫我去上学,再赶紧把牛牵回家。小孩子永远是睡不够的,所以我上课时,怕自己打瞌睡,就一直掐自己的大腿,把大腿都掐青了。"

1964年,林占熺考上了大学,那时当地高考录取率不超过5%。

20世纪70年代末,我国引进了椴木栽培香菇技术,农民在树段上种下菌种,半年后可收成香菇。当时,在福建农林大学工作的林占熺去家乡考察,发现引进的技术不切合中国农村的实际。他想:一棵栲树要生长二三十年才能砍下来种菇,一是农民等不起,农民太穷,要靠种菇挣钱来解决生活中的燃眉之急;二是山里的树再多,也经不起砍,这么种菇不可持续啊!

有没有更好的办法来种菇?能不能"以草代木"用木质化程度较高的草来代替树木作培养基呢?1983年,林占熺单枪匹马开始了利用闽西野生草本植物的研究。站在家乡冠豸山的山头，望着漫山遍野的芒萁，让他心头一亮：芒萁的杆木质化程度很高，国家三年困难时期，他在永安二中读初中，当时学校搞猜谜、钓鱼等文娱活动，用切碎的芒萁拌米糠、面粉做成饼作为奖品。他是班长负责给得到奖券的同学发饼，芒萁饼虽说不上多好吃，但对饥肠辘辘的孩子来说是多开心的事啊！"更重要的是，至少说明芒萁没有毒！可以试试用芒萁来种菇！"林占熺顿悟道。

虽然林占熺当时是福建农学院机关第二总支书记，但依然困难重重。为了突破瓶颈，他毅然借了5万元。当时，他的工资才一百多元，5万元是笔巨款啊！就连他才9岁的女儿冬梅，有一天突然认真地对他说："爸爸，你这5万元不是为家里借的，将来我不帮你还的。"

经历了无数次失败，1986年，林占熺终将菌草技术研发成功！

但他欠的债依然没有还清。1992年，他拿着菌草走进了日内瓦国际发明竞赛展览，获得了展会金奖和日内瓦州政府奖。晚上，中国代表团的团友问他：得了最高奖会不会高兴得睡不着？他当然高兴，但更愁了：去日内瓦参展又借了3万元，这旧债未还又添新债怎么办？

一个美国农场主敏锐地发现了林占熺"菌草种菇"的商业价值，希望买断菌草技术，许以月薪14000美元的高薪聘请林占熺夫妇。这月薪是他俩收入的1000多倍。但林占熺不为所动，他说："如果我签了约，可以成为千万富翁，但之后我就会成为美国企业代理人来赚我们中国人的钱。我父亲送我读大学时就说，上大学是为了让你将来为穷人做事。"

1995年，"中国菌草"被中国扶贫基金会列为科技扶贫首选项目。1997年，在习近平同志的推动下，菌草成为"闽宁合作"的扶贫项目。远赴宁夏的林占熺，住在当地废弃的窑洞中，成功用菌草种出了香菇木耳，让农民当年收入就翻了番。一个农民种50平方米的菌菇收入，比种27亩小麦的收入都高。随后，菌草技术随着林占熺的脚步又走进了新疆、西藏等地。

也许正是对"穷"有深切的体会，林占熺凡事都设身处地为对方着想。在宁夏，林占熺就提出，技术必须尽量简便化和本土化，让当地老乡能"一看就懂，一学就会，一做就成"。在非洲，他们推广"10平方米菇场"，农户用10平方米土地一年可以产1.2吨鲜菇，种下菌种7天后就开始有收入。参加"菌草种菇"项目的，有不少是当地"穷人中的穷人"，有的是残疾人，很多是单亲母亲。一位护路女工种菇后，收入比原来增加了5倍。

更令人意想不到的是，鲜菇种出来了，但很多当地人不知道怎么食用。这怎么办？中国专家扎上围裙办起烹饪培训班，教他们做出一道道美味的椒盐平菇、蒜蓉炒平菇、平菇浓汤……

"中国菌草"这一"小而美"的扶贫项目，受到当地政府支持和民众欢迎。但严峻的考验接二连三。

2000年12月的一天深夜，一个来自巴布亚新几内亚的紧急电话打进福州林家：林占熺因过度疲劳和高原反应，血压冲上170，心跳达到110次/分钟以上，人几度昏迷。他在昏迷中醒来，还用尽力气向同事交代菌草基地建设的事。危急关头，一位巴布亚新几内亚政府部长闻讯后，火速派其私人医生赶来抢救林占熺，才终于转危为安。

2007年9月在莱索托，有一天黄昏，林占熺从70公里外山区的一个示范点返回首都，当汽车开到离首都不远的一个山口时，突然冲出一辆汽车挡住了去路。车上跳下3个持枪劫匪，劫匪拿枪顶着林占熺的头，把他们劫持到几十公里外的荒山野岭。林占熺告诉对方，我们是中国专家，是来帮你们脱贫的。但劫匪哪知什么脱贫啊，把他们的相机、手机和钱包洗劫一空，还很懊恼中国人钱太少有点穷。临走，他们还把中国专家的车钥匙扔在山里。林占熺他们找了好久，终于凭着一点点月亮的反光找到车钥匙。幸好，机警的助手在座位下藏的手机没被劫走，赶紧联络了当地的官员才脱险。

"之前，我曾三次遭遇'鬼门关'，摔断两根肋骨，都没有退缩过，但这次真的是第一次犹豫了，"林占熺推心置腹地说，"当时我已逾花甲之年，可我的同事还年轻，不能让他们牺牲了。我们讨论要不要撤？结果整个团队没有一个成员说要撤，大家都很坚定，说'我们普通人为国家做点事情不容易'。这也鼓舞了我。"

"贫穷是压在穷人头上的大山。我是知道贫穷滋味的。小时候，我家的一件棉袄穿了三代人，爷爷穿了给我父亲穿，父亲穿了给我穿。我们要帮助非洲老百姓推倒贫穷这座大山，所以我们没有撤。"

防沙固沙，要为千里黄河竖起绿色屏障

如今，林占熺担任首席科学家的国家菌草工程技术研究中心已在国内外培训了270多期、10500多名外国科技人员和官员学者，还为11个发展中国家培养了25名菌草专业的硕、博士留学生。

更可喜的是，一代新人已成长起来了。当年郑重其事地对父亲说长大了不能替他还债的女儿林冬梅，1992年去新加坡国立理工大学读本科，学成后入职新加坡教育部。在父亲的召唤下，她毅然放弃了以"高薪养廉"闻名的新加坡公务员的收入，选择了"把论文写在祖国大地上、写在农民的钱袋子里"的人生道路，现为福建农林大学国际合作处副处长。校党委曾有意提拔她当处长，遭林占熺反对，理由是："处长的公务太忙了，总要有人献身菌草事业。"

其实，林家还有很多人献身菌草事业。林占熺的六弟林占华，研究生毕业后，也被林占熺动员来参与菌草扶贫工作，在一次高压锅意外爆炸中不幸牺牲。林占华是林家从北方迁居到福建整整22代人中第一个研究生，也是全镇第一个研究生，他的牺牲让全镇人都很难过。在他悲痛不已的时刻，老父亲安慰他说，你就把他当作新中国成立前死在战场上。要不是解放的话，你

兄弟六人都有可能死在战场上。老父亲的话，给了林占熺力量。

1996年，在第二届菌草技术国际研讨会上，专家们对怎么给菌草命名有不同意见，林占熺坚持菌草的英文采用汉语拼音的"Juncao"命名。说是要让全世界都知道菌草技术是中国人的发明。2014年，菌草技术被列为我国援助斐济的项目，林冬梅担任了项目负责人，根据当地的情况因地制宜地开创了集装箱改装栽培菌菇的模式。现在，菌草产业已经成为斐济农业部第二大支柱项目。为表彰林占熺团队在中非共和国菌草产业的卓越贡献，2019年中非共和国国庆61周年庆典上，总统图瓦德拉亲自向林占熺团队六人授予"中非国家感恩勋章"。

如今，"中国菌草"技术已从最初的"以草代木"不断向外扩展：它耐旱、耐淹、耐冻，节水、节肥，不用打药，热带地区一次种植寿命可以长达二三十年，用它可以种出55种食用、药用菌菇，可以作家畜的饲料，可以作燃料发电，还可以作板材、纸浆，甚至用于矿山植被修复与土壤修复……

如今，林占熺还在忙什么？

年已78岁的林占熺正奔波在黄河流经内蒙古阿拉善盟巴彦淖尔市磴口县的刘拐沙头。大风和洪水，每年都将这里黄河两岸近亿吨的黄沙注入河道。9年前，林占熺带着团队来到这里，第一年，风沙把种下去的菌草叶子都打烂了，大家都说"完了"，但林占熺说，不会完。第二年，洪水把河沿冲塌，把菌草都冲没了。林占熺依然不认输，换个菌种继续种。2021年，刘拐沙头经受了3次大洪峰，4米高的巨菌草没有倒伏。"9年里，林教授往返这里45次，事实证明巨菌草的岸边护坡作用要强于其它固沙的灌木和草本植物。"内蒙古农业大学沙漠治理学院李钢铁教授介绍说。

林占熺一行又马不停蹄赶往阿拉善左旗的一处叫"阎王鼻子"的黄河段。此处因常年大量黄沙被冲进黄河，上面是河水下面是黄沙，船行此处经常搁浅遇险而得名。林占熺团队和当地的科研人员商量，计划从明年春天起就种巨菌草,"到明年秋天两岸就会一片绿色,我们要让这里的黄沙都不再进黄河。"林占熺说。

"巨菌草在福建种下去,可以生长30年。但在自然环境比较严酷的省份,有的还只能一年生。我们正在研究攻关,怎么让菌草在更多的省份都做到多年生,甚至十多年生?菌草有很好的防沙固沙作用,我们的目标就是让它在生态治理上发挥更大的作用。黄河是中华民族的母亲河,我希望能在千里黄河的两岸都种上菌草,为黄河筑起绿色的屏障,让黄河早日变清。"林占熺对记者说。

钟扬：雪域高原走来千万个追梦人

钟 扬

男，1964年5月出生于湖南邵阳市新宁县，著名植物学家，曾任复旦大学研究生院院长、教授、博导。2017年9月25日在内蒙古鄂尔多斯出差途中遭遇车祸，不幸逝世。2018年中宣部追授他为"时代楷模"称号，并获得"全国优秀共产党员"称号，2019年获中宣部等颁发的"最美奋斗者"荣誉称号。

Zhong Yang

> 钟扬，1964年5月出生于湖南邵阳，生前系复旦大学研究生院院长、生命科学学院教授、博导，中央组织部第六、七、八批援藏干部，教育部长江学者特聘教授，国家杰出青年科学基金获得者。2017年9月25日不幸因公殉职。2018年，中宣部追授他"时代楷模"称号，并获得"感动中国2018年度人物"荣誉。
>
> 钟扬，他就是雪域高原上坚韧顽强而又浪漫欢乐的"先锋物种"，在这亘古高原上默默地播种绿色、编织春天。

上篇：钟扬播下的种子已发芽生长

拉萨河，发源于念青唐古拉山脉中段北侧，两岸山峰多在海拔3600~5500米之间，堪称世界上海拔最高的河流之一。它在崇山峻岭间拐了一道长达五六百公里的巨大的"S"形后，自东向西奔向拉萨。

此刻，站在最高点海拔5200多米的纳金山向下望去，只见晴空丽日之下，拉萨河河面开阔，一如它藏语的名字"吉曲"，快乐而又舒展。

拉萨河从这儿往西流到曲水县附近，汇入雅鲁藏布江后，河水就掉头向东，一直流往林芝。

钟扬老师也爬过这纳金山！

一年了！2017年9月25日清晨5点多，复旦大学研究生院院长、生命科学学院教授钟扬，在内蒙古鄂托克前旗不幸遭遇车祸辞世。

一年了，钟扬教授离开了他心爱的雪域高原、离开了他倾情投入的西藏大学、离开了他痴爱的生命科学。如今，他的一届又一届的学生在忙着什么？他们是不是还在一如既往地采集种子？钟扬教授收集的种子，有没有在他热爱的雪域高原发芽、成长、开花、结果？

生存环境越恶劣，植物的生命力就越顽强

拉琼最初听到钟扬"出事"的消息时，正在钟扬的藏大宿舍里。

那个中午原本阳光灿烂。因为钟扬和拉琼事先的一项约定：3天后，也就是2017年9月28日，钟扬要回藏大，所以趁着天气晴好，拉琼利用午休时间赶去钟扬的宿舍。

"前几天，有一拨北京来的学生住在钟老师的宿舍，刚走。凡是有内地学生来西藏进行植物学野外考察，钟老师总是说，'住我宿舍。'但也有学生不自觉的，住完了，床单，被套都不洗，甚至连厨房的锅也不涮，扔那儿就走了。"拉琼说，"我想去那把厨房整理一下，把钟老师的被子晒一晒。钟老师特别喜欢新晒过的被子。他对我说过，西藏真好，紫外线强，晒被子不但杀菌，阳光还特别香，晚上盖着被子都可以闻到太阳的味道！"

可拉琼刚走进钟扬宿舍，钟老师在中科院昆明所的一个博士后学生电话进来了："听说钟老师出车祸了，情况不乐观。"

拉琼的脑袋好像突然被人从身后猛砸了一记重拳。"这怎么可能？"他望

着屋里的一切，钟扬在藏大带他们野外科考时用的全套装备还都在这里：他的帽子、外套、登山鞋。就像主人刚刚从野外归来，上面还带着西藏大山里的尘土草叶，带着钟扬的汗渍和体温。

"我们青藏高原的路这么难走，这么多年了钟老师都没出过一次事！"这突如其来的"车祸"，让拉琼既意外又气愤。

哪里的自然环境能比青藏高原更艰苦更恶劣？记得有一次，钟扬带队去野外科考，将车子停在一座山脚下，一队人下了山沟去采集种子。前后也就一个多小时，等一行人从山沟里回来，只见车顶已被一块大石头不偏不倚地砸瘪了，幸亏车内无人。这大石头是什么时候从山上滚下来的，无人知晓，所有的人都暗自庆幸。

2015年，钟扬曾有过一次脑出血。医生"警告"他：首先，必须戒酒；其二，再也不能进藏。

拉琼注意到，从那时起，生性豪爽，野外科考时常喝酒御寒的钟扬，果然戒酒了。他开始从未有过地认真服用医生开出的各种药物，且随身携带。但要他"戒掉"西藏，那是万万做不到的。没多久，钟扬又出现在藏大。

他郑重其事地对拉琼说："我还要在西藏再工作10年，你还要再工作20年。"这意味着什么？钟扬给拉琼算过一笔账：这些年，钟扬带领的团队已经在西藏收集了4000多万颗种子，估计有1000多个物种，占西藏植物物种的五分之一左右。钟扬所说的"在西藏再工作10年"，那就是为了将收集种子数再完成五分之一。而他希望拉琼"再工作20年"，是因为"再花20年可以把青藏高原的种子收集增加到四分之三"。

拉琼这才明白，原来钟扬的戒酒、服药，都是为了一个目的："还要在西藏再工作10年。"

"你不是说好还要在西藏再工作10年的吗？"拉琼的心被攥紧了。那天下午，钟扬遇难的消息很快在藏大、在复旦、在相关微信群里刷屏了。拉琼赶紧以最快的速度赶往恩师的遇难地。

一路上，与恩师的交往在他脑海里一幕幕闪过：2006年，拉琼刚从挪威卑尔根大学生物系拿了植物学硕士学位回到拉萨。第一次见面，钟扬就提醒他："回到西藏，千万别把英语丢了啊。"后来，拉琼和藏大别的老师一起陪钟扬上街，钟扬在一个地摊上心满意足地挑了一条牛仔裤，才29元钱。这让拉琼暗自惊讶：从中国最大的经济城市上海来的复旦大学的大教授，怎么才穿29元一条的裤子？

更让拉琼意外的是，钟扬为了鼓励藏大理学院的老师申报国家自然科学基金项目，提出只要理学院的老师提出申报，不管是不是生物专业的，哪怕是物理系、地理系的，他个人都给2000元资助。这是藏大从未有过的事。

藏大理科的科研起步较晚，因为藏大在1985年之前还是西藏师范大学，最强的学科一直是藏语言文学。过去，藏大主管科研的部门叫"科研科"，是设在教务处下的一个科室。钟扬援藏来到藏大后，不仅带头申请国家自然科学基金重大项目，还给全校老师开讲座"怎么申请国家自然科学基金项目"，希望通过申请国家科研项目来带动整个藏大的科研风气。

最初，拉琼还没有打定主意读博，读博究竟选择什么研究方向？他一时心里还没底。一晃3年很快过去了，钟扬不能不为拉琼的犹豫着急。2009年的一天，钟扬在拉萨贡嘎机场登机回上海前，给他打了个电话："读博的事，你考虑得怎么样了？"这让拉琼下了决心："人家都是学生主动盯着导师，而钟扬却是大教授主动盯着学生。这么好的博导要是错过了，绝对是终生遗憾！"

于是，拉琼成了钟扬在复旦生命科学学院带的第二位藏族博士生。

如今，就在拉琼办公室的书橱里，一份西藏大学2018年5月颁发的聘书上庄重地写着："兹聘任拉琼同志为生态学博士/硕士学位点点长"，拉琼教授已经成为藏大理学院第一位校内博导。

"钟老师经常对我说，青藏高原的生物多样性可能被严重低估了。当然，以前也可能限于没有好的交通条件、经费和研究手段等等，所以我们要重新盘点青藏高原的生物多样性。他一直要我们聚焦海拔 4000 米以上植物，聚焦极端环境下的生命生存之道。他说：'生存环境越恶劣，植物的生命力就越顽强。在青藏高原隆起的过程中，这些植物是怎么出现的？怎么适应的？怎么变异、又是怎么进化的？都是太值得研究的重要科学问题。'"

惟一可以告慰钟老师的，就是在他出事前 4 天，教育部、财政部和国家发改委联合发布了全国高校"双一流"建设名单。西藏大学理学院生态学也列入了"世界一流学科建设"名单，这让钟杨非常高兴。"他和我们约好了 28 日来藏大，一起商量这'世界一流学科'今后怎么建设……"

他不仅是导师，更是我们自家的长辈

刘天猛是钟扬在藏大带的第一个博士生。

2011 年，他从云南大学硕士毕业。"钟老师很在乎他的学生是不是真的喜欢生物学，他鼓励学生多参加野外考察。"就在藏大钟扬的宿舍里，刘天猛说起了他的考博经历，"在考博面试的时候，我说起曾去香格里拉做野外科考的经历，钟老师就很关切地问：'有没有高原反应？'我说，还好。感觉他的表情比较满意。直到后来，我成了他的博士生后才知道，钟老师认为，青藏高原是生物多样性的宝库。而要在西藏从事生物多样性研究，不怕吃苦，愿意从事野外科考是必须具备的重要条件。"

他的博士论文是《西藏拟南芥的适应性进化》，拟南芥是全球植物学家理想中的"模式植物"。世界各地都有植物学家在研究拟南芥，因为拟南芥的基因组是目前已知植物基因组中最小的。全球除了西藏之外的拟南芥全基因组测序都已完成了，而且它是一年生植物，雌雄同株，生长快、代际更替也快。我们通过对西藏拟南芥的全基因测序，可以和全球低海拔地区生长的拟南芥基因组进行对比：青藏高原拟南芥的生长周期很短，从5月到9月，它必须全力生长，进入10月之后，它和西藏很多植物一样都不生长了。这里的昼夜温差大，中午20℃，晚上-10℃，那它为什么没有冻死？钟老师课题组研究发现，西藏拟南芥已经与世界上低海拔地区的拟南芥分道扬镳了10多万年，在基因树上是比较古老的一支，如果能从基因层面把这些抗逆适应性机制研究透了，意义很大。但西藏的野生拟南芥在哪里？西藏植物志上说它"高7~40厘米"，但当时植物学家为了获得西藏野生拟南芥的遗传材料，虽经多年寻找，却一直没有在青藏高原的野外采集到。

怎么办？找！为了找到西藏野生拟南芥，钟扬不但自己找，还发动他的学生也找。

钟扬在藏大招的第一批硕士生许敏和赵宁，就是藏大最早找到野生拟南芥的人。

赵宁在藏大生物系本科毕业后，因为过去理学院还不能招硕士研究生，所以最初想去内地高校读硕，是钟扬告诉她"理学院的硕士点批下来了"，她才留在了藏大。因为是藏大理学院的首批硕士生，钟扬就建议他们第一学年到对口援藏的武汉大学去读。

"钟老师考虑得太周到了，"赵宁说，"我们到武大两天后，钟老师就赶来武汉了。他为我们9个研究生每人都落实了实验室和带教导师，还带我们去武大食堂饱餐一顿，我们很多同学都是第一次吃到武昌鱼。他有一句名言，这话我们学生永远都不会忘记：'学生总是最容易饿的。'他说这话的时候，我们感觉他不仅是我们的导师，更是我们自家的长辈。那时我们研究生每月补贴才300元，钟老师还给我们每人发了1000元，这是他自己掏的钱。"

钟扬的父母家在武汉，他还让自己父母从生活上照顾这批藏大研究生。"有一次，爷爷奶奶请我们去吃饭。钟老师一定特别关照过他俩，所以我们最喜欢的红烧肉和当地的红菜苔，爷爷奶奶都特意点了双份，让我们吃个够。"

赵宁说。

钟扬培养的不仅是硕士生、博士生，更是一个个热爱植物、热爱自然的人。只要没课，这些年轻人就会自己坐着长途车去郊外上山收集植物标本。2013年的腊月，许敏和赵宁在拉萨市堆龙区羊达乡一座海拔4150米的山上找到了野生拟南芥。

喜讯传到复旦，钟扬非常高兴。他让赵宁把现场拍的照片发过来，再仔细比对。拿到完整的植株后，还进行了染色体验证，确认无误后，他将新发现的拟南芥命名为"XZ生态型"，"XZ"既是许敏和赵宁的姓氏拼音缩写，又是"西藏"两字的首字母。

如今，这西藏发现的拟南芥，已经分享给北京、上海、广州以及欧、美、日等地的科学家开展相关研究。

赵宁硕士毕业后，钟扬一直鼓励她攻读博士。去年9月5日，已是藏大理学院老师的她，在综合楼走廊上遇见钟扬，告诉他，自己主意已定，决定去武大读博。钟扬连声肯定说："很好很好！"

"钟老师还约我在网上详细聊聊专业方向。没想到，这是我最后一次见钟老师！"赵宁哽咽着说。

2018年8月，复旦的钟扬教授基金会和拉琼联系，请他负责推荐几位在藏大理学院工作、学习的老师和学生作为首批获奖候选人。有的老师说："拉琼你就是最合适的候选人啊。"拉琼笑笑说："还是把这荣誉给学生吧。"

科考结果可能激动人心，过程肯定繁琐枯燥

2018年8月下旬，西藏拉萨周边连着下了好几场大雨，造成很多地方出现山体滑坡。还能不能跟随拉琼老师去山南的布达拉山进行生物多样性野外科考？

"不行，不行！我必须对大家的安全负责！"拉琼老师用断然的语气回绝道。

就是上拉萨周围的山上采集植物，也并非绝对安全。那天，刘天猛、赵宁和明升平收获满满地回校了。

刘天猛指着窗外藏大新校区对面海拔4600多米的山，告诉拉琼教授说："下午，我们从右边的山脊下山，刚拐了一个弯，沿小路走了不到2分钟，忽然听到山顶隆隆作响，扭头一看，只见好几块有一二吨重的大石头，从山顶砸下来，一路滚过我们刚走过的小路，直到山脚，把几头正在吃草的牦牛都惊到了。"

"你们这么上山出了事怎么办？"这险情让拉琼非常担心，他解释道："这是青藏高原的特点，山体在经过前一天一整夜雨水的冲刷浸泡，第二天太阳一晒，热胀冷缩，很容易发生山体滑坡和滚石这样的险情。"

三天后，拉琼教授一行从拉萨市区出发，一路往东。

过海拔3900多米的纳金山垭口，停好车，拉琼一行开始上山。

在植物学家眼里，漫山遍野的草木都是"宝"。走在最前面的刘天猛和明升平，被长在岩壁石缝中的一簇并不高大的植物吸引住了，"这就是圣地红景天，多年生草本，蔷薇目，景天科。"明升平，这位植物学硕士研究生如数家珍地介绍说，"圣地红景天是藏药红景天的一种。"

再往上走，拉琼指着几簇黄绿色的植物说，"这就是民间传说中的'九死还魂草'，蕨类植物。它遭遇干旱，或者一到冬天，就变黄变枯。但只要雨季来临，它就复苏，第二年又发绿了。它的学名是'卷柏'。"

几朵色彩艳丽的小花吸引了拉琼注意，他俯下身观察道："这是翠雀！太美了。你有没有发现，我们人在高原上特别容易晒黑？这是紫外线照射强烈的缘故。而高山植物花的颜色特别鲜艳，这是因为它富含花青素。"

钟扬教授最喜欢的那首藏族民歌："世上多少玲珑的花儿，出没于雕梁画栋；惟有那孤傲的藏波罗花，在高山砾石间绽放。"他们能找到藏波罗花吗？

拉琼教授说，可惜啊，藏波罗花的花期已经过了，它是每年的五、六、七月开得最艳。

"你尝尝这个，我们管它叫'螃蟹甲'，也是藏药植物。"拉琼从一株植物的根部撕下一段，将它放在嘴里，舌尖上有了一丝甜味。

拉琼说："我们小时候没糖吃，就常挖螃蟹甲的根来嚼，它的甜味特别持久，余味很足。"

拉琼又上了一段山坡，他选定一块较为平整的山坡做"5×5"的标准样方。刘天猛和明升平用样线拉出一个25平方米的样方，然后开始统计样方中有多少种植物。

"砂生槐，穗花韭，尼泊尔蓼。"明升平每报一样植物，刘天猛就确认记录一种植物。

"木根香青，长叶莎草，亮叶龙胆，黄苞南星，伊朗蒿……"

拉琼一一确认，最后认定在这个样方里，总共生长着28种植物。

他们开始采集植物标本，然后用标本夹带回藏大。刘天猛先铺开吸湿纸，将植物标本放好，再盖上一层吸湿纸。层层叠盖后，用绳子将标本夹压实捆紧。"带回去后，隔两三天还要换一层吸湿纸，重新压实，防止因水分太多引起霉变。"刘天猛介绍说。

而明升平则在一个取样袋里放入植物的枝叶，再倒入蓝色的硅胶。拉琼说："这是为了获取匙叶翼首花的DNA样品，如果不尽快将它干燥处理的话，担心它的DNA会溶解。我们带回去后，会请专业公司对它进行基因测序。"

明升平在取样袋上认真写下标本的植物名和采集点的地理位置："北纬：29°41′14″，东经：91°16′3″"，还有采集点的海拔高度："H：3930米"。

"按植物多样性科考的要求，在同一海拔高度，我们要每间隔50米以上，重复做6个样方；然后下降50米高度，再同样做6个样方。以纳金山5200米的高度，从山顶到山脚，我们总共要做二三百个样方，就要花几十天的时间，才能把纳金山的植物多样性情况基本摸清。"拉琼说，"你想想，要摸清西藏植物多样性的家底是个多大的工程，整个西藏有多少座山啊！"

如果谁是第一次参加科考，那他可能会有很多新鲜感；但对做这个科研项目的人来说，虽然科考的结果可能是激动人心的，但每天重复的调查过程，即使没遇到危险，也肯定是很繁琐、很枯燥的。

长年奔走在野外而能乐此不疲的人，惟有发自心底的"热爱"可以解释。

回到藏大理学院，走过综合楼，听到德吉、赵宁等女教师正在排练教师节上的朗诵节目《盛放在高原的藏波罗花——纪念钟扬老师》：

"您说：'一个基因可以拯救一个国家，一粒种子可以造福万千苍生。'我们会团结一致把老师为藏区培养人才、为高原留下科学种子的希望传播下去。让您留下的种子替您生长，让您教过的学生继续梦想！"

下篇：雪域高原基因宝藏正徐徐打开

"钟扬老师要是看到我们西藏种质资源库建设得这么好，一定高兴极了。这是他多少年的心愿啊。"西藏高原生物研究所研究员、西藏种质资源库主任扎西次仁激动地说。

从他办公室的窗口望去，远处是念青唐古拉山脉的一支余脉，巍峨壮丽。虽是初秋，拉萨的阳光毕竟与内地不同，依然保持着一种高海拔特有的纯净和穿透力，将念青唐古拉山脉照耀得异常明艳。

西藏种质资源库设施完备、功能齐全，让扎西非常自豪。他说："本来去年9月28日钟老师要来拉萨的，我都和他约好了，请他30日来我们种质资源库看看，再给我们上一次课，提提意见建议。我很想让他看到，我们拉萨也有能力按国际标准来保存我们西藏自己的种质资源了！但谁想到，钟老师没能看到我们的种质库！"

1987年本科毕业于华东师大的扎西，是钟扬老师在复旦培养的首位藏族植物学博士。

"我记得钟扬老师说过，所有能够在青藏高原这样高海拔环境下生长的物种都太不容易、太宝贵了。但其多样性却被严重低估，也许在全球变化的大背景下，青藏高原的有些物种正在我们不知情的情况下悄悄消失。所以我们一定要赶在它们灭绝之前，把它们找到，建立起我们青藏高原特有的植物'基因库'，为将来储备战略资源！"

"收到钟老师最后一条短信：'一切为了孩子！'"

"我和钟扬老师相识十多年了，他是我的博导，我俩又是同庚，他长我4个月，所以我们之间的情谊真可以说是'既是师生，又是兄弟。'"扎西说。

钟老师说过，考古证实，在没有人类干扰下，地球上物种灭绝的速度是很缓慢的，平均每27年才有一个物种灭绝；但在人类诞生之后，尤其是工业革命以来，植物灭亡的速度大大加快了。今天的植物多样性正以过去地质时代1000倍的速度在丧失。2010年的一项世界调查发现，全球的38万种植物中，有五分之一的物种正面临灭绝的危险，极危、濒危和易危物种已占植物总量的22%。

"所以，他总是强调，青藏高原的生物资源是国家宝贵的生物'基因库'，有将近6000个维管束植物物种，其中有2000多种是西藏特有的植物。现在我们已经收集了其中的十分之一左右，要争取再努力30年，把全部植物物种都收集起来！"

和钟扬一起采集种质是扎西最难忘的记忆。扎西的博士论文题目是《西藏巨柏的遗传多样性与精细化学成分变异及其保护生物学意义》，为此，钟扬和扎西花了3年多时间，将雅鲁藏布江两岸的3万多棵巨柏一一统计。为了研究其遗传多样性，采集巨柏的脱氧核酸材料时，还要间隔10公里到20公里，终于第一次摸清了巨柏的家底。有人说，采集种子这"体力活"不需要博导亲自去做啊，一位博导为自己的博士生论文投入这么巨大的精力，是不是值得？

钟扬不是为做科学的"苦行僧"而去吃苦。在钟老师的心目中，这不仅仅是一篇博士论文，而是为了西藏的一个重要的物种，巨柏是列入濒危的国家一级重点保护植物名录的树种，研究和保护它的意义远大于一篇论文。作为一位对生物多样性有深入研究的植物学家，钟老师十分重视生态环境对植物进化的影响，所以他必须去实地观察和研究植物的生境。

藏香有800多年的历史，是藏传佛教信众表达虔诚、供奉佛主的神圣方式。制作藏香，巨柏是其中必不可少的一种成分。在扎西的论文中，第一次运用分子标记手段分析了西藏巨柏居群，发现了其遗传多样性最高的居群并提出了对该资源的保育措施改进方案，同时运用气相色谱——质谱连用技术，对西藏巨柏和西藏柏木的精油化学成分进行分析比较，得出了两者之间相关化合物"非常相似"，可以用生长范围更广的柏木替代巨柏作为藏香原料的结论。

无数次的翻山越岭、风雨兼程，扎西和钟扬已情同手足，无话不谈，自然也聊起过生死。"有一次，我们谈到藏族的丧葬方式，我狡黠地问他：'老师，你如果以后死在西藏的话，怎么办？'他说：'我可以天葬吗？'我说'当然可以啊！'他毫不犹豫地回答说：'那你就把我天葬吧，我把这权力给你了！'我感觉钟老师的心中生死已经通透、汉藏也融为一家，没有任何恐惧！"

钟扬车祸遇难后，扎西第二天就赶到银川。"我知道钟老师每年法定的大大小小的节假日都是在高原上度过的，我一直认为钟老师唯一的不足就是对父母尽孝不够、对家人照顾太少，可这与我们高原上的人有着千丝万缕的关系。说实话，当时，我很怕见到钟老师的家人，心底里有种对不起钟老师家人的'做贼心虚'的感觉，没想到钟老师的爱人张晓艳教授对我说，'钟扬一直以为他还会有机会的，这次事情是他没想到的……'钟老师的父亲也说'钟扬经常说起你，你是他指导的第一个藏族博士，他很为你骄傲的！'这么好的家人，我太感动、太感激了！"

扎西的夫人贡嘎卓玛也非常崇敬钟扬，她按照藏胞的习俗去拉萨的星算所为钟老师算了一卦，卦上说钟扬会转世成为一名佛像雕刻师。"这是品德高洁之士才会从事的职业。"扎西说。

"为了兑现我对钟老师的承诺，我向钟老师的爱人和父亲请求带回钟老师的部分骨灰回拉萨，得到了他们的首肯。我把钟老师的骨灰背回拉萨的家里后，按我家人的规格和方式进行了安葬。部分骨灰制成了嚓嚓，在一个藏历吉日安置在拉萨市郊的一个幽静的寺庙旁边的山上，部分骨灰在钟老师'四七二十八天'的祭日，撒入了雅鲁藏布江主河道。"

藏族的祭祀方式与汉族多有不同，但以"七七四十九天"为一个祭祀周期却是一样的。"我们藏族相信，七七四十九天之后，逝去的亲人就转世了。我和我的家人一直在为钟老师祈福，我相信恩师转世的事一定会如期发生，我发愿有朝一日能在雪域高原的某地再遇见他。"扎西说。

其实，钟老师是非常爱家人、爱孩子的，扎西手机上至今仍保留着和钟扬的微信聊天记录："一切为了孩子。"这是钟扬生前发给扎西的最后一句话。

为祖国每个民族都培养一个植物学博士

2018年藏大申请国家自然科学基金各类项目获批10项，其中面上项目3项，地区科学基金项目6项，青年科学基金项目1项。面上项目数创造了藏大的新纪录，说明藏大的自然科学基础研究上了一个新台阶。

藏大科研处副处长平措达吉特别强调说："这10个项目中，有7个在理学院；而且这3个面上项目也都是理学院拿的，理学院副院长陈天禄和武大援藏的理学院副院长刘星都分别拿下了一个面上项目和一个地区项目。这和钟扬老师十多年来一直积极倡导科研，通过申报国家自然科学基金项目来培养科研人才是分不开的。"

钟扬说过，他去西藏不是简单地从生物学考虑的，而是作为教育者和科学家去的。一个从内地去援藏的科学家可以在西藏干几年？5年、10年，干得再好他也就回去了。怎样为青藏高原留下一支长驻不走的科研队伍？必须要创造出一种智力援藏的新模式，就是把西藏当地的科研人才培养出来。现在，他的愿望可以说初步实现了。

"我们理学院获准成立硕士研究生招生点后，第一批考上的都是汉族的学生，因为汉族学生的英语能力比较强，考分肯定排在藏族学生前面。"扎西说，"钟老师马上发现了这个问题，他说这样不行，招生制度要改，一定要让藏族的学生也能考上研究生。从第二年起，我们招研究生的排名方式就改了，汉族学生一个排名系列，藏族学生一个排名系列，让藏族学生也有机会能考上研究生。"

但钟扬又发现，藏族本科生报考研究生的积极性并不高。这是为啥？因为很多藏族学生的家庭来自农牧区，生活并不富裕；很多家长认为孩子已经大学本科毕业了，文化程度很高了，能找个好工作就行了。钟扬就做藏族学生的思想工作，鼓励他们继续学习，他说，如果你有100元钱，不为未来储蓄，全部用完了，明天就没有钱用了；如果你只用50元，另50元储蓄起来，就还可以拿利息。读研究生就是为你未来的人生"银行存款"，只要有储蓄，钱就会越来越多。

同时，他还积极向藏族学生宣传自治区政府出台的政策："每个藏族学生读研由自治区财政每月补贴 500 元。"

不仅如此，钟扬还一直在藏大的青年教师和学生中发掘人才。2007 年，德吉从浙江大学硕士毕业回到西藏，在藏大理学院当教师。2011 年认识钟扬教授，当时，她丈夫在部队工作，儿子马上要上幼儿园，所以一时没有下决心读博。是扎西和拉琼两位老师向钟扬推荐了德吉，钟扬马上找德吉谈话，建议德吉考虑到复旦来读博士。在钟扬的鼓励和家人的支持下，德吉成为钟扬培养的第 3 个藏族植物学博士，也是钟扬老师培养的第一个藏族女博士。

"要不是钟老师的鼓励，我之前真的下不了去复旦读博的决心。钟老师希望我们把科研的关注点集中在青藏高原植物在极端环境的适应机制上。麻黄在西藏分布广泛，也是干旱区系植物，其中山岭麻黄分布在海拔 5200 米，藏麻黄是西藏特有的植物。麻黄又是重要的中药资源，为了资源保护与开发利用，以及研究麻黄适应高海拔的适应机制，所以我的博士论文选择做《山岭麻黄和藏麻黄的遗传多样性与转录组研究》。"德吉说。

德吉在科研上成就卓越，已经成为理学院做藏药研究的第一人。在西藏自治区科技厅公布的 2018 年自治区科技计划立项项目中，德吉主持的《藏药"五味甘露"药效物质基础研究与数据库建设》获批为自治区科技计划重大专项。

"藏药过去一直存在属、种不分的问题，属、种混用很常见，我希望通过运用 DNA 条形码技术，能建立起一个藏药资源库。"德吉说。

钟扬老师的付出得到了回报。

钟扬说过，"我有一个梦想，为祖国每一个民族都培养一个植物学博士。"因为他深知，少数民族地区条件比较艰苦，高端人才尤其紧缺。只有培养出少数民族的人才，他们学成后回到家乡，才留得下、用得上、靠得住，能长久地在少数民族地区发挥作用。他相信，每个学生都是一颗宝贵的种子，全心全意浇灌就会开出希望之花。

在复旦任教17年、援藏16年,他培养了100多位研究生和博士后,其中有藏族的、回族的、哈萨克族的。他培养的少数民族学生已经遍布西藏、新疆、青海、甘肃、宁夏、云南和内蒙古等地。

"未来将成为我国最重要种质资源库之一"

目前,全世界已建成1700多座种子(质)库。

说起在拉萨的西藏种质资源库,西藏自治区科技厅副厅长钟国强颇为自豪:"我们的种质资源库是自治区投资5000多万元兴建的,其储存的生物种质资源是青藏高原及其邻近地区野生生物、农作物和家畜种质资源。这些生物资源是在不同生态条件下,经过上千万年的自然演变而形成的,蕴藏着各种潜在可利用基因,是国家的宝贵财富。把这些宝贵的资源收集起来作为战略资源妥善保存,以备子孙后代利用,是我国作为一个负责任的大国履行'生物多样性公约'的重要举措。"

种质资源库下设有6个分库:植物种质资源、植物离体种质资源、脊椎动物、昆虫、菌物类和DNA分库。还将投资1300多万元,建设一个占地7亩的智能连体温室,目前温室的主体工程已经完工并通过验收。到目前为止,种质资源库贮存的种质数量已达3400多份,大部分属于我国特有的物种或农作物品种,其中稀有、珍稀和野生植物约占5%。

种质资源库一楼,总共有6个冷库,常年温度控制在-20℃,还有种子生理实验室。二楼,是组织培养和动物标本室,显微影像室、植物标本室和人工气候室等。三楼,是与微生物相关的实验室,昆虫标本室、植物组织培养室等。四楼,有分子实验室、DNA提取室、超离心室、信息中心等。

一楼的冷库有两道门。打开冷库的第一道门,只见里面共有4间冷库。一间冷库门口的温控计上显示库内的温度-19.9℃,打开第二道冷库门走了进去，刚跟进冷库，就感到寒气逼人。只见里面一排一排的种子架上，存放着一个又一个装满种子的贮存瓶。整个种质资源库，可以保存36000多份这样的种子。

冷库的温度常年控制在 -20℃，湿度为 15%，这是国际通行的种质资源库的保存标准。"种子的寿命，受它的环境温度和湿度的影响很大。温度会影响种子的新陈代谢的速率，温度升高，种子细胞的代谢水平随之增高，细胞老化的速度就加快。种子因为具有吸湿性，它会从空气中吸收水分，从而导致自身含水量的升高，代谢也会加速，所以必须通过控制种子的环境温度和湿度来延长其寿命。科学实验证明，在 0℃ -50℃范围内，每降低 5℃，种子的寿命就可延长一倍；种子的含水量在 5%-14% 范围内，每降低 1%，种子的寿命也可延长一倍。"扎西说。

西藏种质资源库目前采用的标准，是已知的保存种质的最佳温度和湿度，它和中科院在昆明的中国西南野生生物种质资源库，以及英国"千年种子库"的标准基本是一样的。但在这样的条件下种质究竟能保存多少年？是 500 年，还是 1000 年、10000 年？人类还没有实证过，而且不同的种子也是不同的。也许，将来科学家还会发现更好的贮存方式。

在二楼的动植物标本处理室，研究员央金卓嘎和技术员欧珠旺姆等正在进行最初的清理，采集回来的植株有巨柏、楔叶委陵菜、有萼杜鹃、须弥大黄、叉枝蓼等数百种。

央金卓嘎和欧珠旺姆都是非常细心的人。这是因为种子保存有8个环节。要求非常严格：第 1 关，初步清理之后，还要通过风选机选出最饱满健康的种子才有资格保存，它会得到一个种子库的序列号；第 2 关，被送进种子干燥间进行初次干燥；第 3 关，要再次清理，将种子外面的果皮和残渣去除，成为一颗颗干净的种子；第 4 关，为确保种子的质量最优，要通过 X 光检测；第 5 关，计数和称重，以保证种子必须具备一定的数量等级，通常一个物种需要 5000 颗种子；第 6 关，再次干燥，因为如果种子水分太多，在 -20℃ 的低温下，水分形成的冰晶会破坏种子的细胞；第 7 关，包装，将种子装入耐低温的玻璃密封瓶中，贴上标签；第 8 关，送进 -20℃ 的冷库进行保存。

种子是不是放进冷库就万事大吉了？种子库里的种子还要定期进行发芽率的监测，一旦种子的发芽率低于 20%，就要补充采集，这是种子库的"动态管理"。

让已经休眠的种子重新发芽也不容易。先要将种子浸泡 24 小时，然后将它放在滤纸上让它发芽。不同的种子休眠期长短也不同，青稞、西藏油菜等农作物的休眠期很短，只有几天；而野生植物的休眠期很长，如西藏特有的大花黄牡丹甚至要 9 个月。我们还可将种子分组放进人工气候箱，观察不同温度、湿度和光照条件下种子的发芽情况。

计划在未来的 5 年里，种质资源库要使采集与保存的种质资源单元达到 31450 个（每个物种最多采集 10 个居群），涉及维管植物、菌类、脊椎动物和昆虫等生物类群，共计 3145 种；预计投入的经费将达 3900 多万元。未来的目标，是将它建成我国最重要的种质资源库之一。

虽然西藏种质资源库还刚刚起步，但这里保藏的每一个西藏的种质，都对藏区的人民、对我们的国家，乃至对人类的未来有着重要的、不可估量的价值。

这虽然只是刚刚迈出的一小步，但就像荒漠砾石间最早出现的"先锋物种"，尽管只有一点点绿色，但它是生命的使者，是绿色的先锋，是打开基因宝藏的前奏序曲；无论还要经历多少风霜雨雪，这里终将盛开雪莲，将覆盖灌丛；无疑，还将生长出一棵棵巨柏一般的参天大树。

谢军:"上天揭取北斗柄"

谢 军

男,1959年出生于山西临汾。任中国航天科技集团空间技术研究院北斗卫星导航系统工程副总设计师、北斗三号导航卫星首席总设计师。2019年9月下旬,中宣部、中组部等授予航天科技"北斗"团队"最美奋斗者"集体荣誉称号。2021年2月,他被评为"感动中国2020年度人物"。

— Xie Jun

> 阿波罗登月、航天飞机和卫星导航,这是20世纪人类航天事业的三大杰出贡献。就其对人类日常生活影响而言,尤以卫星导航为最。
>
> 2019年9月下旬,中华人民共和国成立70周年前夕,中宣部、中组部等授予航天科技"北斗"团队"最美奋斗者"集体荣誉称号。
>
> 远在浩瀚太空的北斗导航系统,和你我的生活究竟有什么关系?将它们"星罗棋布"一般在太空织成一张网,又有多难?

人类最早的导航设备是什么?是岸边的灯塔?是崖壁上的石阶?还是夜空中璀璨的北斗七星?"河汉纵且横,北斗横复直""人得光芒北斗星""泰山北斗人皆仰"……在中华民族灿若星河的唐诗宋词里,留下了多少诗人对北斗七星的敬仰和咏叹。

北斗,还凝聚了先人对天文地理的认知。

在航天科技集团五院总体部,北斗二号导航卫星总设计师,现任北斗三号工程副总设计师、北斗三号导航卫星首席总设计师谢军告诉记者,2018年一年,我国成功发射了19颗北斗卫星,到2020年,北斗三号实现了从过去为我国及"一带一路"沿线及周边国家提供基本服务到覆盖全球、服务全球的跨越。

北斗系统是国家重大空间基础设施。习近平总书记曾高度评价来之不易的北斗系统:"北斗系统已成为中国实施改革开放40年来取得的重要成就之一。"

2020年6月23日9时43分,长征三号乙运载火箭在西昌卫星发射中心升空,将第55颗北斗导航卫星——"北斗三号"全球卫星导航系统最后一颗组网卫星送入预定轨道,北斗三号全球组网顺利收官。

"4小时的冲刺,源于跨世纪的梦想"

谢军1959年生于山西太原市,在西安完成中小学教育,1978年考取中国国防科技大学电子技术系雷达专业。1982年本科毕业后入职中国航天科技集团五院504研究所,1987年毕业于该研究院通信与电子系统专业,获硕士学位。

从事航天事业40年来,谢军历任航天科技集团五院504所所长,北斗二号导航卫星总设计师,现任北斗三号工程副总设计师、北斗三号导航卫星首席总设计师。

2007年4月16日,是谢军和他的团队永远也忘不了的一天。

此前2天——4月14日凌晨4时11分,从西昌卫星发射中心冲天而起的长征三号甲运载火箭,将北斗二号第一颗MEO(中圆轨道)飞行试验星送上太空;5时16分,太阳翼帆板展开。两天后,卫星经过3次远地点变轨等控制,于16日进入卫星工作轨道。

"16日晚上20时14分,试验星上的有效载荷产品开始加电开机。"谢军如数家珍般地说,"那晚,所有参与北斗二号导航卫星接收终端产品研发的单位,都将自己的接收设备放在一个操场上,等待卫星发送信号。21时46分,地面系统正确接收到了卫星播发的B1导航信号;21时54分,接收到了卫星播发的 B2 导航信号；22 时 03 分，接收到了卫星播发的 B3 导航信号。当地面设备接收到这来自太空的信号时，所有在场的同志都高兴地跳了起来！当时，我在西安卫星测控中心，也非常激动！我们终于实现了 2007 年 4 月 17 日前激活北斗导航信号的目标要求，确保了北斗二号系统申请的卫星导航信号频率与轨位资源！此时，距离国际电联规定的空间频率申请失效仅有不到 4 个小时。"

太空浩瀚，但频率资源有限。此前，国际电联曾规定，任何国家申请空间轨道和信号频率资源是有时限的，如超过 7 年还不能将所设计的卫星发射上天，所申请的频率资源作废。

当时，美国的 GPS 和俄罗斯的格洛纳斯导航卫星已经使用了大量频率，所剩下来的有限资源为欧洲导航卫星"伽利略"和中国导航卫星"北斗"所分享，谁先完成发射谁拥有使用频率的优先权。国际电联"先到先得"、"逾期作废"的规定，给了中国航天人很大的压力。

"我是在 2006 年 3 月时，才听说我们 2000 年向国际电联申请的导航信号频点，到 2007 年 4 月 17 日要过期。"谢军说，当时确实有点紧张，"因为当时我们卫星的研发还未全部完成，担心时间不够。唯有优化流程，抓紧研发。"

之前，北斗一号虽已在 2002 年完成了双星定位，但按照国际电联的标准，北斗一号仍是"试验系统"，它与北斗二号卫星播发的导航信号技术体制完全不同，使用信号的频率资源不同。

为了确保这一国家任务的如期完成，航天科技集团要求"标准不能降，流程不能减"。剩下能压缩的，只有休息时间，"我们只能以跑百米的速度来跑马拉松。"谢军说。

2007 年的春节都没有过完，大年初三，五院的大队人马就从北京飞往西昌。从卫星总设计师谢军起，所有参试人员进场后先干 3 天体力活，搬设备、扛机柜……检测设备安装就位，马不停蹄开始了连续 6 天 6 夜的不间断加电测试，以模拟卫星和有效载荷在太空连续工作的状态。从院士、型号总师到技术人员，一刻不停地轮班盯着测试进程，发现了问题及时解决。后来，在卫星从技术区转入发射区后还是暴露了星地通信应答机信号源不起振的问题。

所有的问题都"归零"之后，专家层决定：北斗二号首颗 MEO 试验星 14 日发射。

"就在卫星发射前一天晚上 10 点多，孙家栋院士还在和我商量，万一卫星在太空再发生什么故障，你要怎么和地面测控系统、发射场系统协调？我都一一记在'发射任务清单'上。"谢军说，"孙院士等老一辈航天人的责任感真的是特别强。按照孙总的要求，我们与地面测控人员的沟通协调一直持续到 14 日凌晨 2 点。所幸，非常顺利。"

"你知道吗？早在 20 世纪六七十年代，老一辈航天人就曾提出过一个名为'灯塔'的卫星导航计划，可由于当时国家陷于动乱，只能被迫止步，但这个'灯塔'的梦想始终在我们一代又一代航天人心里。"谢军说。

"北斗二号的设计寿命是 8 年，但我们 2010 年 1 月 17 日发射的第一颗组网星，至今状态良好，仍在使用。"谢军颇感自豪。

原子钟误差 1 毫秒，定位精度误差为 300 公里

谢军的人生，其实是在 2003 年 9 月被 2 个来自北京的电话改变的。打第一个电话的是时任五院院长袁家军，他说，院里决定调你担任北斗二号的技术总负责。时任 504 所所长的谢军，知道这副担子不轻，不敢贸然答应。几天后，谢军的老领导、五院常务副院长兼北斗二号总指挥李祖洪的电话来了："你别犹豫，现在北斗二号的任务很紧迫，难度很大，赶紧来。"

谢军明白，此乃航天用将之时。

当年 12 月，五院成立北斗二号项目办，谢军正式走马上任。

既然已建成北斗一号，为什么国家还要接着上马北斗二号？北斗一号始建于20世纪90年代，当时，陈芳允院士认为国家实力有限，不可能像发达国家一样一下子打几十颗导航卫星上天，提出了"双星定位"的体制，用"2颗GEO星（地球静止轨道卫星）+地面站"的方式，实现了我国导航卫星从无到有的飞跃，但其覆盖区域和定位精度仍难以满足国家发展和百姓生活的需求。

横亘在谢军和他的团队面前的，是从平台到星上载荷的全新挑战。

作为北斗二号的技术总负责，每颗卫星的设计定型、生产制造、进场发射，谢军都要在文件上签字的，因此，他的压力确实很大。

北斗一号采用的是通讯式的有源定位，用户机必须发送信息才能参与定位，这一转发式体制不仅造成用户容量受限，而且用户机的成本很高；而北斗二号采用广播式的无源定位，即用户机可不发送信息，只要接收和解读4颗以上导航卫星发来的数据，即可计算出其自身所在的位置，这一导航方式用户数量可以不受限制。

而为了实现上述目标，北斗二号必须以星载原子钟来定时，方能实现定位。而此前，北斗一号的授时工作主要由卫星地面站来完成，星上没有原子钟组。

既然导航用户是通过至少接收4颗以上导航卫星发射的位置信息来计算出自身位置的，因此这4颗星的时间必须准确而同步。过去，你的手表过一段时间需要校时；现在你的手机要校时吗？你的手机时间与电视台的时间永远是同步的，就是因为都采用的是北斗卫星导航系统授时时间。我卫星导航的时间精度是50纳秒。1纳秒是千分之一微秒、百万分之一毫秒、10亿分之一秒。为什么需要这么精准的时间？你知道光速是每秒30万公里，如果有一只原子钟慢了1秒，那计算机就会判读你离这颗卫星又远了30万公里！

时间在此转换为空间。

我们已知：C（距离）=R（光速）×T（时间），因此T的误差量级为：1毫秒的误差，在定位精度上造成的距离误差为 300 公里；1 微秒的误差影响定位精度 300 米，1 纳秒的误差是 0.3 米。

这是太空版的"差之毫厘，失之千里"。

"星载原子钟哪里来？最初，我们也想过购买或引进。"谢军说，"但要么是发达国家不卖给我们，要么是价格贵得我们买不起。我们的自主创新其实是逼出来的。"

正如全国政协委员、中科院院士、航天科技集团科技委主任包为民所言，中国的航天史实则就是一部自主创新史。他说："在改革开放初期，我们也曾大量引进、吸纳西方的先进技术和元器件。但是一旦应用到我们的尖端装备上，随即就会受到封锁和制裁，市场上马上就买不到了，即使还能买到，价格也会被抬高 10 倍以上。"

"我们的经费，只够买北斗二号所需原子钟数量的一半，还有一半必须我们自己动手造。当时我们就提出了'集智攻关，团结协作，强强联合，突破星载原子钟的工程化'的要求，必须拿下原子钟。"谢军说。

"一开始，我们就想到过自主创新很难，但真没想到这么难。"谢军回首这些年走过的创新之路时说，"有人问我，做总师最怕什么？就是怕自己做出决策后，解决不了产品的问题，而眼看着时间在一个月一个月过去，这是最焦虑的。但为了完成国家的任务，再难我们也只能扛着。当初，研制出的第一台原子钟在工作中经常突跳，精度很差。怎么办？我自己的专业不是研究原子钟的，只能泡在一线上，和研制原子钟的专家一起分析问题，想方设法攻克难关。"

该院总体部导航卫星总体室副主任设计师康成斌说，为了解决星载原子钟质量这个"拦路虎"问题，谢总是用心去深入一线，那些原子钟生产厂家的技术人员，他都叫得出名字。有时做产品试验，他也一直守着，36 个小时不合眼。

星载原子钟设计出来后，谢军提出，必须防止出现星载原子钟在地面准而上了太空不准的问题。这就要从解决太空和地面的差异入手，地面有空气的辐射、对流、传导，而太空中没有。经过反复攻关，终于在生产控制中解决了在非真空的条件下，模拟保证真空条件下的工作特性问题。

星载原子钟对环境温度非常敏感。在太空中，因阳光的直接照射和地球阴影区域的不断交替，卫星每天的温差上下200多℃。谢军带领团队为星载原子钟组设计了一个恒温舱，通过精密的温控措施，将温度控制在设定目标值的 ±1℃之内。"这1℃的误差所带来的影响，直接关系到我们要求的 10^{-14} 的精度。我们系统的要求就是这么高，这才能保证我们的星载原子钟300万年只有1秒的误差。"谢军说。

北斗系统研发副总师周鸿伟评价道："谢总是北斗二号天基时空基准最重要的开创者。"

的确，北斗二号从2004年立项到2012年完成，由5颗GEO、5颗IGSO（倾斜地球同步轨道卫星）和4颗MEO实现组网，可为亚太区域提供导航服务。定位精度从北斗一号的20~30米，提高为水平和高程均为10米，接近当时的GPS民用标准。

星间链路，唯有自己成长为"巨人"

北斗三号的预研，于2009年启动。2017年11月5日，首次发射北斗三号的2颗全球组网卫星。北斗三号系统共有30多颗导航卫星组成：3颗GEO、3颗IGSO和27颗MEO。2018年12月27日，北斗三号基本系统正式向"一带一路"及全球提供基本导航服务，向距离全球组网的目标迈出了实质性的一步。目前，北斗三号在国内的定位精度可达4~6米，部分地区最高精度可达2.5米，而在全球的定位精度是10米以内。

全球组网,全球服务,是北斗三号的目标和承诺,也带来了全新的挑战。

首先是我国的卫星地面站基本在我国境内,卫星在西半球上空时怎么办?

谢军带领团队花了近5年的时间,不仅提出了星间链路高轨和中轨结合的方案,首创了星间链路和混合星座的架构体系,还研发、突破、解决了原子钟组、大功率微波产品、高精度测量等一系列重大难题。

星间链路在空中为北斗三号的30多颗导航卫星建了一个"群":只要依靠国内的地面站,就可管理全球的卫星,解决了海外布站、卫星境外监测的难题,实现了所有导航卫星的互联互通。即使和地面联系一时中断,卫星也能继续提供服务。

GEO运行的是定点在赤道上空3.6万公里的地球静止轨道;而IGSO运行的是倾斜地球同步轨道,星下点在地球上呈"8"字形;而MEO运行的中圆轨道也要距地面2.15万公里。这3种卫星彼此之间最远的距离是6.9万公里,要始终保持联系,谈何容易。

北斗三号卫星之间的信号不是采用广播式发送的,而是采用更高频段的窄波束,所以对卫星天线的指向性要求非常高。且由于双方无时无刻不在运动之中,通信天线既要像"万里穿针"般精准,实现信号的快速捕捉、跟踪和通信,还要把卫星运动带来的"多普勒效应"出现的误差补偿掉,这对我国首个创建的大型空间网络来说,是极大的挑战。

更何况,在北斗三号的前期论证中,就提出了元器件和器部件全面实现国产化与自主可控的目标,囊括了一颗星上近200台(套)设备,国产设备不再是冗余系统的备份。

谢军对研发团队反复强调:"谁也不要以国产化为理由,降低标准。"用于放大无线电信号的行波管放大器,之前一直使用进口产品,按国产化要求有关单位开始自己研制。费了九牛二虎之力拿出了6台产品,却被谢军全部退货。

"当时作出这个决定其实挺难的。"谢军说,"我知道这个新产品用一二年还是可以的,但我们北斗三号的寿命要求是提高到10年-12年,如果它第3年出问题了怎么办?和大家反复商量之后,还是决定拿下来重新研发。"

聂欣说,谢总强调要把所有的创新建立在扎实可靠的数据上,新产品在地面上就要进行全寿命不断电的可靠性试验,以充分掌握其长期性能,如发现问题必须进行改进"归零"。

康成斌说,谢总非常务实,他有句口头禅是"大家不要只提问题,而要提解决问题的方案"。

当北斗三号最早的2颗全球组网卫星在西昌卫星发射中心升空时,指挥大厅中的年轻人注意到谢军激情难抑。作为严守质量关的总设计师,率领团队一路披荆斩棘,有时不得不和总指挥一起承担推迟进度的风险,心中的压力可想而知。

李祖洪说,在北斗起步之时,我们也希望能站在"巨人的肩膀上"。但"巨人"可不是这么想的,对我们技术封锁,不让我们站在他的肩膀上。所以唯一的办法,就是自己成长为巨人。

他们做到了。他们是中国人的骄傲。

顶着北京初夏的骄阳走进航天科技集团五院总体部的大楼,最先进入视线的是门厅上的一行大字:"伟大事业始于梦想,基于创新,成于实干"。觉得用它来概括中国航天人和航天事业,真是再贴切不过。

周鸿伟曾有幸在孙家栋院士率领的团队工作过。他说,孙老平时非常慈祥,但决策时非常果断;而谢军是率领团队在第一线冲锋陷阵的总师,他是抓得住关键,打得开思路,承受得起压力,也经得住失败。而要做到这些,必须没有私心杂念。在谢军身上,我感受到了老一辈航天人的家国情怀。

谢军坦诚地说:"孙老当然批评过我,有时批评得还很严厉,要求很明确。"他举例说:"在攻克微波开关这个难题过程中,孙院士就提醒我们:国外的资料为什么这么说？到底对不对？我们能不能验证结果？每一个技术问题都必须研究透了，你心中才有底。现在，我们院已经把老一辈航天人的作风化作具体的工作指南和制度。"

2020年，北斗三号服务范围覆盖全球后，还会研制新一代的北斗导航卫星吗？

谢军说："肯定会。卫星的应用，取决于人的想象力。我们期望能融合多种手段，为社会打造一个新的综合性PNT（定位导航授时）体系。北斗未来，大有可为，敬请期待。"

孙泽洲：从月球到火星，走起！

孙泽洲

男，1970年出生于辽宁沈阳。曾担任中国航天科技集团空间技术研究院"嫦娥三号"探测器总设计师，现为"嫦娥四号"探测器总设计师和"天问一号"火星探测器总设计师。2019年9月，中宣部等宣布授予航天科技"嫦娥"团队"最美奋斗者"集体荣誉称号。2020年，他获国际宇航联合会2020年度最高奖——"世界航天奖"，并被评为"全国劳动模范"，还入选中宣部、全国总工会发布的"最美职工"名单。

Sun Zezhou

> "谁发现了月亮？"即使是最爱刨根问底的《十万个为什么》里，也没有这个"荒唐"的问题。月球和地球已经相伴了45亿年之久，最初"举头望明月"者，也许是250万年-300万年前刚刚开始直立行走的原始人类吧。
>
> 也许这意味着，人类从看到月球到踏上月球，花了250万年-300万年的时光。1969年7月，"阿波罗11号"实现人类首次登月。当时，中国"两弹一星"科学家们还在极为艰难的条件下为我国第一颗人造卫星上天而奋斗。
>
> 2019年9月，中宣部等宣布授予航天科技"嫦娥"团队"最美奋斗者"集体荣誉称号。

从第一颗人造卫星升空以来，中国人终于搭起飞向太空的天梯：神舟飞天、北斗组网，天宫遨游、嫦娥探月……

2013年12月14日21时11分，随着"嫦娥三号"在月球实现软着陆，鲜艳的五星红旗第一次登上月面。"嫦娥奔月"，这中华民族流传千年的美丽神话终成现实。

2019年1月3日,"嫦娥四号"又开创了人类航天器首次登陆月球背面的纪录。

"2021年4月6日,"嫦娥四号"着陆器和玉兔二号月球车分别于21时43分和3时54分结束月夜休眠,受光照自主唤醒,进入第29个月昼工作期。截至当天,嫦娥四号已在月球背面度过了825个地球日。目前,嫦娥四号着陆器平台工况正常,能量平衡,地面各测控站和中心数据接收及处理正常。"在北京航天城的航天科技集团五院总体部,嫦娥四号探测器总设计师孙泽洲说,"截至目前,玉兔二号月球车在前10个月昼工作期间累计行走里程约682.8米。经地面应用系统对传回数据分析,玉兔二号月球车搭载全景相机、测月雷达、中性原子探测仪状态良好,红外成像光谱仪红外波段数据正常。"

嫦一:真觉得月球非常远

即使在接到南京航空航天大学的录取通知书时,孙泽洲也没有想到自己会一辈子干航天。

1988年,他报考南航时,就想着学成之后,能子承父业回沈阳进沈飞集团。从小在沈飞集团家属大院里长大,从父辈的日常言谈中,他多多少少了解到中国航空工业的短板和痛楚,以及父辈们的拼搏和宏愿。期盼在南航学成后进沈飞的研究所,制造出中国新一代的战机,这是他和在沈飞干了一辈子工艺设计的父亲共同的人生愿景。

孙泽洲,1970年出生于辽宁沈阳,在沈飞集团的大院氛围中长大。1992年毕业于南京航空航天大学电子工程专业,进入中国航天科技集团五院总体部工作。2001年开始参与"嫦娥"的前期论证,负责星载测控论证工作。2004年,年仅34岁的他被任命为嫦娥一号卫星副总设计师。2008年,担任嫦娥三号探测器总设计师,现为嫦娥四号探测器总设计师和火星探测器总设计师。

他为我国深空探测领域的发展作出了突出贡献。曾获国家科学技术进步奖特等奖 1 项、一等奖 1 项、创新团队奖 1 项、国防科技特等奖等省部级科技奖励 5 项,以及"全国五一劳动奖章"。

同样是国内知名的航空航天大学,为什么选南航而不选离沈阳更近的北航呢?"北航的录取分数可能会更高一些,所以我的第一志愿就填了南航。"快人快语的孙泽洲回忆道。

也许,这说明孙泽洲很适合干航天这样高风险的行业:诸多选项中,高可靠性才是最重要的。

"读南航时,我一个月的生活费才 50 元。"虽然并不承认自己当年有多"学霸",但他确实几乎每年都能拿到一等奖学金。更重要的是,南航还培养和锻炼了他的组织能力,他是班长兼系团总支副书记。这段经历对他后来成长为必须协调方方面面的总设计师来说非常重要。"其实,我读大学时只有一个小目标,就是尽可能把眼前的每一件事情做好。"

1992 年夏,南航毕业的他却走进了航天科技集团五院的大门,先后参与了资源一号、资源二号卫星和实践五号卫星的总体工作。2000 年,而立之年的他就被任命为中巴资源一号 02 星的总体副主任设计师。次年,加入嫦娥一号研发团队。

"嫦娥一号是我国航天迈出深空探测的第一步,面对很多挑战。它的主要任务是对月环绕探测,用得上我学的专业。之前,我国发射的各种卫星主要在近地轨道运行,高度大约在 1000 公里以下。即使有 3.6 万公里的地球静止轨道卫星,也是定点在赤道上空的,地面站的天线不用整天转着跟踪。当时,我国地面测控站的天线直径是 10-12 米的,而深空探测的天线直径至少要 30 米以上。"孙泽洲说,"地月之间的平均距离是 38 万公里,月球的远地点甚至达到42万公里。从38万公里外发回的无线电信号强度，仅为从380公里近地轨道发回信号强度的百万分之一。我们当时真觉得地月间非常遥远，瓶颈就是我国当时还没有建成大口径的深空测控网，因此急需破解地月通信这一难题。"

天线的直径有多重要？简单来说，天线的直径每增加2倍，通信能力就增加4倍，两者是平方关系。

但建设地面站周期较长，孙泽洲带领团队从提高星载测控系统能力这一端开始攻关。"科学发现是个不断试错的过程，试错的'终结者'是终于试对了。"他说，"但这个'终结者'经常姗姗来迟，可航天事业不会允许你长时间地试错。所以我们必须想尽一切办法尽快试对。"

2004年，嫦娥一号正式立项，孙泽洲被探月工程卫星系统总指挥、总设计师叶培健院士选为副总设计师，协助其分管测控与数传、天线、机构与结构、热控、供配电等6个分系统的总体技术管理工作。

"当时我们这个团队都是30岁多一点的年轻人。"孙泽洲说，"叶总对我们年轻人很信任，但同时要求又非常严格。他的特点是既能把握大局，又注重细节。我们航天历来强调作风严、慎、细、实，那时有本书叫《细节决定成败》，叶院士专门买来送给我们，人手一册。他最经典的话就是：'对问题就是要捕风捉影'、'把问题彻底搞明白了，工作才会不留遗憾'。叶院士的言传身教对我影响非常大，他就是我'怎么做一个总师'的榜样。"

孙泽洲率领他的研发团队，夙兴夜寐，殚精竭虑，终于发现通过对星载测控系统有效的分路合路，以及天线的异频空间组阵，可以有效提高星载测控数传的能力，从而破解了在没有深空测控网支持下的地月远距离通信的难题。

嫦一遇到的另一个拦路虎就是"月食阴影"。设计初期主要考虑了月球阴影的影响，只有45分钟。进入初样研制阶段，认识到长期环月飞行期间月食阴影的不利影响，这个阴影的时间可能是5-6小时。

月食阴影何以这么长？因为地球的影子远大于月球的影子。"阴影期过长，太阳能帆板长时间不能供电，对嫦一的设备温度维持能力、蓄电池组蓄电能力等带来严峻考验。"孙泽洲说。

"通过集思广益，我们确定了星上设备'开源节流'和卫星'轨道调相'等措施，调整特定时刻卫星在轨道上的位置，有效缩短了卫星在阴影区滞留的时间。"孙泽洲说，"嫦一圆满完成了月球探测的任务。"

嫦三：挑战多个世界第一

"我当嫦娥一号副总师的时候，总觉得叶院士是我们的主心骨。遇到困难，有叶院士在，我和团队就不会慌。"孙泽洲坦诚地说，"2008年，我被任命为嫦娥三号总设计师后，肩上的压力陡然增大了，因为团队把我当作'主心骨'了。"

嫦三承担着探月工程第二阶段"落"的使命，主要任务是实现月面软着陆和巡视勘察。它不仅有着陆器，还有巡视器"玉兔"，等于从地球出发时是一颗航天器，抵达月球后要变成两颗航天器，推进系统、控制系统、移动系统……几乎都是从零开始设计、研制、试验、验证。通常一颗新的卫星包含的新技术、新产品，为20%-30%，而嫦三的新技术、新产品占到了80%左右。

五院总体部空间科学与探测总体室嫦娥四号总体副主任设计师温博回忆说，她自2007年进五院工作就加入了嫦三研发团队。那时，因为条件有限，嫦三研发团队在航天城的一间地下室"集同工作"。"集同工作"是航天特有的一种工作方式，就是不同专业、领域的团队在一起脑力激荡。连续好几个月，孙总和团队天天在地下室里，从8点一直讨论到22点。每次会议开始时，他不多说话，倾听各方面的意见，然后集思广益，把住关键点，提炼出一个个思路，给人"拨云见日"的感觉。

2013年12月2日，嫦三用长三乙发射成功。25分钟后就进入地月转移轨道，5天后抵达环月轨道。12月14日，在预定的距离月面15公里高度的轨道上，启动了我航天器上使用的最大的7500N变推力发动机，开始软着陆。

软着陆历来被视为落月过程中风险最大的环节，有"黑色的720秒"之称。嫦三选择了月面地势较为平缓的虹湾着陆，着陆时孙泽洲还担心吗？

"虽然嫦三所有的系统在地面都反复进行了试验，我们的团队对我们的产品是有信心的，但毕竟之前人类对月面观测的精度是有限的。嫦三下降时，我主要担心月面地形是否安全。"孙泽洲沉思道。

月球没有大气层，所以嫦三不能使用降落伞减速，只能通过变推力发动机反喷减速。"由于月球表面凹凸不平，为避开大石块和大坑，下降过程中探测器会自主进行粗避障，然后下降至距月面约100米时，嫦三像直升机一样悬停，通过敏感器实现精避障，这都是世界首次。"孙泽洲说，"虹湾虽然平缓，仍有不少大坑和石块。巡视器'月兔'虽然具有爬坡20度和越障高度0.2米的能力，但我们的着陆器目前只能从一个方向释放'月兔'。如果巡视器的释放方向正好有一个大坑或一块大石头怎么办？所以着陆过程的避障极为关键。"

"嫦三为何不采用气囊式软着陆？"不少航天爱好者都曾提出过这样的问题。

"这主要是因为嫦三的质量较大，着陆质量超过了1吨，比较下来还是采用了悬臂梁式的4条着陆腿设计。"他说，"每条腿上有2根拉杆缓冲器和一个脸盆一样大的'大脚掌'，将最后2米自由落体过程中产生的冲击能量全部吸收。这一研制过程非常坎坷，曾经多次断裂，直到最后才成功。"

为破解软着陆和月面探测难题，孙泽洲率领团队建立了可模拟仅为地球重力六分之一的月球重力环境和月表地形地貌的大型试验场，甚至用火山灰等来仿真月面，还进行了上万次数学仿真和成百上千次的桌面联试，终于为嫦三成功奠定了扎实的基础。

嫦三着陆器设计寿命为一年，但已做到了超期服役。它和嫦四遥相呼应，成为在月面工作时间最长的探测器。

嫦四 + 鹊桥：踏上人从未去过的月背

"嫦三已经很成功了，原来作为备用星的嫦娥四号怎么办？如果因为挑战一个更困难的任务，它万一失败了，社会舆论会不会觉得嫦三的成功也只是一种偶然？如果都这么去想，那就没有登陆月球背面的嫦四了！"孙泽洲说，"在嫦四的使命选择上，叶培建院士发挥了重要作用，体现了航天人以国家利益为重的胸怀和以科学探索为重的境界。"

2016年1月，国防科工局正式宣布，嫦娥四号将于2018年年底发射，着陆器和巡视器将首次登陆人类从未留下足迹的月球背面。

五院总体部电子信息部嫦娥四号主任设计师刘适说，从嫦二开始，我国建设深空探测网，分别在佳木斯和喀什建了直径66米和35米的天线，但嫦四选择了永远背对地球的月背着陆，因此仍必须建立新的通信架构，就是在地月之外再定轨一颗通信中继卫星"鹊桥"，孙总为这个新的通信架构的建立，作出了重大贡献。

"鹊桥"既然是中继星，也许就在月球边上绕飞？刘适却说："'鹊桥'绕月飞行的 Halo 轨道，近月点4.7万公里，远月点8万公里。它携带直径4.2米伞状天线，既要对准月背嫦四着陆器和'月兔二号'，又要将信号传输回最远48万公里的地球，难度非常高。"

原来，"鹊桥"至月背的距离，竟然比3.6万公里的地球静止轨道离地球还要远。那为何要选择这个轨道呢？

要实现月背与地球的中继通信，这个中继星的轨道有两种选择，一种是环月轨道，它的优点是离月球距离近，为100-200公里，但缺点是它不能始终对着月背,从无线信号的传输来说,它的中继实时性不佳;而另一种就是我们最终选定的 L2 点,它的优点是始终对着月背,能满足中继通信必须始终保持实时性的要求,但缺点是距离月背太远,需要解决远距离中继通信的难题。

这就不难理解为什么"鹊桥"的研制难度这么大。刘适回忆说:"为了解决中继星的一个又一个难题,我们团队经常加班。试验经常做到凌晨两三点了,早晨 8 点钟又开始第二波试验。"

总体部质量处"嫦四"项目办产保助理付春玲说:"产品保证工作遇到新问题时,孙总总是特别叮嘱我查清标准,以体现'按规定工作、按标准办事'。每次质量评审会,等专家和领导走了之后,他会把相关的团队留下来,逐条落实专家的意见,凡有疑点的地方彻底解决,实现问题的闭环。"

2018 年 5 月 21 日,一枚长四丙运载火箭将"鹊桥"送上太空。

7 个月后的 12 月 8 日,嫦四搭乘长三乙运载火箭升空。

很多航天爱好者都想知道:"在月背软着陆的风险,与月面有什么不同?"

"嫦三着落区的地形起伏仅 800 米,而嫦四着落区选择的月背南极 - 艾肯特盆地地形起伏高达 6000 米,因此它必须落得准、落得稳。"孙泽洲说。

2019 年 1 月 3 日 10 时许,嫦四在距月面 15 公里的轨道上自北向南飞向艾肯特盆地,10 多分钟里将运行速度从每秒 1.7 公里降到 0,然后开始动力下降。在距月面 100 米处,嫦四开始悬停,对下方的障碍物和坡度进行识别,自主避障,向西南方向移动了 8 米,然后开始缓速垂直下降。10 时 26 分,一吨多重的嫦四探测器成功着陆在艾特肯盆地冯·卡门撞击坑的预选着陆区(月球背面东经 177.6 度、南纬 45.5 度附近)。选择此处是缘于该撞击坑的物质成分和地质年代具有代表性,对研究月球和太阳系的早期历史具有重要价值。

在地面指挥中心控制下,通过"鹊桥"搭建的中继通信链路,嫦四探测器展开太阳翼和定向天线,建立了定向天线高码速率链路。11 时 40 分,着陆器获取了世界第一张近距离拍摄的月背影像图并传回遥远的地球。

当日22时22分,"月兔二号"巡视器完成与着陆器的分离,驶抵月球表面。

1月11日,在"鹊桥"支持下,嫦四着陆器与"玉兔二号"顺利完成互拍,图像清晰完好,中外科学载荷工作正常,探测数据有效下传,搭载的各项科学实验项目顺利开展。

"嫦三的'月兔'在第2个月昼期间于行进中'受伤',可能是被石块磕碰,机构控制不能正常进行。针对这一问题,我们对嫦四的'玉兔二号'进行改进升级,重新进行了布线,以免月面石块触碰。"孙泽洲说,"在系统的设计上,我们重视了对故障的有效隔离,现在做到了即使2个轮子受损,它依然能运行。"

据悉,至2019年7月上旬,嫦四工程地面应用系统已向科学研究核心团队发布第六批科学探测数据,总数据量为1.2G,共计531个数据文件。

嫦四预定的科考任务已基本完成,孙泽洲又在忙什么呢?

身为火星探测器总设计师的孙泽洲,投入了2020年火星探测器飞行的准备工作。

叶培建院士曾说过,如果把从地球到月球的距离,比作从天安门广场到王府井,那从地球到火星的距离,就相当于从天安门广场到上海的外滩。

自20世纪60年代以来,人类共实施了42次火星探测任务,成功率仅为52%。

能把"嫦娥"、"玉兔"送上月球的中国航天人,还能把"祝融号"送上4亿公里之遥的火星吗?

25 马赫!进入火星大气层的"恐怖9分钟"

2020年7月23日,"天问一号"火星探测器于海南航天发射场升空,火星探测器在长达7个多月的时间里,实际飞行了长达4.74亿公里之后,于

2021年2月10日19时52分终于进入了火星轨道。可想而知，这7个月的漫长的飞行，是何等壮怀激烈的深空之旅，对孙泽洲等航天科学家来说，又是多么严峻而漫长的考验。

我国深空探测计划，为什么要将火星探测器的发射时间定在2020年呢？

孙泽洲说，那是因为每隔26个月会发生一次"火星冲日"，"火星冲日"就是火星、太阳和地球三者位于一条直线上，届时发射火星探测器，探测器从地球飞到火星的距离最近，因此飞行时间最短、探测器消耗的燃料也最省。假如错过了2020年的"火星冲日"时间点，那下一次发射就要再隔26个月，期待下一个"火星冲日"的时间窗口。

记者曾问孙泽洲和他的航天五院探火团队专家：在"天问一号"飞往火星的这7个月里，您什么时候最紧张？孙泽洲和他的伙伴几乎所有的答案都是一样的：最紧张的是2021年5月15日早晨七八点钟，"天问一号"的着陆器冲进火星大气层着陆的那一刻，这又叫"恐怖9分钟"。

其实，从5月13日起，孙泽洲他们就有四五十个小时没有好好睡过觉，心弦绷得太紧了。最累的时候，抽空眯一会儿，不用同事叫，猛地一个激灵就自己醒了。

自探火项目2016年立项以来，整整5年多的时间，他们盼的不就是把"祝融号"驶上火面这一刻吗？

"天问一号"环绕器和着陆巡视器先执行降低近火点高度的变轨，约3小时后完成两器分离，着陆器经巡航飞行后以25马赫的高速进入火星大气层。这一4.8公里/秒的速度虽然低于神舟飞船返回舱再入大气层的速度，且火星大气层的密度也只有地球大气层密度的1%，但它依然会产生高达1000℃的高温。为此采用了能有效保护进入舱特殊需求的抗烧蚀材料。

为了确保进入舱着陆万无一失，当天飞控团队还提前1小时实施下降控制方案，将其从进入火星大气层前5小时提前为6小时，提前确认地面站发令的可靠性、器上的设备状态等等，为万一出现意外情况增加了应对决策的时间裕度。

为什么我们已经有了成熟的月面着陆的经验，对在火面着陆还如此审慎？

两者差别很大。首先，月球没有大气，因此落月过程为发动机反喷和缓冲装置着陆这2个阶段：先通过着陆器提供的主动动力，将着陆器的速度从1.7公里/秒降到1-2米/秒，然后依靠着陆器本身的缓冲装置完成在月面着陆。

而火星有一个稀薄的大气层包裹，虽然密度只有地球大气层的1%，但也必须加以利用。所以着陆火星是4个阶段：第一阶段是气动减速，利用进入舱的气动外形进行减速。我们进入舱大底的直径为3.4米，是人类有史以来第二大的火星进入舱。该阶段持续时间约为279秒，要降低91.8%的降落速度，将速度从原来的4.8公里/秒，降到396米/秒；第二阶段，使用降落伞减速，这是我国首次在地外天体应用降落伞减速技术。它将着陆速度降低到61米/秒，在伞降的168秒时间段中还要抛大底，既为进入舱减重，也为进入舱内的微波雷达等着陆避障设备打开"视野"，然后背罩分离；第三阶段，使用进入舱的主发动机减速，期间悬停避障，将速度降到1.5米/秒；最后阶段是依靠进入舱着陆缓冲装置缓冲减速。这4个阶段环环相扣，一个阶段完成，立即切换进入下一个阶段，因此对每个设备的可靠性和整个系统的可靠性要求极高，只要有一个环节出现故障，就会影响下面一系列动作无法完成。

其次，在火面着陆与在月面着陆的另一个较大不同是，月球距离地球30万公里，信号的时延大约为1秒钟，因此在着陆的过程中，万一发生意外情况，我们地面飞行控制中心还是来得及干预的，所以我们准备了充分的月面着陆故障预案；但落火时，地火距离达3.2亿公里，时延长达约18分钟，也就是说，当我们看到环绕器传回地球的信息时，事情已经在约18分钟前发生了，肯定"无可挽回"了，即使准备再多的故障预案都使不上。

所以探火团队必须制定出万无一失的飞控方案。在落火方案论证阶段，发现探火团队面临一个困难：按常规的"弹道"进入方式，由于火星大气密度低，进入舱开伞点的高度可能偏低，而降落伞减速和动力减速都需要一定的高度，所以必须满足这个高度约束。为此，专家们提出了基于配平翼的"弹道－升力式"进入方案，这一新的进入方式是自主制导的控制方式，可以控制升力的方向。在气动减速阶段，进入舱外形是对称平衡的，通过预设的质心偏移，使进入舱在舱体的轴线和飞行的速度方向间产生一个夹角，使进入舱得到一个额外的气动升力。在飞行到预定的高度后，打开配平翼，通过气动力矩的变化使这个夹角恢复回零，为降落伞开伞提供比较好的姿态。由于配平翼设置在进入舱产生力矩最大的位置，所以它起到了"四两拨千斤"的作用，这是配平翼方案首次应用到人类航天器的在轨飞行。

如果不采用配平翼，怎么才能解决气动力不平衡的问题呢？有资料显示，美国人采用的办法是先后 2 次共抛掉约 150 公斤配重块。而我们进入舱没有这么多质量资源可以"浪费"，我们要把宝贵的质量资源让给进入舱携带的仪器设备。

进入舱到达预定马赫数后，立即打开为落火特制的降落伞。可别小看了火星降落伞的难度，虽说通过神舟载人飞船、嫦娥探月三期月球采样返回飞船的研发，我国已掌握了多种返回地球大气层的降落伞，但火星的大气非常稀薄，开伞的充气形状高频变化、冲击载荷大，因此进入地球大气层的降落伞型并不适用火星。欧空局与俄罗斯联合研制的 ExoMars 2022 火星探测器，就因降落伞设计缺陷导致延期发射。

为此，航天五院的专家针对进入舱落火时大阻力系数气动外形在跨超声速段固有的不稳定性，新研发了具备能在超音速时快速开伞的锯齿形前端构形、V 型双层结构加强带"盘－缝－带"伞。进入地球大气层的降落伞的打开方式是连续完成拉出引导伞、减速伞、主伞的动作；而进入舱使用的降落伞没有引导伞，必须在约 2 倍火星音速时直接打开用于减速的降落伞。考虑到伞刚打开时进入舱会出现摆动，研发团队还在地球上进行了仿真模拟试验和针对性设计，保证了器上所有设备即使在角速度达到800°/秒的极限状态时，仍能精准无误运行。

体重240公斤，"祝融号"是个智慧的小个子

"对我来说，2021年5月15日早晨7点58分，这一时刻有着特殊的意义。按预设的程序，这一刻进入舱应该着陆火面。但因为信号有18分钟的延时，地球时间到了，遥测信号还在路上。"探火团队进入舱总体主任设计师董捷说，"18分钟以后，遥测信号终于回来了，我心中的一块石头落了地，但我不能欢呼，我必须先向北京航天测控中心报告。待北京中心确认后对全区广播，我们测控中心大厅里才一片欢呼。"

"天问一号"的进入舱，与我们之前登月的"嫦三"、"嫦四"登月舱有什么区别呢？探火团队火星车总体主任设计师陈百超说，"天问一号"要一次性完成"绕、着、巡"的任务，因此，进入舱的质量尽可能轻一些，以尽可能地将有效载荷让给火星车和它搭载的科学载荷。因此，进入舱没有携带太阳翼。而"嫦三"、"嫦四"着陆器随身携带太阳翼，它能在月面持续保持工作状态。没有太阳翼的进入舱落地后，它的电力主要源于携带的电池，所以必须在几个小时内自主完成落火后的一系列工作，而不能等待建立与地球测控中心的联系后再由地面发出指令。

进入舱平安着陆火面后，最重要的就是释放火星车。但它没有自主旋转、调整方向的功能，万一落地后发现前方原定的坡道方向不合适，怎么办？研发团队让它具有坡道前后方双向自主展开功能，既可向前方展开，也可向后方展开。通过进入舱对坡度的预估，选择合适的展开方向。

"祝融号"火星车是向东驶入火面的。美国"好奇号""毅力号"都是1吨

级以上的火星车，而"祝融号"的质量只有240公斤，但它是个"智慧的小个子"，在行驶和越障性能上，与别的火星车相比不相上下。"好奇号"它能爬坡30°，30°的坡我们"祝融号"也能爬。

火面和月面看上去都是一片荒漠，但实际上两者还有很大的不同。2004年1月着陆火星的"勇气号"，后来就是在火面行走时遭遇意外的"塌陷"而动弹不得，最终"熄火"。这又是怎么回事呢？

当时，航天科学家和行星地质学家对火星的认知还很有限。为什么会看似较为平整的火面，会突然塌陷下去？有种推测为，远古时期火面沙土经过盐类矿物侵蚀后表层结成硬壳，导致土壤外硬里松，具有承载欺骗性，一旦火星车驶上去，硬壳破碎，火星车立即陷入了下层松软的土壤，难以自拔。后来"凤凰号"火星车在火面挖掘时，发现了火面确有"硬壳"存在。

针对火面土壤的这一情况，航天五院研发团队研发了基于"夹角调节+离合器"的主动悬架移动系统，他具有尺蠖运动，抬轮，蟹行等多种移动形态，即使遭遇了"勇气号"类似的情形，也会通过尺蠖蠕动的方式脱离险境。

此外，火星表面主要是沙石性土壤，坚硬而尖锐的岩石分布较多，容易损坏车轮。研发团队针对性地采用了铝基碳化硅一体化成型车轮，虽然质量较轻，但强度高，而且高耐磨，增强了"祝融号"车轮的可靠性。

火星车一般的"时速"是多少？孙泽洲说，如按照它将地面信息传回地球，地面为它规划行走路径，它再执行"盲走"的方式，可以达到200米/小时的速度；如果让他自己找路行走，可以达到50米/小时速度。

没有想到的是，2008年5月25日着陆火星的"凤凰号"，仅工作了30多天，就因为火星的低温而"冻死"了，地火信号中断。可见火星车的保温并非易事。火星存在大气衰减，到达火星表面的太阳辐射强度仅为不到0.3个太阳常数，地球表面每平方米的太阳辐射常数是1367瓦，而火星表面仅为589瓦。

针对这一挑战，研发团队突破纳米气凝胶材料制备和结构-热控一体化集成工艺，采用高效太阳能利用技术，创新实施了"太阳能集热器"热控方案。传统的方式是将太阳能转化为电能，再由电能转化为热能，这个转化过程的转换效率大约为30%；而他们的创新让太阳的光能直接转化为热能，转换效率可达到80%左右，并采用了有特殊涂层的吸热板，吸热系数很高而散热系数很低。

新研发的行星际测控通信技术，是"祝融号"上的又一项科技创新。陈百超说，无线电信号衰减与距离的平方成正比。地球与月球距离30万公里，地球与火星最远距离是4亿公里，两者距离相差1000多倍，那信号的衰减就是1000^2，也就是100万倍，这意味着同样的一个信号，从地球到火星的强度比从地球到月球的强度要低100万倍，所以必须突破数字化高灵敏度深空应答机技术，突破高灵敏度高动态信号接收，我们做到了。

"天问一号"是中国首次探火，因此我们只有一个环绕器作为地火通信的中继站。环绕器沿着火星轨道飞行，每天绕火星3圈，只有在越过火星车头顶天空的弧段才能通信。而美国目前有3个环绕器，足够与火面上的火星车传输信号。

为了将火星车上的探测数据更多更快地传回地球测控中心，五院研发团队创新提出了器间UHF频段+X频段中继多频段多体制中继方案，除了火星车上的固定天线外，加装了定向天线，指向环绕器，采用X频段发送更多的信息。

"找水"，环绕器火星车还将履行新使命

"祝融号"着陆火星不久，就赶上火星的夏季。火星的夏天一般气温是多少？火星白天空气的温度是-20℃，但火星的地面温度却超过10℃。为什么火星空气温度和地面温度的温差那么大？那是因为火星的空气密度只有地球

的1%。而地球上空气密度大，所以空气温度和地面温度的温差通常不会这么大。而到了晚上，即使是夏天火星的地面温度也会下降到 -95℃。为此，"祝融号"又做了必要的保温措施，使舱内保持安全的环境温度。

孙泽洲说，作为我国着陆火面的第一辆火星车，"祝融号"早已圆满完成规定的 90 个火星日的巡视探测任务，这宣告了我国首次探火就创下了"绕、着、巡"三项任务一次完成的世界纪录。"这在世界上从来没有哪个国家是同时完成的，任务难度非常大"。

迄今为止，火星上着陆的 10 个探测器中 9 个是美国人研制的。而早在 10 多年前，美国国会就出台了禁止与中国进行航天合作的立法。"沃尔夫条款"推出后，美方更是以法律法规的形式对中美航天合作严加限制。

这就不难理解中国探火每一步的成功都来之不易。

既然火星车的工程目标和设计寿命已经完成了，完成预定任务的"祝融号"火星车还将承担什么新使命？

孙泽洲说，"天问一号"火星探测任务围绕"火星表面土壤特征与水冰分布"等五大科学目标，开展环绕探测和巡视探测，实现深空探测技术的跨越和科学的新发现。环绕器未来还将进行环火遥感探测，它将进入优化设计的遥感使命轨道，保证兼顾对火星的遥感成像和对火星车的中继通信这双重要求，采用中分相机取得整个火面的全覆盖遥感图像。

但它还有新的使命：寻找火星上曾经有过液态水的痕迹。美国科学家曾宣布"凤凰号"发现火星上存在水冰。"凤凰号"的落点是火星的北极地区，属低温弱光照地区，理论上确有这种可能。但"祝融号"的着落点是火星北纬 24°，这一纬度相当于地球上的福建厦门和云南玉溪，且火星大气稀薄，即使那里曾经有过水，也一定蒸发掉了，要在火星地表发现水冰的可能性几乎没有。

但"祝融号"上配置次表层探测雷达可进行火星浅表层结构探测，如果在火星地下不太深的地方曾经有过"地下湖""地下河",均可以探测出其特殊的结构。而表面成分探测仪和多光谱相机,可以发现火星表面因为曾经有水而带来的地表结构和地表矿物质的变化,如盐的成分变化等,这些均可为发现火星上水的存在提供理论上的辅助研究手段。

对中国航天人来说,这又是一项全新的航天科考任务。

作为火星探测器的总设计师,孙泽洲依然深感肩头责任重大。

"火星的太阳光照强度只有地球轨道的 40%。虽然火星的天空没有云彩,但薄薄的大气同样会衰减阳光的强度。更重要的是,火星上还有沙尘暴,沙尘一旦落在太阳帆板上还会影响太阳帆板能力的 40%-60%,这些挑战,我们虽然都有了预案,都我们的预案是不是真能有效地化解这些难题,我们还必须时刻关注着火面的情况。

"告诉你一个好消息,从 2020 年 7 月 23 日'天问一号'火星探测器发射,到 2022 年 2 月 4 日北京冬奥会开幕,'天问一号'在轨运行 561 天;从 2021 年 5 月 15 日'祝融'号火星车着陆火面,到 2022 年 2 月 4 日,'祝融'号火星车共工作 259 个火星日,累计行驶 1537 米。'天问一号'从遥远的火星祝贺北京冬奥会盛大开幕。'祝融'号获取巡视探测原始科学数据已超过 560GB,且能源充足,其精神状态和体力都很充沛良好。这些数字当载入中国航天史和人类行星探测史册。

"虽然'天问一号'不负众望,但我们现在的工作特别紧张,好在我爱人同在航天系统,她比较能理解我们航天人。"孙泽洲宽慰地笑了,"我平时每天很晚回家,家里人都睡了,但是我家门厅里的那盏灯总是亮着,让我觉得很温暖。"

门厅里总是亮着的那盏灯,温暖了孙泽洲;而成千上万个像孙泽洲一样的航天人,他们不懈的探索和努力,为我们点亮了探索星际世界的火炬!

徐銤：耕耘中国快堆的"春耕牛"

徐 銤

男，1937年4月出生于江苏扬州，中国原子能研究院专家。1995年12月，他担任国家"863计划"中国实验快堆总工程师。2011年7月，实验快堆成功并网发电。是年，年逾古稀的他当选为中国工程院院士。曾任中国核工业集团总公司科技委委员、IAEA国际快堆工作组中国代表。2017年，荣获首届"全国创新争先"奖章。

Xu Mi

京郊燕山脚下，静卧着一座核城——中国原子能科学研究院。

这是中国原子能科学的发祥地。20世纪50年代末，中国第一座重水反应堆就诞生在这里。

如今，我国第一座实验快堆巍然耸立在核城的西南角。它标志着我国第四代核反应堆建设的第一步已经成功迈过。

领衔建造实验快堆的总工程师，是中国工程院院士、中核集团快堆首席专家、国家能源快堆工程研发（实验）中心学术委员会主任徐銤。我国是世界上第8个拥有第四代核反应堆——快堆技术的国家。我国快堆工程发展的第二步——示范快堆，作为国家重大核能科技专项，已于2017年12月29日在福建霞浦正式开工。

快堆的意义何在？"首先发展增殖堆的国家将在原子能事业中得到巨大的竞争利益；会建增殖堆的国家，实际上已永远解决了它的能源问题。"世界著名物理学家、诺贝尔物理学奖获得者费米的话，影响了徐銤一生。

目前，世界上商业运行的450台核电机组大多是第二代核电站。进入新世纪，全世界核能技术领先的国家都在竞相研发第四代核电

> 技术。作为第四代核电站的快堆，是我国发展可持续的清洁能源的必然选择。

徐銤，1937年4月出生于江苏扬州。生肖属牛，生日为农历2月26日，民间又称为"春耕牛"。徐銤亦以此为自豪，常以"春耕牛"自勉自励。

1961年，徐銤从清华大学工程物理系毕业，进入二机部北京601所（即中国原子能科学研究院的前身）。1970年，他参加了我国第一个快堆零功率装置——"东风六号"的启动实验。1971年又奉命从北京举家迁往四川夹江。1995年12月，他担任国家"863计划"中国实验快堆总工程师。2011年7月，实验快堆成功并网发电。是年，已74岁的他当选为中国工程院院士。2017年，荣获首届全国"创新争先"奖章。

"我们为国家建设快堆，是'替天行道'啊！"

徐銤是中国快堆事业的开拓者和奠基人之一。

但对大多数业外人士来说，快堆，是个全然陌生的概念。

中国实验快堆（CEFR）的全称是"钠冷快中子增殖反应堆"。在实验快堆一楼大厅里，矗立着一座快堆的模型。

"实验快堆的主容器高12米，直径8米。中间的堆芯装有81盒6角型的燃料组件，每盒组件中有61根燃料棒。每个燃料棒上还有绕丝，以保证导热的钠液可以流入。"中国原子能科学研究院总工程师、研究员张东辉介绍说，"如有燃料棒需要更换，快堆还可以实现封闭式换料。"

快堆主控室正面墙上，中间是2个大屏幕，可显示操纵员关注的系统信息。屏幕两侧的仪表设备，显示着整个快堆200多个子系统的实时工作状况。大厅中央有2排控制台，由值班长和3名操纵员分头负责，可对反应堆、主要分系统和机电设备实施操控。

快堆与第二代、第三代核电站相比，优势究竟何在？

投身快堆研发50年的徐銤院士告诉记者，快堆有两大特点："一是它能增殖易裂变核燃料。自然界的天然铀，只有铀-235才是易裂变核燃料，但它在铀矿中的丰度只有约0.7%，而不大能裂变的铀-238却在天然铀中占到99.2%以上。在第二、第三代压水堆中，铀-238是无法发生裂变反应的；而在快堆中，核燃料是钚和铀-238，钚裂变释放的快中子会被装在反应区周围的铀-238吸收，又变成能裂变的钚，且生成的钚比消耗掉的还要多，裂变反应就此循环持续下去，称之为'链式反应'，快堆也因此称为'快中子增殖反应堆'。它真正消耗的是占到99.2%以上的铀-238。在快堆的闭式燃料循环系统支持下，它把铀资源的利用率从压水堆的1%左右提高到60%以上。由于利用率的提高，更贫的铀矿也值得开采。如此，就不怕经济可采铀资源的有限性，能保证核电长期应用。"

仅此一点就不可小觑。一座百万千瓦级的压水堆核电站，在其60年寿命周期内需要大约1万吨天然铀用作燃料。

根据有关世界能源组织之前公布的数据，地球上无论是石油、天然气、煤炭，还是铀矿的现存储量，可开采年份大多在100年以内，而快堆如果能将铀资源的利用率提高60-70倍，这对国家的能源安全是巨大的贡献，还可大大减少二氧化碳的排放。

快堆的第二个特点是，快堆中的快中子可以把压水堆用过的核燃料中的高放长寿命次锕系核素镎、锔等当燃料裂变掉，放出热能发电，变废为宝。不仅如此，压水堆用过后的燃料中长寿命裂变产物如碘-129和锝-99等还可以在快堆中嬗变掉，变成一般的短寿命裂变产物，或变成稳定同位素。所以快堆可使原来需要作地质贮存的高放废物量大大减少，降低地质变动下环境受放射性污染的风险。

这让人顿悟，为什么徐院士常对他的学生说，我们发展快堆是"替天行道"。之前的压水堆核电站乏燃料里的钚和锕系核素（MA）要存放300-400万年，才能达到与天然铀同等的低放射水平。而快堆的一般裂变产物，只要300-400年，就能与天然铀的放射水平一样低，极大地降低了其贮存的风险和成本。而且，据专家初步估算，一座焚烧快堆可嬗变掉5-10座相同功率的热堆产生的MA量（即支持比为5-10）。

"快堆是真正的清洁能源，以最小的环境代价帮助人类实现可持续的发展，"徐銤笑着说，"国家是天，人民是天，我们发展快堆，真是为国家'替天行道'啊！"

"最困难时，总想起周总理特批50公斤铀"

扬州人有句老话："从小看八十。"

徐銤生下才3个月，宛平城破，卢沟桥事变爆发，中华民族到了最危险的关头。国难当头，父亲徐戡给他的头生子起了个名字"銤"。"我父亲后来对我说，当时国家要抗战，但既缺钱又缺粮，所以起了个'銤'字，既有钱，也有米，就是希望国家能强大"。

"銤"在化学元素表上排序76号。徐戡化学造诣颇深，抗战爆发前，在上海水利学校当化学老师。他4个子女的名字都以化学元素命名，小儿子取名"铱"，大女儿叫"铂"，小女儿就叫"铀"。"我父亲有3柜子的化学试剂和烧杯，但日本兵进攻上海时，一颗炸弹把我父亲的书和仪器都炸掉了。"徐銤说，"于是，父亲携家带口逃到扬州，当中学老师。后来日军又占领了扬州，父亲怕日本人逼他去做炸药，就在公开场合故意'手抖'，拿不了试管，于是改当了数学教师。"

但父亲对化学的爱好，还是在的心中播下了种子。他3岁起就学父亲样，用加了墨汁的水在烧杯里倒来倒去。他清楚地记得，当时买不到雪花膏，父亲就从玉簪花里萃取香精，让孩子们把干净的雪捧进盆里化水，然后再做成雪花膏。

父亲是个了不起的人。1955年高考时，清华大学希望徐銤去读工程物理系，徐銤以为这是"做工程的"，说没兴趣。还是父亲告诉他："工程物理是为国家研究核工程的。中国要是没有核武器，就要被人家欺负。"这一句话，点醒了徐銤。

这一届的清华本科读了6年，1961年，徐銤走进了601所。当时601所汇聚了吴有训、钱三强、王淦昌、彭桓武、朱光亚、王承书等一代领军人物，徐銤不仅亲见他们骑着自行车上下班的身影，还听过他们不少教诲，深受感染。

1965年，徐銤第一次听说了快堆这一国际前沿课题。3年后，他正式进入快堆的科研队伍。1964年，我国刚爆炸了第一颗原子弹，高浓铀十分紧缺，但周恩来总理还是特批了50公斤浓缩铀用于我国第一个快堆零功率装置"东风六号"的启动实验。1970年6月29日夜里11点多，零功率装置达到临界。那天正好徐銤值班，大家激动啊……

虽然"零功率"并不是绝对没有功率，只是功率低于100瓦，但就是这小小一步，却让快堆就像中子一样在他的心中不断地裂变增殖，再也停不下来了。

成功的路上总是遍布荆棘，国家和个人都是如此。1971年，一道调令，将快堆的300多名研究人员全部从京郊房山调往四川夹江，一去16年。"这16年，是我科研生涯中最艰难的日子。"徐銤坦诚道。

当时正值"文革"动乱，科研也没有了项目。老专家戴传曾悄悄叮嘱徐銤说,"你千万别把快堆的事情放掉,在那里要多多跟踪了解国外的快堆是怎么发展起来的"。

这一句话拨云见日,让在夹江的山沟沟里难得见到太阳的徐銤心中豁然开朗。夹江虽然没有食堂,所幸的还有个图书馆,这是科技信息的泉眼,为徐銤连接起了北京和世界。山里木头多,别人无所事事买木头打家具,他却拉着核燃料元件组的同事整天钻图书馆研究快堆的文献。在那里,徐銤他们竟然还进行了快堆最初的理论设计和工程设计,做了一个快堆的简易模型。

让徐銤最痛心的,不是夹江生活条件的艰苦,而是一大批同事因各种原因离去。最初的 300 多人只剩下 108 人。80 年代初,徐銤自己也曾有一个可以去竞聘国际原子能机构的职位的好机会,但他没有动心。他对同事和家人说:"我们这么大一个国家怎么能没有快堆呢?在我国科研经费匮乏、高浓铀十分紧缺的时候,周总理曾特批 50 公斤高浓铀给我们做实验。每当想起这段往事,我总感到心里沉甸甸的。如果不取得像样的研究成果,我是不会离开的。"

正是这份沉甸甸的责任感,托起了中国的快堆。1986 年的春天,徐銤奉召来到北京,参与国家"863"高技术项目的申报。当徐銤代表快堆项目汇报时,他从理论设计到工程设计,厚积薄发地娓娓道来,赢得了一致公认的好评,快堆因此列入了"863"国家科研计划,终于上马了。

1987 年,徐銤和他快堆组的成员正式从夹江班师回朝。

"我们必须保证建设的是绝对安全的快堆"

建设快堆虽然列入了国家"863"计划,但并不意味着发展从此一马平川。1997 年,正当实验快堆进入初步设计的时候,一则"法国超凤凰快堆电站寿终正寝"的消息,引发了一些人的质疑:"你们怎么敢在首都北京建快堆，万一出了核事故怎么办？"

每当遇到质疑和诘难，徐銤就从上到下、八方奔走地去解疑释难，做快堆的"科普"工作。

其实，这个问题徐銤他们何尝没有想过。徐銤说："快堆的安全性，一直是我们首要解决的核心问题。早在夹江的时候，我们就在研究快堆的安全性，如遇到意外情况，堆芯会不会烧穿？在不同的环境下，放射性会不会泄露出来？我们的结论是，快堆在安全性上也是核能领域的'优等生'，而且我们采用的钠冷快堆，又是技术最成熟的堆型。"

纵观世界核能发展中的意外事故，无外乎三种类型：反应堆不能停堆；堆芯的热量无法有效地从堆内导出；从反应堆中泄露出的放射性物质没能包容在电站内部，进入了电站之外的公共空间。

徐銤说，"对这几种事故的预防，正是快堆比其他堆型更优之处：首先，在钠冷快堆中，我们将反应堆设计为负反馈的堆芯，依靠自身的温度参数变化能'自动'降低反应堆功率。快堆控制棒组件里所装棒束落下行程比压水堆要短，并且由于快中子反应原理决定，一旦只要有1个棒束落下就能对全堆造成停堆效果。我们的快堆设计了3套停堆系统来保障反应堆能够成功停堆，其中有1套是非能动的停堆系统"。

他边画一张实验快堆的结构示意图，边指点讲解："我们的实验快堆采用'钠－钠－水'三回路设计。位于核岛的一回路为一体化池式结构，池子中装满了两三百吨钠液。金属钠在常温下是固体的，但加温到98℃就会融化，变成液体。为什么我们不用水来导热，而用钠来导热？因为水的导热率只有0.577，而钠的导热率是71.2，纳的导热率是水的100多倍。正因为纳的导热率如此之高，所以它会把堆芯中的热量迅速导出，不仅可将核岛的热功率最大化地转化为电功率，而且可同时有效地控制温度，不会因堆芯无法散热而烧坏。"

实验快堆堆芯下方是低温钠液，堆芯的入口温度是360℃，堆芯上方的出口温度是530℃。二回路的蒸汽温度是480℃，这些都远远低于钠在常温下的沸点881.4℃。因此，一回路内只需要保护气体氩气有微微正压即可，这点微压对堆容器是非常安全的。

实验快堆还采用了不依赖外部电源和人工操纵的非能动余热导出系统，其热交换器和空冷器连接，完全依靠自然对流和自然空气循环导出余热，从根本上解决了余热排出难题。

日本福岛核电站大事故的原因，就是因为海啸破坏了电力供应，导致无法启动水泵用水给核堆降温，最终堆芯熔化烧穿，引发高温蒸汽爆炸，令放射性物质溢出扩散。而实验快堆的非能动余热导出系统因不需要电力和人工干预，可从根本上避免类似事故的发生。

参与设计的俄罗斯专家原本将这非能动余热导出系统设置在二回路的管道上。而徐銤根据"以我为主，中外合作"方针，坚持将非能动余热导出系统直接建在主容器的一回路内，一旦发生故障，不必再人工一个个打开阀门，可确保系统立即自主启动响应。

仅此，双方专家就在谈判桌上各执一词，互不相让。历经3次谈判，俄方才接受了徐銤的设计方案。实验证明，这一创新不仅可行，而且使安全性更为可靠。张东辉说："徐院士的方案使我国快堆成为世界上第一个唯一采用此方式排出事故余热的快堆。因此与世界上已建快堆相比，它是最安全的一座快堆。"

在全体快堆人的努力下，2010年7月21日快堆首次临界；2011年7月21日快堆并网发电，标志着我国成为世界上第8个拥有快堆技术的国家；2014年12月18日，快堆实现了满功率72小时运行。该堆热功率为65万千瓦，电功率20万千瓦。

"我们的快堆是一个低压系统，即使在最严重的事故情况下，安全壳内的压力升高也很小,使得比较容易把放射性物质包容在安全壳内,不会扩散到厂区以外。"徐銤说,"在正常情况下,我们的快堆每年最大放射性为0.05毫西弗,仅为国标0.25毫西弗的五分之一。"

徐銤反复强调,实验快堆的建成是全体设计者和建设者的功劳。该课题研究共获奖91项,其中国家科技进步奖3项,已获专利80余项。

截至2018年年底,我国投入商业运行的核电机组共44台,装机容量44.6百万千瓦,我国核电的年发电量为67914.20亿度,仅占全国发电总量的4.22%,大大低于全球发电总量中核电占比10%的平均水平,这说明我国发展核电的空间巨大。

在中国原子能科学研究院的中心花园里,矗立着钱三强和王淦昌这两位老院长的塑像,早春的阳光洒在塑像和翠柏上。

60多年来,共有60多位两院院士在此建功立业。他们似群星闪耀,令人肃然起敬。

耄耋之年的徐老,一头银发,精神矍铄,面色红润,身板笔挺,语言幽默,略带江南口音。聊得兴起时,朗声大笑;要紧之处,迅速地在笔记本上查出关键数据,思路清晰。那笔记本上的字体,清秀端庄,真的是字如其人。

告辞徐老和他夫人,见那辆从四川夹江带回北京的"永久"牌载重自行车,依然停在他家门外的墙边。车身上一张黄色的牌照"京房山0078009",格外醒目。掐指算来,徐老骑着它风里来雨里去,已有46个春夏。

"徐老来上班,按规定院里要派车的,但他坚持骑自行车。这让我们很担心,因为从生活区到工作区路窄车多,已发生过多起交通事故。"张东辉有些担忧地说。

"他们都反对我骑自行车,"徐老笑着说,"我从80岁以后就不骑车了,要出门买东西我就推着自行车去。"

他还是离不开自行车。就像一头老黄牛,耕了一辈子的地,已经离不开犁铧。

想让徐老扶着这辆伴随他近半个世纪的"永久"牌载重自行车拍张照，不巧，这时天上淅淅沥沥下起雨来。

春雨来了。

这一夜，北京胡同里的柳树被这雨丝滋润着。翌日一早，枝条上就萌出了一排排嫩芽。

"春耕牛"，从心底里喜欢这春雨呢。

徐凤翔：开创青藏高原生态学的"辛娜卓嘎"

徐凤翔

女，1931年出生于江苏丹阳。南京林学院教授。1977年承担援藏任务赴西藏农牧学院任教。西藏农牧学院西藏高原生态研究所的创史所长。中央电视台中国电视剧制作中心以她为原型拍摄的电视片《小木屋》获得了第28届纽约国际电影节"电视导演奖"。2003年荣获国家环保大奖——"地球奖"。

Xu Fengxiang

> 北京西郊的灵山，海拔高度为2303米，有着"北京第一高峰"之称。灵山松柏叠翠，林壑优美，门头沟区就坐落于灵山脚下。
>
> 在离门头沟区影剧院不远处的一条僻静小街上，一个普普通通的老小区里，住着一位曾被藏民亲切地称为"辛娜卓嘎"（藏语，森林女神）的耄耋老人，她就是西藏农牧学院高原生态研究所创史所长徐凤翔教授。40年前，她开创了青藏高原生态领域的研究。

暖暖的秋阳透过窗户，洒在她满头银发上。2019年国庆长假已过，每天凌晨，年届米寿的她会展开纸笔开始一天的写作。是年5月刚出版了《绿野行踪——林海高原60载》的她，要在新书《晓风·明月·亲情》中写下她人生感悟的情怀，对西藏高原生态领域四十载的研究，自然是新书讲述的重点。

她还要写下和作家黄宗英延续40余年的友情。她俩相识于1979年在成都举行的四川省科技大会。前一年，邓小平在北京的全国科技大会上石破天惊地宣布"知识分子是工人阶级的一部分"，强调"科学技术是生产力"，从而为中国科学家开启了"科学的春天"，徐凤翔有久旱遇甘霖之感。

如果没有那个"科学的春天",徐凤翔、黄宗英和千千万万个中国知识分子后来的人生走向就会完全不一样,自然也不会有黄宗英的长篇报告文学《小木屋》。如今,这跨越藏汉两地、科学与文学的"握手",已逾春秋四十载。

"这里就是我人生的第四座'小木屋',"徐凤翔这位当年长篇报告文学《小木屋》的女主人公笑着说,"名为'辛娜小木屋之友'。"

诗化的理想,开启"第一度青春"

徐凤翔将她 1977 年援藏之前的人生,称之为"第一度青春"。

这"第一度青春"的跨度超乎想象,有整整 46 年:自 1931 年出生至 1977 年。

她出生那年,"九·一八"事变爆发;她 7 岁时,卢沟炮响,中华民族到了最危急的关头。她的幼年,就在中华民族内忧外患一日重于一日的动荡艰难中度过。虽然那时候,她还不可能懂"国难家仇"的道理,但跟随着父母颠沛流离地逃难,这经历还是在她幼小的心灵中刻下了兵荒马乱的大时代印迹。

也许是为了给所有苦难中的小生命成长的勇气,再艰辛困厄的童年生活里也总有大人想不到的快乐。徐凤翔至今记得,童年的她,随父母从丹阳逃难到苏北的一户农家,房东家有个叫"莲子姐"的十多岁的女孩,很喜欢她。有一次,莲子姐将她托举上有 2 米高的麦秸堆,开始时她紧张得匍匐其上,不敢动弹,而一股麦秸的清香混合着阳光的暖意扑面而来,沁人心扉,这来自大自然的浓浓香味从此留驻在她的嗅觉神经系统里。稍后她翻身坐起,发现自己的视线竟然可以跨过农家的屋顶,看到田野的尽头,她的视野第一次前所未有地"开阔"了。后来,她索性仰面朝天地躺在麦秸堆上,于是,蓝蓝的天空和白白的云朵将她笼罩起来,小鸟啁啾地划过天际。"这一刻,在我的基因里注入了对高天厚土、对大自然的亲近感、融入感。那高高的麦秸堆,仿佛成了我一生朝拜大自然的神圣的金色的'蒲团垫'。"徐凤翔后来回忆说。

徐凤翔青春的脚步几乎与解放战争的胜利同步。1949年，她高中毕业。"参军参干"，这是当年很多热血青年的选择，时代的大潮自然也拍打着她年轻的心。但却因父亲积劳成疾，突然中风卧床，她不得不在家照料父亲。在这寂寞而又失落的日子里，她常抽空去新华书店读书。有一天，一册新创刊的《中国林业杂志》吸引了她的目光，首篇就是当时林垦部部长梁希教授的文章。时隔70年，她依然记得梁希教授用诗化的语言写下林业工作者的宏大志向："……让黄河流碧水，教赤地变青山，把河山装成锦绣，把大地绘成丹青，新中国的林人同时也是新中国的艺人……"徐凤翔年轻的心瞬时被点燃了。"要不是梁希教授的诗化语言，我本来打算去读文学专业的。正是他的话，召唤了我投身科学，并报考了南京大学森林系"。

1955年夏秋之际，徐凤翔本科毕业，正逢南大农、林系分别单独建院，新成立的南京林学院选址玄武湖后锁金村。那时的大学毕业生，毕业后去什么单位工作是由国家统一分配的，原本期盼着分配到深山密林、遥远边疆的徐凤翔，意外地留校任教，成为南京林学院的一名助教。

徐凤翔在南林的20多年里，主教、主攻是森林生态学。她因此将南林称为"林家大院"，是南林为她打开了森林生态学的大门，而她一旦踏入其间便全身心地投入。从1955年至1977年她赴藏前的20多年里，她带领学生走遍了华东、华南、东北和西南（除西藏外）云贵川的主要林区。林海的壮美浩瀚，深深打动了她。

1977年，南林接到援藏任务，而人到中年的徐凤翔看来，"真是天降此任于我"。早在1959年，她在滇北考察时，就意识到川西、滇北和藏东南在地域和植被类型上的一体性，可谓神往久矣，于是坚持要去援藏。

那时的援藏，纯粹得完全不和任何个人的名利得失、仕途进退挂钩。学院问徐凤翔有什么困难？她说："没有。"学校问她有什么"要求"？她还是说：

"没有。"临出发前，学校主动提出，援藏期间工资照旧，一次性地补助200元。那时，一个大学毕业生参加工作的月薪是58元，200元不算个小数目。但在徐凤翔的话语体系里，"补助"的前提"生活困难"，她认为自己是去援藏，而不是为生活困难去申请补助，因此就连这200元也谢绝了。

谁都会问，近半百之年，要去援藏，家人会支持吗？徐凤翔至今保存着她和夫君范自强先生互赠的情诗，这是他俩特有的夫妻情感交流方式。徐凤翔作的一首七绝是：

"任重道远赴边疆，夕照征途鞍马忙。
毋需返顾江东岸，留得余晖育栋梁。"

范先生也和诗相送：

"别时容易见不难，春风又度玉门关。
他年再登江南岸，神州绿意展笑颜。"

互赠情诗，唱和咏志，于今之夫妻已不多见了吧。

"小木屋"，打动了从未见过西藏的女作家

回顾自己的人生道路，徐凤翔说："我的一生，从年近半百开始，似乎方算真正进入人生和事业的曲折、但通向科学圣殿的大道，即攀上西藏高原，走进林海深处。"

赴藏的行程，徐凤翔视为"攀登天梯"的过程。按常规的行程，她可以从南京乘飞机到拉萨，再由海拔3700米的拉萨坐长途车沿雅鲁藏布江东去海

第一板块　　　　　　　　　　　　　徐凤翔：开创青藏高原生态学的"辛娜卓嘎"

拔 3100 米的林芝，既方便又快捷。而徐凤翔偏不，她选择的是先去成都，走川藏线进藏。她的理由是：成都平原海拔 500 米，气候属中－南亚热带，从我国地形三级阶梯的第一级出发，翻过横断山脉，攀登第二级阶梯，穿越金沙江、澜沧江和怒江，再上第三级阶梯，整个行程就是科考的过程，可感受认知山川地貌林区物种的种种变化。但这路程自然也险峻了许多，要知道那时候中国大陆还没有一条高速公路，更不用说翻山越岭的川藏线了。进入西藏的最后一段"天梯"，就是人称"怒江山九十九道拐"了，那里植被稀疏，车道在荒山野岭上呈"之"字形的回头弯，再喜欢说笑的司机每每行车至此，都会立即屏息凝神，一言不发，因为此处就是"一失足成千古恨"的最好诠释。

走了 20 多天，徐凤翔才到林芝。她没有想到，没多久，她就成了上海著名作家黄宗英报告文学《小木屋》里的女主人公。她和黄宗英的初识，是在成都科技大会的会场。黄宗英在《小木屋》里写道：

生态平衡会议日程进入大会发言，我进入会场时，又晚了。我悄悄溜边进去找座位，一位女同志挪了挪身子，我坐到了她旁边。

她没搭理我，还是盯着发言人，继续记她的笔记。直到发言者在掌声中下台，她才从活页本上小心地取下前几页，递给我，也才顺便地瞄了我一眼，好锐利的目光，是谴责我不守时刻吧。职业的敏感使我猜测她是个老师，并常用这样的目光对待学生。幸而她旋又微微一笑，随即转过头去。

我瞄着她手中纸上娟秀的字体和简明的摘记；并同时以我的广角视线，从头到脚打量着她；短短的头发、纤弱甚至娇小的身躯，一身学生式的打扮，倒也和她的中年的年纪相配。尤其那双眼睛，眼睛！无论刚刚从正面，还是此刻从侧面看：怎么形容呢？美丽？不恰当。刚毅？不适合。明锐？不确切。总之，这是一双值得拍摄大特写的眼睛。我们的银幕上，需要这样的眼睛——

科学家想要什么
那些在冰山星海之间追梦的人

蕴蓄着知识者的专注的内在的坚定。

"现在请南京林学院援藏教师、西藏农牧学院徐凤翔同志发言。"

徐凤翔像所有惯常上课的老师一样，从容走上台去，条理与口齿都很清楚地讲开了。

接着，她又讲到全世界应该在哪几处建立高山生态定位站，西藏东南是一处。然后，她对"生态平衡"一词提出异议，她说："符合自然界演替规律与人类社会需要的生态关系是协调关系，我建议以'生态协调'，代替'生态平衡'。"

她建议在藏东南建一座"定位站"，定点观测、分析生态环境和森林，以及林区农、牧业之间协调的关系，为林区生产综合布局和技术措施提供理论依据。她说哪里哪里的森林，是祖国的珍宝，是国内外资料上迄今还未查到有如此高的森林蓄积量……铃声再度响了！！徐凤翔涨红了脸执拗地说下去："我要求有关领导、有关方面郑重考虑建站。可以因陋就简，先盖一座小木屋。我愿长期参加这一工作，把自己的一切，献给西藏的森林！"铃声大作！！！在礼貌和同情的寥落的掌声中，在赞许和睥睨的翳翳的目光中，在透了口气而不一定含恶意的笑声中，她抿了抿嘴唇，矜持庄重地走下台来。是的，听烦了"豪言壮语"的学者对所有的宏图大志都持审慎态度。科学重在实践，不过，幻想是科学的先行。我特意站了起来给她让座，向她索取发言提纲。可是，她把头埋了下去。我懂，这节骨眼上，别碰她，别碰她……

虽然，这还只是她俩半生友谊的萌芽，"小木屋"三个字便已如同钻石一般镶嵌其中。

徐凤翔说，当年，有个发达国家向我国务院一位领导人提出，要在西藏建科学定位站，被我领导人婉拒。这让徐凤翔深受刺激：偌大个西藏，至今一个科学定位站也没有，还差点让外国科学家抢先来建了。我们自己咋就不能建科学定位站呢？

真正的友情到来，有时让人猝不及防。那是1982年10月3日，黄宗英作为中国作家协会赴藏参观访问团的一员，按预定行程次日就将踏上归途，却在招待所里意外遇见了徐凤翔，听说她正要带着一批"搞林的"去藏东南的林区科考，当即决定跟着徐凤翔去林区。她不顾几乎所有人的反对，简直是"悍然"宣布"退团"，还把几个月内再也买不到的机票毫不稀罕地退了。那年头，民航还只有"中国民航"这一家，东航、上航等商业性的航空公司还没有成立，任何一张进、出西藏的机票都极为珍贵。而年近花甲的她，如荆轲刺秦王一般决绝地直奔藏东南大山去也。

"我清晰地记得，在西藏波密岗乡的那座帐篷中，徐凤翔第一次和我谈起她的梦。她说：她要在藏东南建立小小的木屋——高原生态定位观测站。我陶醉在她的计划中，我觉得，她的梦已经变成我俩共同的梦了。"30多年后，黄宗英回忆说。

这是一个量子和另一个量子之间的吸引缠绕，还是一颗小行星和另一颗小行星的华丽碰撞？总之，俩人思想碰撞后绽放出的绚烂光芒，如同陨石群划过夜空变成流星雨，璀璨壮丽。

蜱虫和黑蘑菇汤："共命运"的科考

在森林研究中，为测量林木的蓄积量，必须选取不同径阶的树木作为研究样本，这些样本又称之为"解析木"。把解析木砍倒后，再要分成若干段进行分析，测定其生长过程，此方法称为树干解析。"在山里伐木是很危险的，我们不让黄宗英去伐木现场，但黄大姐硬逼着我带她去看我们工作的林分。一路过沟爬坡，当她来到密林深处，拥抱着大树，激动地说，我醉了！"徐凤翔回忆说。

好在除了写报告文学和拍电影，黄宗英做烙饼、馒头、面条，也是一流的活计。每天早晨徐凤翔雄赳赳气昂昂地率队进山，黄宗英就坐镇"中军帐"，让徐凤翔他们傍晚饥肠辘辘回营之时就能闻到饭菜的香味。

徐凤翔至今还记得她俩在科考队"同甘共苦"的趣事：有一天早晨，一向反对别人抽烟的她，竟然主动问起黄宗英："你抽烟吗？"原来，一只蜱虫叮了徐凤翔一晚上。"你怎么不弄掉呢？"黄宗英有些奇怪。"弄不掉！不能硬拔，最好用烟头烫。"黄宗英更奇怪了："那你昨晚上怎不叫我烫？"徐凤翔答："我看你累了。"厚道的徐凤翔不忍心叫醒她的黄大姐，再说一只蜱虫也算不了什么，在墨脱的密林里，有一天她身上曾爬上了400多条旱蚂蟥，这要是发生在今天别的女孩子身上还不当场崩溃、尖叫一声立马逃出森林了？

黄宗英有生以来第一次看到了蜱虫的尊容：它有绿豆般大，头扎在徐凤翔的肩上，只有屁股翘在外面。在徐凤翔的催促和指点下，黄宗英壮着胆，先用手指将它弹晕，再用烟头烫它的屁股，终于将它拔了出来，当场为民除去一害。

蜱虫只能用烟头烫了以后才能往外拔，这是徐凤翔从藏民那里学来的经验。蜱虫实际上不是昆虫，6只脚以下的小虫是昆虫，而蜱虫有8只脚，所以蜱虫虽小"辈份"却不低。这是个贪婪到死也不松口的"贪虫"，被它咬上后，人唯一的办法就是用火烫它尾部，它才会忍不住松口，退出人体。否则，即使将它掐死，它也不松口，头部和口器仍将留在人的皮肤层里，必须要去医院开刀才行。

徐凤翔说："我只有在这一点上，才不反对黄大姐抽烟。"

她和她，不仅文理两科，而且性格迥异：黄宗英有着作家的海阔天空，敢爱敢恨，她认准的事执着到了"执拗"的程度，但有时又不拘小节；而徐凤翔虽有"文青"情怀，但林学家和生态学家的专业养成，让她思维严谨缜密，只认"死理"，事业上精益求精，而日常生活能力又堪称"匮乏"。同为江南女子，黄宗英打得一手好毛线，而徐凤翔只有伸出两根手指帮她绕毛线的本事。帮女性绕毛线，在那个年代通常是家里男孩子在妈妈和姐姐的命令下被迫"胜任"的家务活。

秉性和经历如此迥异的两位女性竟然走到了一起，还住进了同一个科考队的帐篷。

别以为在科考队的营地做饭就远离危险了。有一天晚上，经过科考队里林学家的"鉴定"放行，黄宗英用几只并不起眼的黑蘑菇炖出了一锅味道鲜美无比的靓汤，众人赞不绝口，一抢而尽。谁料想，1个时辰之后，全队人开始上吐下泻，尽数中毒躺倒。直到第二天上午，徐凤翔、黄宗英被阳光唤醒，再次听见林子里传来叽叽喳喳的鸟鸣，才确信自己"还活着"，劫难已经过去。

所有的人都为黄宗英"自讨苦吃"的林中历险捏一把汗，"您这把年纪这么瞎冒险还值得吗"？这种理直气壮的质疑，对她毫无意义。因为徐凤翔在那里，因为藏东南的密林在那里，她黄宗英理所当然地也应该在那里。黄宗英早就宣布过自己的创作理念："必须要与人物共命运。"

所谓"共命运"，就是共享所有的喜怒哀乐，自然也包括共饮一锅鲜美无比却又险些"夺命"的蘑菇汤啊！

"徐教授，你真不像个教授"

徐凤翔究竟为什么要呼吁建立"小木屋"？也就是森林生态环境定位站为什么这么重要？

她说："首先是森林生态系统太重要了。森林生态系统是地球陆地上最大的生态系统。与陆地其他生态系统相比，森林生态系统有着最复杂的组成、最完整的结构，能量转换和物质循环最旺盛，因而生物生产力最高，生态效应最强。森林生态系统一旦遭受破坏，就会引起一系列环境问题，如水土流失、土壤沙化、温室效应加剧、生物多样性锐减等。其次，建立森林生态科学定位站为代表的森林生态监测系统，能持续地记录下水土气生等各种环境监测指标，有利于保障森林生态环境的安全，有利于发现和了解生态系统演变规律，不仅对基础研究有重要意义，也为国家战略宏观决策提供科学依据。"

黄宗英的长篇报告文学《小木屋》写就后，交给上海的《文汇月刊》编委兼《文汇电影时报》副主编余之，很快得到了《文汇月刊》责编罗达成和主编梅朵的激赏。1983年5月，《小木屋》在《文汇月刊》头条位置刊发，并获1983—1984年全国优秀报告文学一等奖。

"小木屋"引起了全国性的关注。次年5月，黄宗英又带着中央电视台中国电视剧制作中心的摄制组二进西藏，在波密的原始森林里记录下徐凤翔们的科考生涯。电视纪录片《小木屋》的导演蒋晓松因此在第28届纽约国际电影节上获得了电视导演奖。

"小木屋"的渴望和呼吁，已蜚声海内外，但"小木屋"仍在纸上，尚未在西藏的大森林里安家落户。

徐凤翔并没有泄气，为此她专程赶到北京，向国家科委汇报开展高原生态研究的意义。国家科委童大林主任非常支持她请调西藏、创建高原生态研究领域的申请和设想。

1985年，年已54岁的徐凤翔正式调入西藏农牧学院，于是她着手创建西藏高原生态研究所。

西藏自治区政府批准了西藏农牧学院申请建所的报文，并任命徐凤翔为首任所长。

建所的批文有了，但资金尚未落实。为此，徐凤翔连续3天等在自治区副主席拉巴平措的家门口，终于见到了百忙中的他。拉巴平措也为徐凤翔的执着所感动，他握着徐凤翔的手说："感谢徐老师如此执着地为我们西藏辛劳。"虽然当时自治区的各项资金都很紧张,但他还是给西藏高原生态研究所特批了60万元。

这1985年的60万元,为雪峰高耸、暗针叶林环抱的尼洋河畔平添了一座2600平方米的科研小楼,观测站、苗圃和宿舍具备。徐凤翔心中的"小木屋"终于梦想成真。

梦想成真,这对徐凤翔来说还只是"青藏高原生态梦"的一个开始。

20世纪80年代,除了中科院的几个专家团队外,外界对藏东南的墨脱仍知之甚少。墨脱位于喜马拉雅山东段南坡,雅鲁藏布江出水口的地段,印度洋的暖湿气流由此长驱北上,发育着世人难以想象的热带雨林,因为一直没有通公路,所以是世所公认的"极美、极丰、极难、极险"之地。

1986年,应徐凤翔的请求,林芝军分区慷慨地批准她搭乘"黑鹰"直升机前往墨脱,进行一次空中考察。当直升机飞临雅鲁藏布江和多雄河交汇之处时,她激动地拉开机窗,准备航拍,不料一阵浓雾涌进来,不仅镜头一片模糊,而且强风似乎要将相机吸出窗外,幸亏相机的背带挂在她脖子上,被徐凤翔使劲拽回。

林芝军分区为何如此支持徐凤翔?因为她投身青藏高原的森林、生态研究,已经感动了当地军民。在波密岗乡林区,只要向藏民打听徐凤翔的踪迹,他们就会指着科考队的营地说:"辛娜卓嘎!辛娜卓嘎!"

徐凤翔曾连续7年进入藏东南波密岗乡林区进行考察,测得高蓄积量的林芝云杉林1公顷的蓄积量高达3813立方米。如此高的蓄积量,国内屈指可数。她说:"波密岗乡的这片天然林,特别高大(主林层平均高65.1米,平均胸径114厘米)、高寿(主林层平均年龄为250年),而且林分的垂直层次完整,共有7层:林木层、更新层、灌木层、草本层、苔藓层、藤本层、凋落物层。尤其是苔藓层和藤本层发育充分,有着温性雨林的特征。当然我要强调,3813立方米/公顷,这是我们实测一公顷的蓄积量,并不是每公顷的蓄积量。"

树木解析，可以说是林业科学家的"常规工作"。它的特点是既粗又细，首道工序伐木还很危险。伐木的要求，并不是把树砍倒就行了，而是有严格的作业规范，树锯倒以后，留在地上的树根叫"林盘"，也叫"零号盘"。林盘是整棵大树年轮的"基数"，如林盘上有258圈年轮，说明这棵树生长了258年。因此林盘的取样，是位置越低越准确。距离"零号盘"上方1.3米的地方，大约成年人的胸部位置，再取"1号盘"，这就是通常所说的一棵树的"胸径"。如果说一棵树"胸径120公分"，就是说这棵树高度为1.3米处的直径是120公分。1号盘如只有238圈年轮了，那就说明这棵树花20年时间才长了1.3米高。1号盘以上，每隔3米为一段，在每段的中间点再锯一个"圆盘"。每个圆盘有7-8公分厚，圆盘是要背出林子带回来做研究的。通常"零号盘"的年轮就在林区现场数完，"1号盘"及以上的圆盘，就是科考队夜间晚饭后的"内业"。4个人一起数年轮，先从树心往外数，每隔5年插一根大头针；然后再由外往里数，两者数目必须一致，才证明准确无误。除了树干，科考队还要做根系的全量采选，就连根系层的土也要带回称重等等，所以林业科学家非常辛苦。

在察隅，驻军的一位师长，边和徐凤翔握手边"批评"道："徐教授，你真不像个教授。"听说她要进林子考察，立即派几名战士一步不离地陪同，怕她发生意外。

这次空中考察，更坚定了徐凤翔要再次考察墨脱林区的决心。

上一次考察还是1983年6月下旬，徐凤翔带着昌都林业局的3名年轻人首闯墨脱。4个人仅有1顶双人小帐篷，他们每晚像沙丁鱼一样和衣而睡，但行程的艰辛早已为科考的发现和快乐所抵消。

热带雨林的物种多样性让徐凤翔陶醉其中，这里有常绿阔叶林中的榕树、壳斗科的栲、槠等巨树，绿荫蔽日，就连蕨草都有2米高！"我见到了一科一属一种的老虎须，以它特有的长须和不对称花冠，展示出它生长的特异和对生境的特殊要求。"徐凤翔至今记得。

但十多天的长途跋涉还是让她体力严重透支了。在抵达墨脱县城后，她突然昏了过去，众人急忙将她送到县医院，但当时的县医院条件极为有限，只有一座木板房和3位门巴族护士。一量她的体温，连护士都吓坏了：41.5℃！赶紧向驻军求助，独立营的周军医闻讯赶来，诊断结果为无规律的恶性疟疾。多日高烧，令徐凤翔昏迷不醒，周军医倾其所有，将部队卫生所里所有能用的药都给她用上了。结果不是药到病除，而是药"尽"病除。当卫生所里所能用的最后几颗药给徐凤翔服下后，她奇迹般地退烧了，清醒了过来。

"您是恶性疟疾患者中，第一个活着离开墨脱的。"周军医送她出院时祝贺她说。

告别墨脱时，正好县里要派一匹马外出，就让她骑着马出山。途中也是险情不断，在泥泞中跋涉时，路上突然遇见有倒毙的马尸，也许是同类相怜，徐凤翔的坐骑顿时受惊直立，差点将她掀下马去。在林中穿行时，倒伏的枝干又差点将她扫下马来，幸被她杂技高手一般地仰身躲过。

尽管侥幸得以生还，徐凤翔依然铁下心要三进墨脱。

这一心愿在5年后终于实现了。1991年，徐凤翔再次率队进入墨脱科考。她回忆说："山地暖温带铁杉林，巨木森森，如山神的殿堂，有置身伟岸宏柱之感；而海拔愈下，物种之多样与葱郁，令人惊艳，奇花异草，目不暇接。就我们的考察与资料分析，墨脱的特有种即有261种及变种，远大于之前的植物名录已公布种。"

"科学的'朝佛者'"，仍在长跪前行

1995年，徐凤翔教授六旬有四，从西藏农牧学院高原生态研究所退休。

在藏工作 18 年间,她野外考察行程 12 万公里以上,其中马背行程 2000 多公里,步行近 3 万公里。

走下青藏高原的她,为北京市有关部门及门头沟当地领导所欢迎,帮助她在北京灵山建立了一座生态科普研究所。徐凤翔称其为"灵山小木屋"。如果说,林芝尼洋河畔的"小木屋"以开创性的高原生态研究为主,而"灵山小木屋"则以社会性的科普教育为主。

如今,徐老每年往返南京林学院和北京门头沟两个家。这两套居室,都被她打造成了"小木屋":满屋子都挂满了她在西藏科考的一幅幅照片,且向林学院的学生开放,故被她分别称为"第三个小木屋"和"第四个小木屋"。

在她门头沟"小木屋"朝南的大房间里,贴着一副对联:上联是"花甲花开花落心未落",下联是"时态时浮时沉志不沉",横批是"自然天成"。

除了著书立说之外,徐凤翔现在依然每年来沪看望她的黄大姐,这份延续了 40 年的情谊,她和她都难以割舍忘怀。

黄老 90 岁生日时,徐凤翔张罗着为她庆生,送的对联是:"科学知己,巾帼壮士。"知遇之恩及感佩之情,尽在其中。

2019 年 4 月,徐凤翔和黄宗英这两位老姐妹再次握手。黄老虽高寿九秩有四,但思路依然清晰。当她看到一份 2014 年的《文汇报》刊登着余之写她的文章《甜姐儿》时,清晰地念出声来:"甜姐儿。"

而徐凤翔则关心地询问负责照顾黄老的阿姨:"黄大姐这几天身体怎么样?一顿饭她可以吃多少,最近她喜欢吃什么?"

阿姨告诉她:"黄老师精神还不错,今天她吃了 4 只海虾、2 小块红烧肉、1 块红烧鱼块……"

此情此景,让人想起这对老姐妹跨越 40 年不同寻常的情谊。

黄宗英第一次结束藏东南林区科考要回成都时,关心她俩的部队领导建议从波密坐长途车回拉萨,只有 600 公里,再从拉萨坐飞机出藏,并允诺:"如果你们在拉萨买不到机票,用军用机送你们。"

而她俩一合计,坚持要走1838公里的川藏线公路去成都,理由只有一条:飞机上看不清树木,走川藏线可以边走边考察。

于是她俩爬上一辆"老解放"出发了。刚结冰的山路,特别危险,而且这车刹车和离合器都不灵,底盘的4个螺丝还掉了3个,防滑链都挂不上去。车子边走边修,司机紧张了一路:"车上这两位老太太年龄加起来有110岁,要出什么事我的责任就大了!"

路上,震撼她俩的不仅有绵延的巨树,还有朝圣者。在寂静的山路上,一个、两个,三五成群的小黑点,迎面而来,一步一长跪,标准的五体投地,表达内心的虔诚。累了困了,他们就蜷缩在山崖边睡一会;醒来了,继续一步一长跪地向着藏传佛教的圣地进发。徐凤翔知道,他们全身心地朝圣,即使途中发生意外,也会欣慰地认为是被神接去了……

黄宗英说:"当时,徐凤翔的眼睛凝视着前方,喃喃地说:'我不如他们虔诚'……"

于是,黄宗英在她的报告文学里如誓言一般地写道:

我们——一个一个、一群一群、一批一批知识的苦力,智慧的信徒,科学与文化的"朝佛者"啊,我们也是一步一长跪在险路上走着。凭是怎样的遭遇,我们都甘心情愿:情愿甘心。

2019年10月,上海市向黄宗英颁发了第七届上海文学艺术奖"终身成就奖"。

而徐凤翔,日复一日地在她的"辛娜小木屋之友"里默默地写着她的新作《晓风·明月·亲情》,述说着那难忘的岁月和她心中的秘密,在心中向那些曾经帮助过、关爱过她的人们鞠躬致敬。

被她视为"命"的，还是青藏高原。她写道：

40年来，我一直没有停止对青藏高原生态功能和价值的思考，我认为，从青藏高原的天、地、水、生物等各方面可见，青藏高原的生态功能与影响范围，既有区域性也有全局性，既有现实性也有潜在的持续性，是全球范围内唯一重大的生态功能区和生态制高点。

对于从事高原生态研究的科学家来说，探索和揭示高原生态功能、学习并遵循高原生态规律、珍视与保护高原生态系统，是我们的使命。在进入21世纪以来，以西藏为中心的青藏高原及其宏观系统，成为全球重大热点研究之一。青藏高原被视为监测与反映全球气候变化的制高点和敏感指示器，如全球变暖与旱化、污染质的全球扩散、臭氧空洞的分布扩展、青藏高原的隆升与季风区的气候格局等等。西藏高原的命题博大精深，值得一代又一代科学家为此探索、献身。我认为当前更需要重点进行生态脆弱区的保护与恢复的研究，对脆弱区的类型、脆弱程度的级次、退化的导因与方式、恢复的机理与措施进行深入研究，让青藏高原更多地勃发生机。

叶聪：把深潜进行到大洋之底

叶 聪

男，1979年11月出生于湖北黄陂，2001年入职中船重工七〇二研究所。2003年担任"蛟龙号"总布置主任设计师。2007年，他成为"蛟龙号"的首席潜航员。2012年6月24日，他驾驶的"蛟龙号"首次潜到了7020米。2009年，他担任了4500米级载人潜水器"深海勇士号"的副总设计师。历经8年艰苦攻关，研制终获成功。2018年，他被任命为七〇二所副所长；年底，党中央、国务院授予他"改革先锋"光荣称号。2020年，他任总设计师的全海深载人潜水器"奋斗者"号胜利建成。

Ye Cong

大洋浩瀚，它的最深处究竟有多深？

1960年，美国潜水器"迪利雅斯特"曾在马里亚纳海沟下潜到10916米。10916米的深度，可以"放下"一座海拔8844米的珠穆朗玛峰，但它是否一定就是全球大洋的最深处？学界尚无定论。

"自古以来，资源的禀赋往往决定着一个国家的实力和未来。"全海深载人潜水器"奋斗者"号总设计师叶聪说，"海洋深处有数不尽的秘密和宝藏等待着我们去发现。"

所谓"全海深载人潜水器"的功能，就是能实现万米载人深潜。2021年7月19日，这一历时5年列为"十三五"国家重点研发计划"深海关键技术与装备"重点专项"全海深载人潜水器总体、集成与海试"项目圆满收官。

叶聪给人的第一印象是沉稳而又平实。无论说到他和团队遭遇的坎坷，还是赢得的成功，他始终语气平缓，就如他一贯的风格，似乎他设计的不是堪称"大国重器"的载人潜水器。这要是平常

> 人,哪怕是想一想要去遨游海洋最深处的马里亚纳海沟,就该多激动和神往啊!

爱好成了工作,工作就是爱好

叶聪,1979年11月出生于湖北黄陂,1997年考入哈尔滨工程大学船舶工程专业,2001年入职中船重工七〇二研究所。2003年担任"蛟龙号"总布置主任设计师。2007年,他成为"蛟龙号"的首席潜航员。

2020年,他任总设计师的"全海深载人潜水器"建成。这一年,他才41岁。人都说叶聪运气特别好,好像走得特别顺,2001年从哈尔滨工程大学船舶工程专业毕业,就进了他向往的中船重工七〇二研究所;仅仅两年后,又当上了"蛟龙号"总布置主任设计师。

这一切,其实既缘于他赶上了我国载人潜水器快速发展的好时代,也缘于叶聪从小就是个军迷,能亲手造潜艇、造军舰是他少年时代就萌发的夙愿。青少年时期的兴趣爱好,如今成了他所从事的职业。爱好成了工作,工作就是爱好,这对他和他从事的行业,都是再好不过的事了。

叶聪老家武汉黄陂,黄陂北面紧靠大别山的余脉,历史上也出过不少名人,有着国人家喻户晓的"木兰故里"。黄陂人崇尚技艺,民间多"九佬十八匠",金匠银匠铜匠铁匠锡匠石匠木匠雕匠鼓匠漆匠皮匠等等让人数不过来,笃信的就是本分老实、凭真本事立足天下行走四方。

叶聪能保持这么一份爱好,还得益于他开明的父亲。父亲叶大群喜欢读《文汇读书周报》,对儿子的志向十分尊重,也从不干涉儿子的课外阅读,这让现代化的舰艇，为叶聪打开了无限想象的天地。但父亲给他钱订《舰船知识》《兵器知识》，他偏不肯订，因为嫌订阅的杂志总是姗姗来迟，情愿自己每月到报亭去买，以先睹为快。后来他发现，黄陂文清路报刊批发市场出刊比报亭还早，所以索性赶到报刊批发市场去买还带着油墨香的杂志，完全迫不及待，就一个字：迷！

1997年高考，他没有报本省名校，而是选择了前身是"哈军工"的哈尔滨工程大学。对儿子远走高飞的抉择，开明的父母亲没有反对。

大学毕业，他看上了远在无锡的七〇二所。第二年，"7000米载人潜水器"项目启动，已退休了6年的我国深潜技术的开拓者徐芑南，被吴有生院士请回来担任总设计师。所领导号召说，"新课题、新任务，需要大批新人参与"，叶聪一看徐老都回来当总设计师了，就说："那就跟着总师干吧。"

2003年，职称还是助理工程师的他当上了总布置主任设计师，成为整个"7000米"项目团队11个分系统中最年轻的负责人。按理说，要领衔一个分系统，至少要在所里吃上五六年的"萝卜干饭"，叶聪何来这么好的运气？

"蛟龙号"项目副总设计师胡震说，当时进所的大学生不少，但所里项目少、收入低，在无锡市属于中下水平，一些大学生跳槽了。而叶聪心沉得下来，喜欢钻研，处理问题有条理，让我们觉得靠谱。

这"总布置主任设计师"，究竟是干什么的？

"总布置设计师是船舶建造的一个专门岗位，就是既要负责全部船用设备从船艏到船艉安装的空间布局，又要管船舶全生命周期的作业时间流程，比较接近于'造船总体师'的概念。"叶聪解释道，"这个岗位对我的锻炼很大，因为要通过成百上千次的计算、分析，编写报告和绘制图纸，完成每个设计阶段潜水器最重要的设计文件和图纸，包括深潜的操作流程和潜水器总图。这让我对潜水器的每一个部件都了如指掌，对每一个操作环节都能把时间精确地控制到分钟级别。"

但其实，此时的叶聪还没有见过真实的深海载人潜水器。

"那时候，我们整个七〇二所只有包括徐总师在内的两个人见过真的载人潜水器。所以这项目确实是个挺大的挑战，存在着很多风险。"

也因此，就有媒体说，你们好不容易看到国外电影中偶然出现的载人潜水器，就赶紧模仿。

这说法夸张得让叶聪笑了："当时确实凡是能找到的国外载人潜水器的资料，我们都会去认真分析研究，但我们的研发还是从整个项目的目标出发的：首先明确我们的载人潜水器是要用来做什么的？实现这个目标需要哪些设备和部件？而这些设备和部件又需要多少能源和多大空间？最后，将这所有的需求，归结到整个潜水器的耐压能力、供电能力、驱动能力、信息反馈和控制能力等等。我们从目标出发来层层反推，进行优化。"

一年后，叶聪所在的团队拿出了"蛟龙号"的草图，走的是"自主设计、集成创新"的技术路线。

"蛟龙号"当初立项时，还只是个"五年计划"，计划2007年建成结项。但当时，国内船研所还普遍没有计算机仿真设计、三维建模的能力。2003年，他们土法上马造了一个钢球体模型，里面的设备用木模代替。但中国深海载人事业对国际水平的追赶，不仅是一家科研团队的追赶，更是整个深海载人潜水器产业链的追赶，谈何容易。

首次下水就沉了底，他却偏不急着浮起来

建造这深海蛟龙到底有多难？

最初的下潜深度曾设想为4000米，而立项时，国家海洋事业大发展的需求，将下潜深度改写为7000米。

根据海洋的深度，通常分层为：0-200米，海洋上层；200-800米，海洋

中层……4000-6000米，海洋深渊层；6000米深度以下，海洋超深渊层。为什么要将'蛟龙号'的深度定在7000米？

"如果它能到达7000米，那它的深潜能力就已经覆盖了全球99.8%的海域，全球大于7000米深度的海域不过0.2%。这0.2%，通常称为'深渊'。"叶聪说，"今天，这深渊对全球的科学家来说，依然存在太多的谜团，有太多的科研和经济价值。"

虽然"迪利雅斯特"深潜器早就创下了深潜10916米的世界纪录，虽然电影《阿凡达》的导演卡梅隆在2012年3月独自一人驾驶着"深海挑战者号"，潜到了10898米的海底，"但这两种深海载人潜水器都是探险型的，而'蛟龙号'则是作业型的。这区别，简单地说就是，我们不仅是去看看海底究竟是啥样的，还是可以在海底搞科研、干活的！"叶聪强调说。

2005年，叶聪终于亲眼见到了深海载人潜水器。那次参加中美联合深潜活动，他有了两次2000米级别的大洋热液区下潜的机会。"当时，美国科考船上的很多科学家得知我是中国7000米级载人潜水器项目的设计师，他们都很吃惊，认为不可思议。因为当时美国人自己的作业型载人潜水器也不过6000米级别，而且我国当时最好的业绩也就是600米级的载人潜水器，一下子要跨越这么大。"叶聪说，"但这次活动，对我是一个学习如何高水平地运行管理潜水器的好机会。"

正是这难得的技术和经验积累，当"蛟龙号"需要驾驭它的潜航员时，叶聪毛遂自荐，成为首个潜航员。

"每下潜10米，会增加一个大气压力，10个大气压等于1个兆帕；下潜到7000米时，'蛟龙号'就要承受700个大气压、70兆帕的压力。那时，'蛟龙号'每平方米要承受的压力是7000吨。"叶聪说，"由此引起的高压、密封、腐蚀、绝缘等技术难题，都必须一一突破，稍有不慎，后果不堪设想。"

非专业人士可能不太好理解70兆帕压力意味着什么。你知道切割钢板的水刀吗？水刀的压力只有 4 兆帕，4 兆帕就可以切割开钢板，那还只是"蛟龙号"潜到 400 米时承受的压力。

曾寄希望 5 年内建成的"蛟龙号"，直到 2007 年冬天才下水。这"下水"还不是下海，只是下七〇二所里的试验水池。

第一次下水池就出现了故障，胡震田忆说："试验刚开始，'蛟龙号'应该是中性状态，也就是漂在水面上的，但突然它沉到了池底，我们都不知道发生了什么。尽管事前有各种应对方案，万一沉底时叶聪应当怎么自救起浮，但 5 分钟、10 分钟过去了，一点动静也没有。因为'蛟龙号'在水池里是没法和地面通信联络的，马上派了好几个潜水员潜下去看，想知道到底怎么回事。但直到 20 分钟以后，'蛟龙号'才浮上来。原来，突发沉底，叶聪也很急，但他首先不是想自己先浮上来安全了再说，而是想先要在水底把故障排摸清楚。就这一件事，让同事们都觉得他遇险不慌、责任第一、堪负重任。"

整个"蛟龙号"，深潜时最危险的是什么？

"整个球体的耐压肯定是最重要的。"叶聪说。

"蛟龙号"是载人潜水器，但它又与潜水艇不同。潜艇的艇身是一体的，人员、动力、装备都在潜艇的耐压壳体内；而"蛟龙号"的内径 2.1 米的驾驶舱是个独立的耐压球体，它的动力、通信等设备也都是独立的系统，有 100 多个水密接插件和电缆通过耐压球体上的 9 个贯穿件，将驾驶舱与设备彼此相连。

这 9 个贯穿件是巨人之踵，万一泄漏了怎么办？

"对啊，这 9 个贯穿件是否经得起 70 兆帕的压力、不渗漏是关键之一。"叶聪说。

怎么才能知道贯穿件不泄漏呢？

"那时，有人开玩笑说，下潜后，要一刻不停地拿舌头去舔每个贯穿件。因为一旦舌头上有咸味了，就说明海水进来了。"他幽默地说。

最危险的时刻，他把生命支持系统关了

"'蛟龙'呼叫'向9'，目前潜水器工作正常，请求下潜！"

叶聪在潜水器里呼叫工作母船"向阳红9号"上的现场指挥。

从2009年起，"蛟龙号"开始了历时4年的海上试验。"这4年的海试经历，让我毕生难忘。"叶聪说。

首次海试，"蛟龙号"还没有潜下去，就和"向9"失联了，无线电通信怎么也联系不上。

原来，无线通信有个"苹果波效应"，无线信号的发射天线位置越高，天线底下的信号就越差，而"蛟龙号"恰恰就在"向9"船边的海面信号盲区位置。

后来，试验队想出了绝招，索性将无线通信天线正对着海面漂浮的"蛟龙号"，自嘲是"海上的中国移动"。

但无线信号在水中的传递效果依然很差，无法将数字再还原为语音。他们不得不临时采用最原始的"摩尔斯电码"救急，以保持联络。

而如今，他们已经用上了最先进的声呐通信方式。不仅可以传输语音，还可以传输图像。

深潜的感受如何？

"'蛟龙号'里没法安装空调，所以如果我们是夏天深潜海试的话，一关上顶上的舱门，温度就会有38-40℃，但通常我们还顾不上热，因为潜水器相对船舶来说太小了，海浪和洋流让它剧烈摇晃。海船上一般会有一个'摇摆钟'，一根指针指示着船体的摇摆幅度，通常13度就是'惊慌角'，超过13度船上的人就开始难受紧张了。而'蛟龙号'最大的纵横倾达到过60多度，很多人都吐了。"叶聪说。

下潜后，"蛟龙号"反而平稳了。下潜速度是1分钟40-50米，比每分钟

升降 60-100 米的电梯速度要慢。海水中的阳光从有到无，300 米以下基本漆黑一片。深度 1000 米以下，基本看不到大型海洋生物了。水温也随之下降，潜到 3000 米，舱外水温大约是 8℃，而舱内是 20℃；到水深 7000 米，舱外是 2℃，而舱内降到 10℃，必须穿加厚的工作服了。

潜得越深，是不是故障发生就越多？

"恰恰相反。我们发现从 1000-3000 米，是深潜的一个门槛，大多数故障都出现在这个区段。而 5000 米以下，反而越来越顺利，海底也越来越宁静，洋流也越来越平稳，真的是深水静流。

"我们之前说的防止贯穿件泄漏的难题，在潜到 1500-2000 米时就出现了。当然不是靠舌头去舔，而是测量贯穿件和外壳之间的阻抗变化来发现的。奇怪的是，当潜水器上浮到 1500 米以上，泄漏报警就消失了，再潜下去不到 2000 米，就又泄漏报警了。这怎么办？不解决这个问题不能再往下潜了啊。"叶聪说。

边海试，边发现问题，边排除故障，边改进设计，不解决问题不深潜。这是"蛟龙号"海试的铁律。

怎么找到故障原因呢？唯有回到发生故障的深海去。胡震说，叶聪非常不容易，反复将"蛟龙号"潜到 1500 米以下，等故障再次发生后，一个系统一个系统地查找原因。这是非常危险的。因为他必须先把系统关了，停运，测试，再启动，再测试，这些系统也包括生命支持系统，关了风险非常大。但叶聪胆大心细，连续查找了几天后，终于查出了故障原因，海试才得以继续进行。

还有一次险情发生在从 300 米深潜上浮过程中，作为潜水器动力电源的蓄电池"砰"的一声突然爆炸了。叶聪沉着应对，驾驶"蛟龙号"平安返回母船。他和有关专家一起研究分析，事故症结终被破解。

正是"不准带问题下潜"的海试，将"蛟龙号"深潜中可能出现的问题大都解决在 3000 米以上，到了 5000 米以下，反而很顺利；深潜 7000 米，下潜 3 个半小时顺利抵达。抛第一组压载铁，取得'中性浮力'，悬浮在海底之上，作业完毕后，再抛第二组压载铁，仍以 3 个半小时的速度平安返回海面。

目前，全球下潜深度超过 1000 米的载人潜水器只有 12 艘。而能下潜超过 6000 米的潜水器，只有中、美、日、法、俄这五国拥有。其中，能有深海悬停功能的深潜器，唯有中国一家。"深潜器必须能应对外部洋流冲击和克服自身作业的影响，才能实现深海悬停；而只有深海悬停，才更有利于海底科考作业。"叶聪说，"如果'蛟龙号'今天在 7000 米海底放下一把扳手，只要经纬度准确，明天肯定能把它再找回来。"

2017 年 12 月，服役 10 年的"蛟龙号"进厂整修升级。它总共下潜了 158 次，首席潜航员叶聪驾驶了它 50 次。

叶聪觉得自己最对不起的就是父母了。2016 年，他父亲住院需要做心脏手术，他只在医院陪护一周。父亲一出院，他就参加"蛟龙号"在太平洋的试验性应用航次去了。

而他团队中的另两位年轻设计师刘帅和姜旭胤则认为"叶总师是孝子"。就是那次叶聪父亲住院时，正好有项目材料必须尽快报科技部，结果他俩好几次半夜一点钟赶到医院，和陪夜的叶聪就在医院走廊的灯下修改文件，他俩回到所里都凌晨 3 点了。

有人问他，你在海试时没有害怕过吗？

"有一次 5000 米深潜上浮时，因为风浪太大，'向 9'两个小时都没有找到我们。而我们的舷窗都是向下的，既不见天、又不见船。和母船失联后，在茫茫大海中真觉得自我的渺小和无助，体会到什么叫'沧海一粟'"。

在取得一项项成功、成为被公众关注的"高光行业"后，叶聪又在想什么？

"说真心话，我觉得今天的环境与我们当初太不同了。当初，我们就是为了造'蛟龙号'而拼命努力，满脑子整天想的就是怎么解决难题，怎么才能不失败，因为困难确实太多了，谁也没有想到荣誉。而今天国家给的荣誉这么多，我们的心还要静得下来，回到当年的心态，这是个考验"。

这让人想起中国人有句老话，"静以致远"。这"静"的是心态，"远"的是境界。

聚光灯之下，叶聪想的是"静以致'深'"。同理。

"蛟龙号"之后，叶聪又全力以赴投入了"奋斗者"号的研发工作。围绕"奋斗者"号的研发攻关的总体目标，科技部设立了 19 个项目、中央财政投入了研发费用 7.67 亿元，组织中船集团第七〇二研究所和中科院深海科学与工程研究所等 20 家科研院所、13 家高校和 60 余家企业的近千名科研人员开展关键核心技术攻关。作为总设计师，叶聪领衔"奋斗者"号的总体设计和集成制造。

在交付前，"奋斗者"号实现了 8 次万米载人深潜。2020 年 11 月，"奋斗者"号在西太平洋马里亚纳海沟海域全部完成了万米海试任务，并创造了 10909 米的中国载人深潜的新纪录！

"奋斗者"号建成后，您还想干啥？有媒体朋友问他。

"我们已经去过太平洋和印度洋，现在当然还想去世界上所有我们没去过的大洋底下看看啊！"叶聪笑着说。

"奋斗者"号，是您给了我们科学家如此说话的"底气"啊，这能不叫"国之重器"吗？

邢继："华龙一号"是安全标准最高的核电站

邢 继

男，1965年出生于四川南充。哈尔滨船舶工程学院核动力装置专业本科毕业后，入职中核集团核二院。现为中核集团首席专家，是我国自主研发的第三代核电站"华龙一号"的总设计师，中国核电工程有限公司副总经理、总工程师。2017年获得"全国创新争先奖"；2019年被评为"全国最美科技工作者"。2020年被评为"全国劳模"。2021年被授予"第六届全国杰出专业技术人才"称号。

Xing Ji

"2020年11月27日，我国自主三代核电'华龙一号'全球首堆——中核集团福清核电5号机组首次并网成功。这在核电站建设进程中是一个重大节点。"中核集团首席专家、"华龙一号"总设计师、中国核电工程有限公司总工程师邢继说。

是年9月4日，生态环境部在京向中核集团福建福清核电有限公司颁发福清核电5号机组运行许可证。当天下午，福清核电5号机组首炉燃料装载正式开始。很快，总计177组燃料组件顺利入堆，标志着该机组进入主系统带核调试阶段。

邢继说："我们将在3个月内完成核反应堆满负荷168小时运行试验。通过'168大考'，福清5号机组才能完美交付运行。"

"华龙一号"的成功研制，将使我国成为继美、法、俄之后又一个具有独立自主知识产权的三代核电技术的国家。"'华龙一号'将是世界上安全标准最高的核电站之一。"邢继说。

就在2020年11月，邢继获"全国劳动模范"称号。

"我们正签核电协议,福岛核电事故发生了"

邢继对 2011 年 3 月 11 日这一天的记忆特别深刻。

他说,这是所有核电行业从业人员都忘不了的一天。这一天,改写了全世界关于核电安全的标准。

那天下午,日本时间 14 时 46 分,日本遭遇了里氏 9.0 级大地震。地震发生时,福岛第一核电厂 6 台机组中的 1、2、3 号机组正运行发电,4、5、6 号机组在停堆检修。地震导致核电厂所有的厂外供电丧失,3 个正在运行的反应堆自动停堆。按设计要求,厂内应急柴油发电机自动启动,一切尚在可控状态。

但地震发生 46 分钟后,令人恐怖的灾难发生了:地震引发的海啸卷起了超过 14 米的海浪,抵达日本东北海岸。海啸以不可抵挡之势淹没了福岛第一核电厂按照防护最大 5.5 米海浪建造的防御设施,涌入的海水侵袭了所有的核电机组。应急柴油发电机电源、直流供电系统均遭遇灭顶之灾,核电厂顷刻之间丧失了所有的交直流电源。

"福岛第一核电厂被海啸袭击的当天,我正在北京参加引进美国西屋公司 AP1000 核电技术的签约仪式。正在签约时,得知日本发生大地震的消息。签约现场都是我们核电行业的人,立即就开始担心日本核电站的安危。当时还不知道地震引发的海啸究竟有多严重、造成的危害有多大,于是大家就不断打电话了解相关信息,非常急切地想知道当地核电厂的受灾情况。"邢继回忆说。

而福岛正无法抗拒地走向恐怖的深渊:由于电力完全丧失,外部救援无法实施,1、2、3、4 号机组的堆芯迅速升温,锆金属包壳在高温下与水作用产生了大量氢气。次日下午 3 时 36 分,1 号机组燃料厂房发生氢气爆炸;14 日 11 时 01 分,3 号机组燃料厂房又发生氢气爆炸;15 日 6 时,4 号机组燃料厂房发生氢气爆炸,大量放射性物质向周边泄漏。

"福岛核事故从核电站断电断水导致堆芯熔毁，再到锆-水反应引发氢气爆炸，每一步的恶化都没有超出人们的认识和预计，再现和印证了人们对严重核事故后恶化现象的认知。"邢继说，"它也再次印证了墨菲定律，那些我们原先认为概率很低的事故，似乎不可能发生的事故，依然有可能发生。"

福岛核事故举世震惊，全球原本高速发展的核电快车几乎同时被踩下了"刹车"。有的西方国家因此宣布从此不再发展核能。中国政府的反应是非常迅速的，3月16日，福岛核事故还没有消停，国务院就召开会议决定立即对我国核电站进行全面的安全检查，同时全面审查在建核电厂，暂停审批新上核电项目。国家核安全局在下达的《福岛核事故后核电厂改进行动通用技术要求》中，提出了更高的安全标准。

"当时，挫折感确实很大。为了CP1000核电项目，我们中核集团奋斗了十多年，已经通过了国家核安全局的严格审定，眼看具有三代特征的CP1000项目要正式开工，福清核电厂都已经准备给机组浇筑第一方混凝土了，突然项目被叫停。但即使在这样的非常时刻，我始终认为中国需要核电，国家发展核电的大方向不会改变，改变的只是政府对核安全的要求更高了。"邢继说，"我当时想的是如何尽快地把团队从迷茫失落的氛围中拉出来，按照国家提出的'建造国际上安全标准最高的核电站'的要求，和同事们一起拿出安全标准更高的设计方案，这就是后来的'华龙一号'。"

福岛第一核电厂从技术等级来说，是第二代核电站，二代核电站的安全标准是必须考虑电站发生可能性较大的事故，这叫"设计基准事故"，而对可能性较低的"超设计基准事故"，只需在设计时适当考虑，而不是必须考虑。但第三代核电站的安全标准更高，必须考虑概率极低的"超设计基准事故"。

"福岛核事故，确实让整个核电行业警醒了很多。正是历次核事故的惨痛教训，让行业不断摸索核电怎么能更加安全的理论和方法。"邢继说。

在2012年3月的核安全峰会上，中国政府宣布"在确保安全的基础上高效发展核电"的核电发展战略。中国核电人有了明确方向：我国仍将大力发展核电，但必须是"更安全的核电"！

"能动+非能动"，打造独特的"纵深防御"

"核电站设计师和火电站设计师最大的区别，就是我们设计时主要的关注点不是发电，而是如何确保核安全。因此，核电站作为投资密集型产业，它一半的投资是用在确保核安全上的。"邢继说，"我们核电站最重要的一个安全理论叫'纵深防御'，就是对可能的核事故层层设防，只要其中某一个层面能保证安全功能，就能确保核安全的可靠性，避免核事故发生。"

"华龙一号"最大的特征是"能动和非能动相结合的安全系统"，正是这一系统使它成为国际上安全标准最高的核电站之一。邢继介绍说："福岛核电站的安全设计只有能动安全系统，它必须依靠电力来实现和保障安全；一旦失去电力，整个安全系统就瘫痪了。这种因为相同的原因而导致所有具有相同安全功能的系统全部丧失，我们称之为'共模故障'。所以我们设计核电站时，必须考虑什么情况可能会导致'共模故障'，以及怎么防止'共模故障'的发生。于是就提出了'冗余设计'，就是只有一套交流电源不够，还要有第二套交流电源，甚至2套直流电源备用；但如果备份电源离得很近，很可能同时被损坏，因此备份系统要保持足够的距离，这叫'实体隔离'。可一旦'实体隔离'还不够，所有能动型的交直流电源都丧失了，就必须有不依靠电力就能发挥安全作用的非能动安全措施，这叫'多样化原则'。"

何为"非能动系统"？就是不依赖电源，而是利用重力、温差、密度差这样的自然驱动力来实现流体的流动和传热等功能的设施。假如"华龙一号"机组遭遇停电事故，安全壳非能动热量导出系统将会启动，3个冷却水箱总共装有2700吨冷却水，将作为安全壳内释热的最后的冷却手段。当反应堆冷却剂系统压力降到一定数值时，水箱将自动向反应堆冷却剂系统注入含硼水以保证堆芯的冷却。

"'华龙一号'在最主要的三道安全屏障上，都设置了'能动+非能动'的安全系统。"邢继说，"这三道安全屏障，从内到外，最里层的是核燃料芯块的包壳，铀235芯块被金属壳包裹，只要金属管不破损，放射性物质就不会被泄漏；第二道屏障是一回路承压边界，它必须能承受高温高压。一回路的主要构件有反应堆、蒸汽发生器、主管道、主泵、稳压器等等，通过蒸汽发生器把二回路的水加热成蒸汽，从而驱动汽轮机发电。整个反应堆的一回路构成一个封闭系统，其承压的边界就是包容放射性物质的第二道屏障。"

"第三道屏障就是反应堆厂房的安全壳，它是一个预应力混凝土结构，可以承受前两道屏障失控引发的高温高压，包容从前两道安全屏障里泄漏的放射性物质。在安全壳的设计上，还考虑了应对各种自然灾害和极端事件，所以设计成大容量的双层安全壳，内壳是主安全壳，应对反应堆、一回路出现的问题；外壳是次安全壳，有1.8米厚，用来抵御外部突发事件的破坏力。比如，能抗住大飞机撞击，甚至航油的燃烧，以及龙卷风、台风的侵袭。内壳和外壳之间，还形成负压，以保证即使内壳受损，放射性物质也不会从内壳中泄漏到环境中去。"

正是这三道实体屏障与其他安全系统的共同作用，构成了"华龙一号"的"纵深防御"体系。

"华龙一号"的运行经济性也颇为出色。相比国内在运核电机组，"华龙一号"177组的堆芯设计，可将发电功率提高5%～10%，并可将换料周期从原来的12个月延长至18个月，大大降低了机组的运行成本。"华龙一号"整个核电机组的寿命，也从过去二代核电站的40年提高到了60年。

邢继强调说："核电站第三代和第二代的区别，发电效能提高尚在其次，主要是在安全性上。"

"华龙一号"综合系统总设计师魏峰告诉记者,三代核电站的安全性明显优于二代核电站:福岛核电厂的安全等级是 1×10^{-5},事故的概率是十万分之一。而"华龙一号"堆芯的毁损概率为 1×10^{-6},即百万分之一;放射性物质外泄概率为 1×10^{-7},即千万分之一,要比福岛核电厂低出 2 至 3 个数量级。

"华龙一号"的安全设计也区别于欧美一些第三代核电站。欧洲有的三代核电站只建了冗余的能动系统,而没有设置非能动系统;美国的三代核电站是以非能动系统为主,只设了少量的能动系统,唯有"华龙一号"在安全系统设计中兼顾了能动系统和非能动系统。

"至善至真,才是大国工匠的标准"

福清在福州的南翼,依山面海。

福清核电站向海而建。采用"华龙一号"技术建造的福清 5 号、6 号机组的主厂房高达 72 米,外壳直径为 48 米。远远望去,巍峨的穹顶或映着蓝天白云,或衬着南海落日,气势十分壮观。

在四川南充长大的邢继,从小向往着大海。1983 年高考时,老师建议擅长绘画的他去考美院,从来不干预他兴趣爱好的父母却一致期望他去学理工科。

"家父是天津大学毕业的,家母毕业于北师大,都从事石油教育。他们这一代人,刻骨铭心的就是'服从祖国需要'。记得家父说过,油田到哪里,油田学校就搬到哪里,我们的家也就搬到哪里。我们家先是到玉门,再到四川。实业报国,是我父母这代人心中根深蒂固的理念,所以他们一定要我学理工科。而我那时也特别喜欢国防军工,所以高考填的志愿是哈尔滨船舶工程学院船舶工程专业,最后被该校核动力装置专业录取。"邢继说。

哈尔滨船舶工程学院前身是哈军工,首任校长是陈赓大将。邢继入学报到当天,才知道学校的所有作息安排:起床、吃饭、上课、熄灯,都是吹军号的。这让渴望投入国防军工事业的邢继既兴奋又好奇。当时,中国还没有一座核电站,他所知的"核"也仅限于"中国有了原子弹",对核工业可谓一无所知。踏进大学,核的神秘大门才渐渐向他打开,他不仅知道了核潜艇,而且还知道了世界上曾有国家对中国进行"核讹诈"。

"那时我们专业连统一的部编教材都没有,教材全是学校老师自己编写的。有位老教授叫杜泽,对核动力装置特别有研究,我们非常敬佩他。"邢继说,"我们的母校可以说影响了我的一生。毛主席曾给哈军工题过'工学'两字,根据这两字的内涵,后来形成了我们的校训,'大工至善,大学至真'。做工程的,必须至善至真。至善至真,才是大国工匠的标准啊。"

1987年,邢继毕业后进入了核二院,开始了核电生涯。但当时国内只有秦山一期一座在建核电站,他只能去参与火电厂的设计。秦山二期上马后,当时的总师倪武英指名调邢继去参与秦山二期建设,"倪总特别严谨,是他教会了我怎么当总师。"邢继说,"即使我当了总师之后,已退休的倪总依然给我写信,告诉我作为总师要注意些什么。我特别感动。"

"作为总师,'能动+非能动'的安全系统是不是您的创意?"记者问他。

"这不是我个人的创意,是我国几代核电科研人员在学习和探索中逐渐形成的,是集体智慧的结晶。"邢继坦诚地说,"从1999年起,中核集团就启动了百万千瓦级压水堆核电厂的概念设计,最早提出了CNP1000,后来又发展为CP1000和ACP1000;同时,中广核也自主研发了采用157组燃料组件的三代核电品牌ACRP1000。2013年4月,国家能源局主持召开了自主创新三代核电技术合作协调会,中核集团和中广核同意将ACP1000和ACP1000+融合,联合开发'华龙一号'。"

2014年8月22日,国家能源局和国家核安全局联合专家评审通过了"华龙一号"总体技术方案。

2015年5月7日,中国自主三代核电技术"华龙一号"首堆示范工程——

中核集团福清核电站 5 号机组正式开工建设。计划建设周期 72 个月，已提前完成。

科学家心语：自主创新是立足世界之本

访谈者：公众最关心的还是核电站的安全，"华龙一号"怎么防止发生福岛核电站类似的氢气爆炸事故？

邢继：在我们的多项"能动 + 非能动"安全措施中，有一个非能动安全壳消氢系统，装了几十台非能动氢气复合器。一旦发生事故，可以通过催化复合来消除氢气，限制安全壳内的氢气浓度在燃烧和爆炸限值以下。所以我们说不会发生氢气爆炸事故，是有扎实措施的。而且由于我们的"能动 + 非能动"设计理念，"华龙一号"机组可满足"事故后 72 小时电厂自治要求"。一旦发生事故，"能动 + 非能动"安全系统会运行，预防堆芯熔毁，保证压力容器完整性，消除氢气爆燃及爆炸风险。

访谈者：核能利用对我国经济社会发展的重要意义是什么？为什么我国必须发展核电产业？

邢继：中国已向世界做出了 2030 年二氧化碳排放达到峰值，非化石能源比重达到 20% 的庄严承诺。截至十二五末，我国能源消费结构中煤炭占比 64%，非化石能源占比 12%，其中核电仅为 2% 左右。能源结构的不合理导致环保问题日益突出，我国能源结构亟待调整。核电作为清洁能源和非化石能源的主力能源，在治理雾霾方面具有重要作用。一台百万千瓦核电机组与一般同等规模燃煤电厂相比，每年可减排二氧化碳约 600 万吨，环保效应非常明显。

核电产业是高科技战略产业，是一个国家核心竞争力的重要体现和标志。"华龙一号"包含 6 万多台套设备，涉及设备供应商 5300 多家，对我国高端装备制造业的整体转型升级意义也十分重大。

访谈者："华龙一号"走出去的情况如何？

邢继：核电"走出去"已成为国家战略。有了"华龙一号"，中国核电走出去将从"借船出海"走向"造船出海"，于国、于民、于能源发展，都意义重大。目前，中核集团已出口3台"华龙一号"，有2台已开工建设。据测算，我们每出口1台核电机组相当于出口30万辆汽车，能拉动装备和设计超过百亿元人民币，全寿命周期超过千亿元人民币。

访谈者："华龙一号"的成功，给了我们什么启示？

邢继：真正的核心技术只能靠我们自己创造。尤其在当前百年一遇的世界大变局下，没有核心技术，就会受制于人。自主创新是立足世界之本，我们必须有这个底线思维。"华龙一号"获得了743件专利、120项软件著作权。我们团队曾去法国一个20世纪70年代建设的实验基地参观，很震撼，他们的研究基地占据了整整一个山谷，山谷两边全是实验装置。正是因为他们在基础研究上投入了大量的人力、物力和财力，核电技术世界领先。法国的能源消费中，核电已占70%。所以无论是基础研究，还是重大项目研究，我们一定不能急功近利，更不能轻言放弃，必须目光长远地稳扎稳打、步步推进。

从我们"华龙一号"的研发团队来说，我认为6个字很重要：坚守、协同、奉献。核电是最复杂的能源系统，我们坚守自主创新，永不放弃，才能"使命必达"。

梁晓庚：隐形飞机来袭？
我们有中国空空导弹伺候！

梁晓庚

男，1960年6月出生于河南孟县，1982年毕业于西北工业大学导弹飞行器控制专业，加入中国航空工业集团空空导弹研究院后，一直从事空空导弹研究工作。他曾先后参加并主持了多个国家重点项目的研发及相关配套设备的研制工作，获中国专利15项、国家科技进步一等奖1项和部级成果奖10余项。现为航空工业武器系统设计技术首席专家。

Liang Xiaogeng

世界上最早的空空导弹不是中国人发明的。

当世界上第一代近距格斗空空导弹已经正式列装美国空军时，我人民空军对什么是空空导弹还几乎一无所知。

但也许很多人想不到，世界上空空导弹第一次实战却是发生在中国领空：一架中国人民解放军的歼5战机被"响尾蛇"空空导弹击落！我飞行员王自重英勇牺牲。用生命的代价，我们才认识了空空导弹。没有空空导弹，就没有制空权。中国的航空工业人从此被逼上研制空空导弹的道路。

虽然战机上的机炮仍不能废止，但曾经的机炮时代永远过去了。航空工业武器系统设计技术首席专家、空空导弹型号总设计师梁晓庚研究员说："今天，没有导弹的战机，只能是和平鸽。只有装备了先进导弹的战机，才是战斗机。"

距那场"响尾蛇"首次亮出毒牙的空战，已有60余年了，今天的人民空军是否已利箭在翼，足以守卫祖国的领空？万一有他国战机侵犯我国领空，我人民空军能否一击命中？

梁晓庚说："尽可放心。虽然未来的战争是双方体系对体系的战争，但我们研制的空空导弹已经不比世界上性能最好的空空导弹差。世界一流的空空导弹，中国必须有！"

"没有先进的空空导弹，战机就是和平鸽"

梁晓庚高中毕业时最大的理想其实是当一名治病救人的医生，最想考的是第四军医大学。但梁晓庚的中学物理老师建议说，你是革命家庭出身，为什么不投身国防工业呢？梁晓庚的父亲16岁就到太行山抗日根据地当抗战政府的秘书，很多亲戚都是"老八路"。他转念一想，对啊！就这样选择了西北工业大学，成为西工大恢复高考后的导弹飞行器控制专业第一届本科生。

"我觉得自己非常幸运的是，一进单位，就感受到单位非常好的氛围和传统，那就是技术人员潜心钻研专业技术，全院上下最尊敬的是技术权威。当时单位有两位老专家，一位是研究红外导引头的张明，一位是研究引信战斗部的张荫锡。两位都没有行政领导职务，但被推荐为全国人大代表，鼓励我们年轻人以老专家为榜样，这对我选择沉下心来钻研业务的影响非常大。"梁晓庚说。

要说起最初走上研制空空导弹路的历程，最难忘的是航空工业人的艰辛。

"我平生第一次坐飞机乘的是伊尔-76。记得那天飞机上挤了400多人。因为是军用运输机，就是一个大机舱，也没有座位，所有人一个挨一个坐在机舱地板上。飞机动力十足，'呼'地一下子起飞了，机舱里的人倒下了一大片，惯性啊，根本就没有安全带。但因为是第一次坐飞机，我还是很难忘。"

研制导弹是必须去外场打靶的，能搭空军运输机的机会不多。如果带着导弹去靶场，那得坐几天几夜的火车。下了火车，还得坐长途车，在"搓板路"上再颠上整整一天。第一次到外场试验基地,梁晓庚见识了什么叫"沙窝子",就是在沙漠里挖地三尺、只露出半个窗在地面的半地下建筑,它的优点是能最大限度地低成本防寒保暖。试验基地冬天的最低温度可达 -30℃,又没有暖气,所以只能靠纯天然的地暖取暖。空空导弹仿真技术专家吴根水感叹地说:"那里冬天只要一刮风,你就是穿着皮大衣,在露天也撑不了 20 分钟。"

那时,到了冬天一旦大雪封路,就连后勤补给都成了难题,全靠当地老乡卖些土豆萝卜救急。梁晓庚印象最深的是,有一年,大雪阻道,试验队没吃的了,幸亏老乡赶着辆毛驴车送来了萝卜白菜。试验队的厨师还偏偏看上了毛驴,请示队长:"能不能把毛驴也买下来?"最后花了 300 多元买下了那头毛驴,帮着试验队坚持到了最后完成任务。

梁晓庚说:"虽然我大学本科学的就是空空导弹控制,但直到进了单位后,才真正知道空空导弹对我们空军有多重要。那时才知道王自重烈士是世界上第一个空空导弹的牺牲者,对我的刺激很大。"

史料记载,1958 年 9 月 24 日上午,配备了"响尾蛇"AIM-9B 空空导弹的台湾国民党空军的十多架 F-86 喷气式飞机,窜入我浙江温州上空。我海军航空兵某部出动战机迎战,驾驶 3 号战机的王自重,在战斗中与十多架敌机缠斗时,不幸被"响尾蛇"射中。

其实,那时"响尾蛇"空空导弹的命中率并不高,只有 26%。这次空战,多架 F-86 总共发射了 5 枚"响尾蛇"。

"我们付出的巨大代价证实:没有空空导弹,战机就是和平鸽。现代化的空空导弹大大改变了武器装备与战机的作战效能关系。"梁晓庚分析道,"平台性能与整体作战效能是线性关系,是一次方的;而机载航电系统(雷达和火控系统)与平台是二次方关系,如航电系统性能提高 2 倍,战机的作战效能就能提高 4 倍;但导弹与作战平台的关系是四次方关系,如果将导弹的性能提高一倍,战机的整体作战效能就能提高 16 倍。我们空军现在已经装备了现代化先进战机，但如果没有现代化的空空导弹，就难以将现代化战机的作战效能发挥到极致。而研制现代化的空空导弹，就是我们的使命！"

"新技术是闯出来的，也是拼出来的"

1982年6月，以色列在贝卡谷地上空，用近距格斗红外导弹打出了82∶0的战绩，令世界震惊。

"第一代空空导弹以美国的'响尾蛇'AIM－9B和苏联的K-13为代表，采用的是电子管技术，主要用于攻击亚音速轰炸机。因其红外探测和机动能力等有限，AIM－9B仅具有尾后攻击功能。空战时，谁占据了尾后攻击区，谁就抢占了先机。而第二代空空导弹以美国的'响尾蛇'AIM-9D、苏联的'蚜虫'P-60和法国的'玛特拉'R-550为代表，采用的攻击方式略有进步，为后半球攻击，用于攻击机动能力达3-4个G的轰炸机等目标。美军还有雷达制导的'麻雀'中距空空导弹。"梁晓庚介绍说。

20世纪70年代后期，第三代空空导弹登场，代表性的是美军的"响尾蛇"AIM-9L和AIM-9M，具有在3-5公里之外迎头攻击的能力。这时电子产品走向成熟，导弹的探测灵敏度和跟踪能力大大提高，能全向攻击以6-9个G机动的高性能战斗机，俄罗斯的"射手"P-73也是这一代产品。

从20世纪八九十年代起，第四代空空导弹问世。美国代表性的型号是近距红外格斗导弹"响尾蛇"AIM-9X和中距拦射空空导弹AIM-120A/B/C。近距格斗导弹采用红外成像制导、小型捷联惯导、气动力/推力矢量复合控制，低阻/超大攻角等关键技术，能有效攻击载机前方±90°的大机动目标，甚至可实现"越肩发射"，降低了战斗机空战时占位的要求。

为什么"越肩发射"在现代空战中这么重要？

"如果双方是隐身战机对决，一定是谁也不敢轻易打开雷达，因为打开就不隐身了，双方直到相距 10 公里左右时才靠目视发现。因为隐身飞机通常都是超音速巡航，所以这 10 公里的时间非常短，不会超过 20 秒，谁先用光电雷达锁定对手、发射红外格斗空空导弹者胜。一旦双方战机擦身而过，有'越肩发射'功能的近距红外格斗导弹也会主动转弯紧咬对手不放。"但研制现代化的空空导弹谈何容易，梁晓庚常说，"科技创新是拼出来的，不拼怎么行"？

"某型空空导弹是跨代产品，最初我们也希望能通过合作的方式发展得快一点，但当我们去找了国际上实力领先的同行，提出'越肩发射、大攻角飞行、抗大过载'这 3 条技术标准时，对方双手一摊说，'这 3 条别说你们做不到，我们也只能做到 1 条'。"

梁晓庚说："这让我们意识到：之前我们研发中遇到难题，还能向国外学习；但如今对外学习已经学到'天花板'了。要打破这个尖端技术的'天花板'，只有靠我们自己去闯、去拼了。"

空空导弹的研制从预研开始，到方案、初样、试样、定型，有着严格的流程。

空空导弹的试验特别难。一辆车试验中出了问题，可以当场在车上排查出故障原因；而一枚导弹打出去往往就找不到了，即使找到了它也摔成残骸了。对此，梁晓庚就提出了用降落伞回收试验弹的设想，这样万一试验弹发生故障，就比较容易查找故障原因了。

这一招不久后果然派上了用场。有一枚试验弹发射后，发生故障。打开用降落伞回收完好的弹体一查，当场就找到了原因。"如果弹体不能回收，不知要多花多少时间故障才能'归零'呢。"某型空保弹总体性能主任设计师谢永强说。

"梁总的特点是敢于创新，他新点子特别多。"航空工业特级技术专家贾晓洪说，"在某型导弹研制已进行到试样阶段时，用户提出了新的抗干扰技术要求。别人也许会找理由推脱，而梁总敢于担当，他对我们说：'我们交给部队的,必须是好用管用能打仗的产品。'他带领大家又埋头攻关了3年,终于使这款产品具备了全程抗干扰能力。"

导弹的伺服系统性能决定着导弹飞行的机动性。某型空空导弹伺服系统主任设计师何卫国说,在该型导弹研制中,为了提高导弹的机动性,梁晓庚提出必须将模拟有刷电机升级为数字无刷电机。"当时我们对'数字无刷电机'一无所知,而对模拟有刷电机的预研已进行了10年。有关负责人不同意推倒重来,而梁总坚持说,技术不升级,产品就不可能换代,再难也要升级换代。他直接找到单位领导,阐述了自己的技术方案。在单位领导的支持下,经过艰辛的研发,终于拿下了数字无刷电机,实现了这款导弹的高度机动性。"

我们研制的空空导弹的机动性究竟如何?

"在最先进的飞行抗荷服帮助下,人体可承受的最大过载是12个G。我们现在的空空导弹的抗过载要求非常大,机动性、敏捷性是飞机的机动性和敏捷性的好几倍,被我们的导弹盯上,它怎么跑得了?!"梁晓庚满脸自信。

"科学认知有个过程,总师就是承担责任的"

在射程百公里以上的中距空空导弹越来越成熟的当下,是不是近距格斗空空导弹已经没有太大的实战价值了?

"恰恰相反。"梁晓庚说,"在双方没有很强的电磁干扰、双方飞机都不隐身的情况下,可能彼此远在100公里、200公里以外都发现了,发射的是雷达制导的中距空空导弹;而在高机动、立体化、高隐身、复杂电磁环境的空中战场上,双方战机突然遭遇的可能性反而加大了,因为彼此都会担心自己雷达开机早了,就会过早地暴露目标,被对方的中距导弹干掉,所以迟迟不敢开机。双方飞机可能在10公里左右时才互相发现,那时近距格斗空空导弹才是夺取制空权的利器。"

而相对弹体 200 公斤级的中距空空导弹，弹体只有 100 公斤级的近距格斗空空导弹，无疑有着特殊的研制难度。"一枚空空导弹应有的导引、控制、引战、推进等系统一样也不能少，但必须更小更轻更敏捷。"梁晓庚说。

如果说失败是成功之母，那不怕失败就是成功之父。梁晓庚不怕试验出问题，即使试验失败了，也从没愁眉苦脸的。他总是说，科学认知有个过程，失败是正常的。不打怎么暴露问题？即使出了问题他也不怨别人，他的口头禅是，"责任在我，总师就是承担责任的"。

其实，在梁晓庚看来，总师不仅是来承担责任的，而且关键时刻是用来"身先士卒"的。

有一次空空导弹打靶试验，眼看着导弹与靶机擦肩而过，近炸引信却没有引爆战斗部。

在监测仪器的跟踪下，这枚导弹飞行了几十公里，扎进了沙漠里的一片原始梭梭林中。"那片梭梭林很密，10 米之外就见不到人了。但万幸的是导弹被我们找到了，可导弹断成了 3 截。"空空导弹导引技术专家付奎生说，"导弹最关键的战斗部扎进了沙漠里有半米多深，这时导弹已经解除了保险，随时可能引爆。梁总却坚持要把导弹挖出来，他让我们都撤到安全地带，自己带把铁锹开始挖导弹。"

导弹是挖出来了，但因为弹体已经变形，无法正常打开。梁晓庚决定用爆破用的切割索将它炸开。第一次爆破，导弹的壳体只切割开了一半；再一次爆破，壳体是切开了，但引爆雷管的 3 根导线却炸断了 1 根，这更危险了。哪怕一点点静电都有可能将它引爆！

作为总师，没有人比梁晓庚更了解导弹战斗部里高爆炸药的厉害。他说过："我们的靶机是用某型战斗机改建的，号称'靶坚强'，但我们的导弹一枚就能将它打折、击落。"可在这真正危险的时刻，他就像排爆手一样果断地将另2根导线也剪断，去掉导线的绝缘层后利索地将3根导线绑在一起，解除了意外引爆的危险。

"你觉得自己比'靶坚强'还坚强吗？"这不能不令人觉得他太冒险。

"拆了才能尽快找到故障原因。"他简洁地回答。

"总师就是管技术的，凡是技术问题对我都是原则问题，决不能含糊。"他就是这么个总师。

在研制某型空空导弹时，他对传统的控制方式提出异议，但大多数人认为出问题的概率很低，仍坚持采用传统的控制方式，他坚持保留意见。试验时，被他不幸而言中。"为什么小概率事件发生的可能性很大？这就是墨菲定律，"梁晓庚认为自己的坚持是有科学根据的，"任何一件事如果有两种选择，其中一种将导致灾难，则必定会发生。"

"梁总平时待人没有架子，但工作起来绝对严实，没有任何含糊。"曾负责空空导弹工艺技术管理的郭晓楠说。

有一次，梁晓庚应邀参加某型导弹的技术评审。按设计原则，应当是先做导弹的低温试验，再做高温试验。但在做低温试验时，出现了问题。研制人员找不出故障原因，就改为先做高温试验，再做低温试验，竟然成功了。梁晓庚知情后，毫不客气地拍了桌子："导弹先做低温试验是有科学根据的，它随载机升空，最先经受的就是低温考验，长时间飞行后温度升高，再经受高温考验，这怎么能变呢？从低温的特点找故障原因，才能真正解决问题啊。"

在他的指点下，研制团队果然找到了症结所在。

如今，中国的空空导弹实现了从第三代到第四代的跨越，使我们的空空导弹整体达到了世界先进水平。

2016年，梁晓庚主持研制的一款外贸型空空导弹公开亮相，引起国内外军界极大关注。美国环球战略网评价说："该型导弹与美国最先进的'响尾蛇'导弹性能不相上下，真正实现飞行员看哪打哪。"

梁晓庚说："把我们的国防做得更强大，让别人不能来战、不敢来战，保卫祖国的和平，这就是我们的使命和目的。"

为了长空铸箭，梁晓庚平均每周工作近 80 小时。近年来，他只休过一次假，还晚去了 3 天。这 3 天里，他主持发射了 2 枚试验弹。

他说："一枚空空导弹有数千个零部件，有百多家企业合作。导弹打成了，是整个研发团队的成绩，不是我个人的。"

很多朋友关心：在越来越多的隐身战斗机、隐身直升机、隐身无人机和隐身巡航导弹等各种隐身飞行器面前，我国的空空导弹能不能有效御敌、保卫祖国的领空安全？

《国防时空》主编陈虎说，我国的新一代空空导弹是"反隐身"利箭。第四代机的出现，使空战进入到隐身时代，如何打隐身战机，确实是一个世界性难题。但隐身战机的"隐身"，主要是针对雷达波，当然，也会有一些针对红外探测的隐身措施。但目前其红外隐身效果，远不如雷达隐身的效果那么好。目前世界上最先进的隐身战机，可以把对方雷达的探测和锁定距离缩短到三分之一甚至更低，但能把红外光电探测设备的发现距离压缩三分之一就不错了。更何况，我国的 PL-10E 采用的是红外成像制导，也就是所谓的凝视焦平面列阵这样一个制导方式，即使是目前最先进的隐身战机，也难逃该导弹的锁定。

梁晓庚和他的团队，真是好样的！

袁钧瑛：她第一个发现了细胞凋亡的基因

袁钧瑛

女，1958年出生于上海。1977年于上海市徐汇区五十四中学毕业后，分配到上海一家纺织机械厂当工人。1977年全国恢复高考，她是当年上海高考理科成绩第一名，考入复旦大学生物系。1982年5月，作为首届 CUSBEA 的博士生，赴哈佛大学读博。她发现了线虫细胞的死亡基因，这是在所有的生物中发现的第一个控制细胞死亡的基因。2000年，她被任命为哈佛大学医学院的终身教授。2012年，袁钧瑛领衔组建了中国科学院生物与化学交叉研究中心并出任中心主任。2017年，她成为美国科学院新当选的院士中唯一出生于中国大陆的科学家。

—— Yuan Junying

生于1958年的袁钧瑛，小学2年级时就遭遇了"文革"动乱。中学毕业后分到上海一家纺织机械厂当工人。1977年全国恢复高考，她是当年上海高考理科成绩第一名。在复旦大学生物系毕业后赴美留学。2017年，她成为美国科学院新当选的院士中唯一出生于中国大陆的科学家。袁钧瑛的科学家之路是怎么走过来的？

"您还记得美国国家科学院公布您当选美国科学院院士的那天，您在忙什么吗？"

问起这事，袁钧瑛院士笑了起来，"那天，美国科学院开始怎么也找不到我，因为我把手机关了。后来他们电话打到我家里，是我先生俞强接的电话。但他也没法打通我的电话，只能在微信中留言。"

这一天是2017年5月2日，作为哈佛医学院终身教授的袁钧瑛正在匹兹堡大学做学术报告。按惯例，报告者要在大会报告前与主办方的多位同行做学术交流，为此她关了手机。

"您事先没有得到任何今年可能成为美国科学院院士的信息？"

"没有，绝对没有。美国科学院的保密工作做得非常好。在今年新院士名单公布后，参加院士投票的丘成桐院士才对我说，他看到我在新院士候选人名单上的排名很靠前，他非常高兴。"

"被评选为美国科学院院士后，美国科学院或者哈佛大学给院士什么福利吗？"

她想了想："什么福利和待遇都没有啊。美国科学院祝贺信中通知我要交400美元的院士会费。"

袁钧瑛，1958年出生于上海，是2017年美国科学院当选的院士中唯一出生于中国大陆的科学家。她是世界细胞凋亡研究领域的开拓者之一，也是世界上第一个细胞凋亡基因的发现者。

她取得的这些成就，是她从复旦本硕毕业即赴美读博时想都不敢想的。当她第一次从空中俯瞰纽约哈德逊湾时，纽约以及后来毁于2001年"9·11"事件的双子塔，这些和她后来研究了三十多年的细胞一样，都是陌生而神秘的。那是1982年的5月。

那时，美国选拔国外留学生的GRE和TOFEL考试，还未获准在中国大陆进行。中美联合培养生物化学类研究生计划（CUSBEA）项目为中美学子架起了跨越大洋的桥梁。该计划的发起人吴瑞先生是美国康奈尔大学的教授，他早在20世纪70年代早期就建立了DNA测序技术，曾因此获得诺贝尔奖的提名。当他得知李政道教授发起了为中国培养物理类研究生的项目（CUSPEA）后，也向中国政府提出了为中国培养生物化学类研究生的这一计划，并理所当然地得到了决心奋起直追世界先进科技水平的中国政府的大力支持。

袁钧瑛就是首届CUSBEA的博士生。

科学研究要从经典、原始的文献开始

尽管当时哈佛大学还在放假，但袁钧瑛的博士生导师保罗·帕德森教授仍亲自去波士顿车站接她，并开车将她送到宿舍，还给她买了一盘盛着香蕉、苹果的水果盘和一份蔬菜沙拉作午餐。

"那个时候的波士顿正在放暑假，帕德森教授走了以后，我看着蔬菜沙拉吃不下去，心想美国人怎么跟兔子一样的，吃生的菜叶子？因为那时听说美国的街头有多危险，我也不敢一个人出去，结果只能一个人在房间里吃水果。"袁钧瑛笑着回忆刚到美国时的种种不适。

她就靠那一盘水果撑了三天。到了第三天晚上，她忽然想起，来之前妈妈给了她一张纸条，让她把一包东西带给一位在波士顿的朋友。于是，她就赶紧跑到拐角的电话亭里面给妈妈的朋友打电话。对方一接到电话就问："你吃饭了吗？"一听这句当年中国人之间最寻常的问候语，她的眼泪就流下来了。她这时才体会到，中国人从过去几千年吃不饱的生活里提炼出来的这句问候语，真的是最亲切最实在不过了。这家人听说袁钧瑛竟然饿了三天，也被吓了一跳，立即开车赶来接她去家里吃饭。

比生菜沙拉的挑战要严峻得多的，无疑是美国博士生的课程。袁钧瑛记得她在复旦大学生物系读本科的时候，最苦恼的是看不到国外最新出版的科技文献。

但在哈佛读博就完全不一样了：教授每天给学生发一大堆科技文献回去看，然后第二天上课讨论。

那时候读的都是研究领域最经典、最原创的文献。就是看它最原始的发现是怎么开始的，后来的研究又是怎么一点一点深入的。科学家最重要的本领，就是能做到最原创性的发现。现在很多学生的注意力都集中到如何才能在高影响因子的核心期刊上发表论文去了。要知道科学上的很多重要的原创性的发现，最初不一定发表在核心期刊上。2016年获得诺贝尔生理学或医学奖的日本科学家大隅良典，他最初有关细胞"自噬作用"的几篇研究论文，都不是发表在很重要的核心期刊上。

在研究原创性文献的过程中，袁钧瑛注意到，此前的学者只是观察到了细胞死亡。比如，在人体胚胎的正常发育过程中，胎儿最初的手掌如同一个圆盘，尚未分出5个手指。随着生长发育进程，手指间的细胞渐渐死亡，最初的"圆盘"才出现了5个手指。如果在发育的过程中出现遗传基因的突变，有的应该死亡的细胞没有死亡，就会出现两个手指连在一起的"并指"现象。但她发现，并没有人对此进行研究：细胞死亡本身是怎么发生的？为什么在疾病中有的应该死亡的细胞没有死亡，而有的不应该死亡的细胞却死亡了？

促使袁钧瑛把"细胞死亡机理"作为科研主攻方向的，还有一件事：教授在讲述帕金森综合症、阿尔茨海默病（俗称"老年痴呆"）等神经退化性疾病时，将几位病人带到课堂上，这对袁钧瑛的触动很大。这些病人有的竟然像非洲饥民一样瘦得皮包骨，还有的患了"舞蹈症"，坐在轮椅上完全不受自己神经控制地舞动。这些神经退化性疾病的共性都是因为不同的神经细胞死亡了。上完这节课，袁钧瑛不禁产生一个疑惑：为什么在这些病人中不同的神经细胞会选择死亡呢？

她从神经生物学课上获悉，在完全正常的发育过程中，大约50%的神经细胞会死亡。当时学界对神经细胞死亡原因的解释是："这些细胞是饿死的。"袁钧瑛认为这个解释不合逻辑，因为发育是一个很程序化的过程，被动地饿死和发育的程序性之间有矛盾。

为此，袁钧瑛特地去请教一位有名的教授。这个教授回答说："细胞死亡是因为它们不重要才饿死的。"

多年后，俩人再次笑谈起当初的问答。那位教授坦诚说："我错了。"如今，他也在研究细胞死亡。

在哈佛读博的第二年需要选实验室了。袁钧瑛找了半天，也没有在哈佛找到一个专门研究细胞死亡的实验室。于是，她去找研究生部主任说："我找不到一个感兴趣的实验室。"

"现在回想起来，我当初说这话的胆子也真是够大的。也许人家会想：你一个中国学生，英文都不怎么好，敢说哈佛没有一个实验室让你感兴趣？但哈佛有一个非常好的传统，就是特别尊重学生的创造性思维。研究生部主任就说，那你可以到剑桥、到麻省理工去找啊。听了这话，我特别高兴，因为我知道麻省理工有个实验室正在做细胞研究。"

直到她当教授多年后才知道，当时哈佛的研究生部内部对此也进行了激烈的争论。因为如果她作为哈佛的博士生去麻省理工的实验室，哈佛必须出一笔钱给麻省理工。哈佛研究生部主任爱德华·克尔维兹后来对她说："事实证明，我们哈佛这么做也没有吃亏：因为我们还是把你要回来做教授了！"

她的发现证明了导师的猜想

袁钧瑛在麻省理工的导师鲍勃·霍维茨教授，是一个研究小线虫发育的专家。小线虫通体透明，用显微镜可以观察到它发育过程中细胞的变化。一条线虫有900多个细胞，其中131个会在发育过程中死亡。有趣的是，这131个细胞死亡的时间在不同的小线虫的发育过程中是相同的，这说明这131个细胞的死亡是受遗传基因控制的。

细胞不为人知的生死，蕴含了生命无穷的奥秘。

袁钧瑛也由此进入细胞死亡研究领域，在哈佛和麻省理工这两所世界一流的大学里，她得到了最严格的科学训练。"我们那时很拼命，每天总是要把可以做的实验全部做完才回去。"袁钧瑛说。在鲍勃领导的实验室中，袁钧瑛发现了线虫细胞的死亡基因,这是在所有的生物中发现的第一个控制细胞死亡的基因。

1989年,袁钧瑛哈佛博士毕业。博士毕业后的袁钧瑛,曾打算申请做博士后,以继续研究细胞凋亡在人类、老鼠中有没有类似的情况。因为当时科学界对线虫细胞死亡基因的发现有严重的争议:线虫只有900多个细胞,而哺乳动物、人的细胞要多得多,线虫细胞死亡机理的发现,对哺乳动物和人来说究竟有没有价值?

这时,正巧麻省总医院要建一个心脏研究中心,研究包括"减少心肌梗死后心肌细胞死亡"等课题,听说袁钧瑛有志于人的细胞凋亡机理的研究,于是聘请她成立一个实验室。没有做过博士后,就有一个自己的实验室,这在科学家的成长过程中实属罕见。

3年后,袁钧瑛领导的实验室就发表了两篇重要的研究论文,其中一篇是《线虫的细胞死亡同源基因在调控哺乳动物细胞凋亡中的作用》。这一发现证明了她在导师鲍勃领导的实验室中完成的博士论文关于发现线虫细胞死亡机理的广泛意义。这一研究成果也引起了诺贝尔奖基金委员会的关注。当时,年仅35岁的她应邀去诺贝尔基金委员的论坛作学术报告。

1996年,她成为哈佛医学院的副教授。2000年升为哈佛大学医学院的终身教授。什么叫"终身教授"?就是获此职称者,只要本人愿意和健康情况允许,就可以不受退休年龄的限制,一直在哈佛担任教职,直到他/她本人自己提出退休为止。因此,在哈佛校园里行走的七八十岁的学者,总是格外受人尊敬,他们大多是德高望重的"终身教授"!

哈佛升正教授的程序是极为严格的:首先,本系的所有教授要讨论通过:再要征询全世界同一领域的10多名顶级专家学者的意见,这些专家学者必须书面回信充分肯定被推荐人的工作价值以及在行业中的领先地位,并听取10多位哈佛大学外系教授的意见,最后才提交校董会批准。这一评审办法,确实保证了哈佛教授鲜有滥竽充数的"南郭先生"。

仅仅8年，袁钧瑛就从一名助理教授升为终身教职的正教授，并且成了哈佛医学院第一位亚裔的女性正教授。

2017年，袁钧瑛被推选为美国科学院院士。前些年，美国科学院院士的会费是每年200美元，现在也"涨价"了，每年400美元。美国科学院的院士主要分为三类：院士、荣誉院士和外籍院士。院士拥有推荐和选举新院士的选举权，以及被推举担任美国科学院公职的被选举权。如果院士3年没有缴纳会费的，就会被自动转为荣誉退休院士。而在美国国家工程院，只要拖欠会费4个月以上，理事会就会将其转为非活动院士，在其将拖欠的会费缴清后可以转回活跃院士；而连续缴纳会费10年以上的活跃院士，在年龄达到75岁以上的，可以申请转为荣誉退休院士。

中外媒体都很关心美国科学院院士的待遇，评上院士后，今后再拿科研项目或者申请科研经费是不是更容易了？

袁钧瑛说："好像没有什么特别的待遇。我记得最经典的例子是著名华裔科学家李远哲的故事，他是1979年被选为美国科学院院士的，1986年他又获得了诺贝尔化学奖。获奖之后，加州伯克利大学在学校停车场给他立了一块牌子，'此车位由李远哲教授优先使用'，并不是给他一个车位，仅仅是'优先使用'而已，车位的产权还是学校的。科学院院士在美国是学术界的最高荣誉，但它和拿项目、申请科研经费并没有关系。申请科研基金，最关键的还是要看你项目本身的质量如何。在成为院士之前，我申请经费也从来没有遇到过问题。当然，如果你是院士，说明你过去的科研工作得到了学术界较为广泛的承认，也许别人可能会比较尊重你的意见。"

科学就是科学，科学家的追求必须纯粹。

从细胞分子层面上攻克阿尔茨海默病

"阿尔茨海默病简单来说可以分为两种:一种是发病年龄在四五十岁左右的早老性痴呆症;另一种是人真的进入老年期后患上的老年痴呆症。统计显示,不同种族的人在年过 85 岁以后,都会有三分之一的人患老年痴呆症。"袁钧瑛说,"过去,医药界认为这两种老年痴呆症是一样的,但至今未能成功研制出治疗老年痴呆症的新药。我认为这两种老年痴呆症的细胞凋亡机理是不一样的,所以我们正在研制新药。"

希望能从细胞分子的最基本的层面上,对治疗阿尔茨海默病、帕金森病、肌萎缩性脊髓侧索硬化症等有所突破,是袁钧瑛现在全力攻克的科研难关。二十多年来,袁钧瑛以化学生物学的方法,首次发现了调控细胞坏死的关键蛋白 RIPK1 及其小分子抑制剂,并在国际上首次为程序性细胞坏死命名。这一发现颠覆了坏死作为被动型死亡的传统观念,其命名得到了国际生物学界的广泛认同。迄今为止,她在国际科技顶级期刊发表了 200 多篇论文,被国际同行的引用超过 7 万次,引用指数为 106,即每篇论文至少被 106 篇文章引用,这是国际顶级科学家的引用数。

2012 年,袁钧瑛领衔组建了中国科学院生物与化学交叉研究中心并出任中心主任。2017 年夏天,该中心还举办新招聘的研究生夏令营。"我希望能把我们当初哈佛神经生物系的学习研究氛围带到这里来,让这些从世界上顶级实验室来的年轻人能思维碰撞,激发出发明的火花。"她说。

让中国的年轻学子尽快地赶上世界的先进水平,是袁钧瑛的一大心愿。

"在我自己的成长道路上,就受惠于很多人的帮助。中学时期陆载阳老师就是其中一个。"袁钧瑛说。1977 年,她从上海五十四中学毕业后分到上海一家纺织机械厂当工人,陆载阳认定她应该要上大学,不仅提前 4 个月告诉她国家要恢复高考，而且从贴着封条的学校图书馆为她"偷"出数理化教科书来学习。全凭自学，她4个月里做完了教科书上所有的习题，成为1977年高考上海理科状元。

"陆老师是我的'贵人'。要不是陆老师，我怎么可能成为上海的理科状元？"袁钧瑛说，"当年陆老师的家不在上海，他就住在学校的教师宿舍里。我读中学的时候，是20世纪70年代中叶，即使是在上海，老百姓的日子其实过得也蛮艰难的。记得那时候陆老师要是烧了好吃的菜，总是让我们几个学生一起去杀杀馋虫。他对我们学生的爱，是父辈对儿女的爱。"

复旦毕业后，她又一次以第一名的成绩考取了上海第一医学院的研究生。

袁钧瑛一家和上海第一医学院有着很深的渊源。

袁钧瑛的母亲是一医的中药植物分类教授，她父亲是一医的解剖学教授，而她爷爷是一医的二级教授。做个医生，曾是她母亲对女儿最大的心愿。

袁钧瑛10岁那年，正是"文革"动乱时期。一天，学校要批斗"反动学术权威"——她的爷爷，还勒令她父亲去批斗会上发言。结果，她父亲走到半路，因过度紧张而晕厥在地。送到中山医院病房，又正赶上所有的医生被打成"牛鬼蛇神"，只能打扫卫生，由原来的护士"造反"给病人看病，结果把她父亲的药配错了。

"我父亲躺在病床上，看见中山医院院长拿着扫帚簸箕进病房，父亲已经感觉人很不好，就求院长说：'你给我看看病吧'。中山医院当时是一医的附属医院，俩人相识，但院长是'靠边站'的'走资派'和'反动学术权威'，怎么敢当着押解他的'造反派'再为他看病？院长只能无奈地摇摇头一言不发地走了。"

两周后，年仅40岁的父亲就因医院用错药而不幸辞世。

今天，她愿意为中科院培养青年才俊，从情感深处来说，就是不希望病人无医可求、无药可救的悲剧再度重演。

科学家想要什么

如今，在美国的校园里，中国留学生的身影越来越多了。袁钧瑛深感欣慰，但她同时认为，我们的大学必须要培养年轻人的科学理想，关键是年轻人必须真的热爱科学。她说："据我所知，哈佛生物医学专业大约每年在中国顶级的大学招2-3名博士生，二十多年来至少也招了四五十名了吧。但他们现在留在哈佛做生物教授的只剩两三个人。这几十个生物学博士去哪里了？除了去制药公司以外，很大一部分去了华尔街。华尔街的收入可能是在哈佛做教授的两三倍。一个学生的科学兴趣和科学理想，他的成绩单未必真正能够反映出来。但学校最重要的，恰恰是要培养一个人献身科学的理想、有强烈的科学发现的兴趣，但这无疑比教会学生背公式、背定理要难多了。"

"如果要让我重新选择一遍学术生涯，我还是会选择研究生物医学。因为做生物医学领域的科学家实在太有趣了：你要发现一个别人没有发现过的有趣的问题，然后自己来寻找最合理的答案。就像大自然在森林里为人类预设了很多谜语，你先要在森林里找到谜语，然后再全力以赴地寻求谜底。当你历尽千辛万苦走出森林时，谜底就在前方闪耀，而这个谜底可以帮助到世界不同国家和地区的所有人。"袁钧瑛说。

这就是一个科学家想要的。

高宗余：沪通大桥是我们为长三角定制的

高宗余

男，1963年出生于南京六合，1985年西南交通大学铁道桥梁专业本科毕业，入职中铁大桥局。现为中国中铁大桥勘测设计院集团有限公司总工程师、教授级高工。曾获得"全国工程勘察设计大师"称号，并先后获得国家科技进步特等奖和一等奖。2020年11月被评为全国劳动模范，2021年11月，当选为中国工程院院士。

Gao Zongyu

世界排名前十的斜拉桥（均含在建）中，有7座在中国，其中3座是中铁大桥院设计的；世界排名前十的铁路斜拉桥中，9座在中国，9座都是大桥院设计的；世界排名前十的公路悬索桥中，有5座在中国，大桥院设计了其中的2座。中国是世界桥梁设计和建造的第一梯队，名副其实。

2020年7月1日通车的沪通长江公铁两用大桥，在世界排名前十的公铁两用斜拉桥中，位居榜首。"公铁两用桥的设计和建造，比纯公路桥难度要大很多。"沪通大桥总设计师、中国中铁大桥勘测设计院集团有限公司总工程师、教授级高工高宗余院士说。

为什么沪通长江大桥的跨度是1092米？"公铁两用桥"对设计师来说又意味什么？在桥梁最后合龙的庆典上，设计师是高兴，还是紧张？让我们来听听设计大师高宗余是怎么说的吧！

"沪通大桥，这桥建得不容易"

"沪通长江大桥是 2005 年正式开始研究的，此后整整 5 年，我们一直在论证最佳桥位。实话说，这 5 年非常痛苦，因为此处长江已近入海口，江面宽，又是黄金水道，通航要求高，而且好的桥位早就被选完了。"高宗余坦诚地说。

2009 年末，"（南）通－苏（州）－嘉（兴）－甬（宁波）"城际铁路规划确定了，开始做前期设计，而高速公路的跨江"锡通通道"（无锡－南通）也要过江，于是决定沪通铁路、"通－苏－嘉－甬"城际铁路跨江通道和"锡通通道"三者共享一座跨江大桥，铁路由原来的双线改为 4 线，一增一减，仅此就可为国家省下至少 100 亿元建桥投入，还大大节省了土地和岸线。于是，2010 年 2 月，在苏通大桥上游 40 公里处建设沪通公铁两用桥的方案得以确定，国家发改委将此列为"多通道合建"的范例。

2013 年 12 月，铁总和江苏省政府下达了《新建南通到上海铁路沪通长江大桥工程初步设计的批复》，仅 3 个月，中铁大桥院在高宗余的带领下，开足马力，将大桥所有的施工图出完——2014 年 3 月，沪通大桥正式开工。

沪通大桥通航孔主跨为 1092 米，将是国内最大的公铁两用斜拉桥。"为什么主跨要 1092 米？桥梁设计师开始设计桥梁跨度和桥塔时，首先要考虑哪些因素？"记者请教他。

"最重要的是两大要素：外部条件和地质缺陷点。"高宗余说，"以沪通大桥为例，外部条件首先要满足交通部门规定的长江通航净宽要求，长江这一段航道宽度要求是 900 米；其次，因为这里临近长江出海口，水流还受涨潮落潮的影响，夏季和冬季的江水流向也不同，大桥不可能总是正对着主航道，所以还要加上大桥轴线和流向的夹角；再者，还要将桥墩的宽度和防撞设施考虑进去，因为通航的要求是必须满足10万吨船的航行需求，所以桥墩必须足够坚固，能承受10万吨船舶的撞击。沪通大桥的跨度是经过精确计算得出来的。"

为确保10万吨船的通航，交通部门规定从江阴到出海口的长江大桥净空高度为62米。"在净空高度之上，桥塔从桥面到塔顶的高度有个大致合理的比例，就是大桥跨度的四分之一。跨度1092米，桥塔上部至少250-270米，再加上桥面下的净空高度、承台高度，所以最后确定塔高325米。"高宗余说，"简单来说，就是江宽和航道、防洪要求决定了跨度，跨度和净空高度又决定了桥塔的高度。"

"我们做桥梁工程的，讲假话没有用的"

沪通长江大桥是铁路4线通行，而1957年通车的武汉长江大桥和1968年通车的南京长江大桥，铁路还只是双线通行。直到40多年后，2009年建成通车的京广高铁跨江通道——武汉天兴洲公铁两用大桥才首次采用4线通行，总设计师高宗余因"三索面三主桁公铁两用斜拉桥建造技术"于2013年获得了国家科技进步一等奖。

但天兴洲桥的跨度仅504米，沪通大桥主跨是1092米，这意味着什么？

"首先是桥梁的载重量大大提高了。"高宗余说，"按设计规范，客货兼运的干线铁路每线的荷载是8吨/米，只走旅客列车的客运专线的每线荷载是6.4吨/米，而公路桥每一车道的荷载标准是1.05吨/米，三者相加就可以算出2条干线铁路、2条客运专线和公路6条车道的沪通大桥荷载，已经是世界之最：35吨/米。"

由此可见，公路桥的荷载与公铁两用桥的荷载完全不是一个数量级。记者请教中铁大桥院副总工程师肖海珠，桥梁的跨度越大、荷载越重，对桥梁设计带来的难度是什么？

肖海珠说："大跨度桥的特点是'柔'，就是在重力作用下，两座桥塔最中间的桥面变形会比较大，工程上叫'挠跨比'。沪通大桥的挠跨比不能超过千分之二，也就是桥面跨度1092米，最中间部分上下变形的绕度不能超过2米。"

将来列车驶过沪通大桥中央时，桥面竟然会上下移动将近2米？这是记者从未想到的。如此幅度，客运专列的时速又高达250公里，会不会因轨道变形而危及行车安全？

"这确实带来了沪通大桥必须攻克的诸多难点，也是高总带领我们攻关的几个重大创新点。高总首创了轨道形位研究，明确了桥上线路轨距差、轨道高差等十多项关键控制指标，形成了高铁大跨度桥梁形位控制设计方法，破解了列车高速通过大桥时轨道平顺不平顺、旅客舒适不舒适的难题。"肖海珠说。

高宗余还带领设计团队通过建立计算机空间模型，对桥梁钢结构和斜拉索的稳定性进行分析，以最大可能地减少桥面的挠动幅度。之前的斜拉桥，大多是大桥两侧各有一排斜拉索系在桥塔上，这在桥梁专业上叫"两索面两主桁"。而沪通大桥荷载太重，高宗余决定采用"三索面三主桁"，也就是在桥的双主桁的钢桁梁和两侧的斜拉索之外，在桥中间再加一个钢桁梁和再拉一排斜拉索，用三排斜拉索牢牢拉住桥面。高宗余还提出，仅仅结构上加强还不够，还必须采用强度更大、更耐久的桥梁钢和斜拉索才行。

"当时我们已有Q420桥梁钢和1860兆帕斜拉索，这在国际上已经领先了，国外当时也没有造过大跨度的4线铁路桥。"肖海珠说，"但高总提出要研制屈服强度500兆帕的Q500桥梁钢和应力可达2000兆帕的新型斜拉索。"

根据大桥设计团队提出的技术要求，在宝武和鞍钢的大力支持下，这2款世界上强度最高的桥梁专用钢材终于先后合作研制成功。这不仅提高了桥梁钢和斜拉索的强度，还使整座桥梁的结构支撑变轻了，沪通大桥的自重也大大减轻了。

"沪通大桥的'钢筋铁骨',都是我们中国人自主创新研制的。"高宗余很自豪地说。

"造桥时遇到什么情况,您作为设计师最紧张?"记者问。

"那就是大桥即将合龙前一刻,因为桥梁悬臂伸出去最远,"高宗余说,"那时桥面所有的重量都在斜拉索上,前一天晚上会反复地思考:桥梁和桥塔的固结是否可靠?每根斜拉索的力是不是计算准确……"

桥梁合龙时,通常都会举行一个庆祝仪式,真没想到这彩旗飘扬之时,竟然是设计师心情最紧张的时刻。

"我们做工程的,讲假话没有用的,实践会立刻让你现原形。大桥顺利合龙了,我们才真的放心了。"他说。

"'大概'?桥梁工程师没有'大概'"

高宗余是南京六合人,虽然父母两家世代农民,但南京长江大桥的北引桥离他家不远。小时候,他每次去舅舅家都要走过北引桥。站在桥下,仰首望去,南京长江大桥格外巍峨壮观。记得有一次,还正赶上有一列火车越江而来,虽然因桥下视角遮挡,他不知道那火车是客车还是货车,但这曾是工业文明象征的铿锵轰鸣声由远而近、越来越响,给这位农家少年郎前所未有的震撼。

现在的家长常说"不辅导作业母慈子孝,一辅导作业鸡飞狗跳",而高宗余回想起来,他读书时简直太自觉了,父母整天种地喂猪,劳碌辛苦,从没为他辅导过什么功课。而他就读的瓜埠中学远在3公里外的镇上,是南京市重点中学,夏天学生每天6点50分到校;冬天学生7点10分进校。所以他天不亮就起床,走半小时赶到学校。那时瓜埠中学对农村学生有助学金,但他不好意思说家里困难没去申请,是班主任陆秀生老师主动帮他办了助学金,虽然只有区区 1.5 元。今天听来这点钱怎么称得上"助学金",但那时已足够交学校一个月午餐的菜金。午餐是米饭加菜汤,间或还真有点肉,令高宗余感恩在心。

1981 年高考时,高宗余一时拿不定主意该怎么填志愿。陆老师建议他报考西南交通大学铁道桥梁专业。陆老师说:"西南交大虽然离家乡远点,但这个专业有前途啊,中国还要造多少铁路啊,铁路桥可是造不完的!""铁路桥梁",这一下子唤醒了高宗余脑海深处的记忆,那列从南京长江大桥上奔驰而来的列车带来的轰鸣巨响,向他发出迈向一个全新的未知世界的不可拒绝的召唤。

1985 年从西南交大本科毕业,高宗余分到中铁大桥局技术处。最初,他做的是编制计算机桥梁结构分析软件,这两年的"萝卜干饭"为他打下了扎实的基础。1987 年,他调入大桥局设计院。在 20 世纪 90 年代初,他参与了武汉长江二桥的设计工作。当时国内还没有桥梁结构设计软件,他只能一边编软件、一边做计算,一边做桥梁设计。"现在再也不可能这样设计桥梁了,"高宗余笑着说。

他回忆说:"我的博导是方秦汉院士,他是行业里有名的'钢霸',是业内桥梁钢结构研究的巨擘。方老作风非常严谨,80 多岁了还能随口背出大学教科书上的力学公式。做他的学生,要有随时被'考试'的准备。20 世纪 90 年代,在九江长江大桥的工地现场,他突然问我,'钢桁梁在伸臂施工中的实际变形会比计算的要小,这是为什么?'、'钢桁梁的次应力有多大?'当场回答出来是必须的。他说的一句话,我永远铭记在心:'我们做工程师的人,要学习别人的长处,也要吸取别人的教训,但不能成为别人的教训。'"

"不能成为别人的教训",这句话现在中铁大桥院的设计师都知道了。

"过去是大家'怕'方院士,现在是我们'怕'高总。"肖海珠对记者说,"高总有个规矩,对进院不满 3 年的年轻人一般不批评。他说,年轻人是为我国未来的桥梁事业储备的人才，要允许他犯错。那年轻人错了怎么办？他批评室主任。但如果是室主任再犯错，那他批评得非常严厉。他的理由是，'年轻人错了，你们可以把关；你们犯错，后果太严重。'所以我们这里是年资越高，越怕向高总汇报，每一个数据都要弄清楚。"

中铁大桥院第二设计院副院长、高工张燕飞说："有件事给我印象很深。有一次，一个工程师向他汇报时说桥塔的某个数据'大概'是多少，高总立刻神情严肃地打断他的话说，什么是'大概'？桥梁工程师没有'大概'。从此，项目组向他汇报时，没有人再敢说'大概'两个字。"

"工程师不能失败，桥梁工程师更不能失败！"

"科学家可以失败，但工程师不能失败。科学家要苦思冥想，说不定失败反而会激发出智慧的火花；而我们是工程师，而且是桥梁工程师，桥梁工程师失败了，桥梁工程就失败了，那国家的损失就太大了。"高宗余多次对团队同事说。

做桥梁工程的，决不允许失败。这是高宗余和他团队的执念。

沪通大桥遇到的一大难题是砂土地基。地质勘探发现，桥塔所在的位置再往下二三百米，仍是砂土层。通常建桥是在河床上打桩，桩要一直打到岩石层站住，然后在桩上造桥塔，找不到岩石层可怎么办？

此关必破。高宗余和他的设计团队反复研讨，最后他拍板确定了一根桩也不打的"沉井方案"。这是个超巨型的"钢壳＋钢筋混凝土"组合式沉井，平面尺寸相当于12个篮球场，是世界上规模最大的深水沉井基础。沉井分为上下两部分，各有将近20层楼这么高，下部是钢壳沉井，在南通制造基地焊接完成后，浮运到现场，全部打进江底的砂土层后，底部再用近10多米厚的混凝土封住，形成一个超5000平方米的承重平面；然后上面再加混凝土沉井，混凝土沉井高出江面，上部形成一个高8米的承重平台，桥塔就站在承重平台上。"高宗余说，"我们用这项世界首创的巨型组合沉井技术，将基础打得牢牢的，确保沪通大桥可以抵御8级地震和13级台风侵袭。"

要不是他揭开这水下的秘密，还真不知道沪通大桥与南京长江大桥在江底下有这么大的不同。

"对我们设计师来说，每一座大桥都是不同的，都是根据功能要求和各种环境限制条件专门定制的。沪通长江大桥，就是我们为服务长三角定制的。"高宗余说。

2014年，我国宣布援建马尔代夫中马友谊大桥，它将寸土寸金的马累岛和机场岛连接了起来，意义重大。

这是大桥院第一次在印度洋中设计桥梁。马尔代夫的海水平均盐度是33.1‰，这在全球海洋中是较高的，好在大桥院已经有造东海大桥、平潭海峡大桥的经验，再加上采用了加强钢梁和混凝土的海洋环境耐久性设计等新技术，可以确保大桥100年的寿命。"我们第一次遇到的情况是，那里的海床是由生成年代还不太久的珊瑚礁构成的，它的特点是虽然硬，但是太脆，一打桩就崩。"高宗余说。

"世界上还没有在珊瑚礁上建跨海大桥的经验，曾有外国专家说要把珊瑚礁炸平，但我们团队商量，保护海洋环境非常重要，我们不能把珊瑚礁给炸了。"高宗余说，"那里的水深是46米，我们就先在珊瑚礁上打桩，打下去10米后，钢管桩站住了，再打钻，钻深50-60米后，再放钢筋笼子，灌注混凝土，桩就能承重了，这座桥最深的桩有118米长。"

如今，中马友谊大桥早已建成开通，成为马尔代夫新的景观。

一座座大桥的设计图纸由高宗余和他率领的团队绘就。2011年，高宗余荣膺全国桥梁界的设计大师，但这个荣誉称号的学名实际上要复杂专业得多："全国工程勘察设计大师"。按理说，谁评上都是很高的荣誉，没想到这个荣誉给高宗余带来的首先是"尴尬"。

高宗余说:"之前,我们单位也有前辈评上设计大师的,我们都习惯尊称他们为'大师'。我评上这个'大师'后,同事也改称我'高大师'了。真没想到的是,我突然觉得十分尴尬。我觉得老一辈确实是'大师',而我就是个小字辈的桥梁工程师,工程师是我的本分,一叫我'大师'我反而尴尬了。所以,刚开始同事叫我'高大师',我不习惯回应,但马上发现不回应不行,刚评上就不回应更不行。人家会想:高宗余怎么一评上'大师'就变得叫他也不睬了?那误会就更大了,所以最后我只好硬着头皮回应了。"

高宗余为人儒雅随和,但遇到困难又特别硬气。有的大桥在建造过程中遇到了困难,甚至出了事故,有的人就躲得远远的,而高宗余从不这样,施工遇到困难,他会盯在现场,一定要和大家一起想出办法,解决了难题才离开。这样的设计师,大家觉得贴心、放心。

高宗余还很少参加大桥竣工通车典礼。2005年12月,东海大桥开通时,他在南通忙着为沪通大桥选址;2019年9月25日,福建平潭海峡大桥合龙之时,他正奔走在四川大渡河两岸,为川藏铁路建桥踏勘。

从业35年来,他主持设计过30多座大型桥梁。记者请他说说总共参加过几次通车典礼,他掐着指头算了好一会,说好像仅仅参加过2次。

"我就是做桥梁设计的工程师,设计做完,桥造好,我的本职工作就基本完成了。"他为自己为什么屡屡缺席通车庆典"辩解"说。

喻子牛：让南海
"海洋热带雨林"斑斓多彩

喻子牛

男，1962年出生湖南湘潭。1986年进入青岛海洋大学，从事水产生物遗传学与育种学的教学与科研，1997年在海洋大学获得博士学位。现为中科院南海研究所研究员，博导，南海所砗磲繁育项目团队负责人。

Yu Ziniu

南海是中国最美的海，但如果一位潜水爱好者10年前去海南潜水，他有可能会失望：清澈的海水之下，原本生活在这儿海底的砗磲、珊瑚踪影难觅了。

其实，这种情况并非海南附近海域独有。近20多年来，由于海洋自身环境的复杂变化，以及人类活动影响，令全球砗磲和珊瑚等岛礁生物资源受到较为严重的破坏。中科院南海研究所研究员喻子牛告诉记者，世界自然保护联盟已将砗磲全部的种类都列入《世界自然保护联盟濒危物种红色名录》，我国《重点保护野生动物名录》也将库氏砗磲列为一级国家保护动物，其他5种包括无鳞砗磲、鳞砗磲、长砗磲、番红砗磲、砗蠔列为二级国家保护动物。

"如今，国内砗磲人工繁育的难题已被我们攻破，南海所这一技术已达到了国际领先水平。"喻子牛自豪地说，"这些年我们已在南海放流了约5万只砗磲稚贝，目前它们大多数生长良好。"他们的研究成果，不久前获国家有关部门肯定。

我国禁捕禁售砗磲，在别国餐桌上还是高档食材

站在三亚鹿回头景区附近的中科院南海所实验基站翘首远望，只见成片成片的白云在碧海蓝天间疾走。

实验站的繁育基地就建在海边，它的全称是"中科院海南热带海洋生物试验站海洋生物繁育岸基实验基地"。2021年9月底的一场台风刚走，中科院南海所砗磲繁育团队就匆匆赶来了，他们要为10月下旬南海放流约5000只砗磲稚贝做准备。

向志明、张跃环和李军，是南海所喻子牛团队的三位年轻的副研究员，每次出海前都要在三亚做大量的准备工作。一次出海就要十几天至几十天时间，因此准备工作必须细致而周密，船上暂养砗磲用的水槽，出海放流用的网笼、钢钎、水泥板，还有海上航程的食物和饮用水等等，一应俱全。而负责放流及潜水工作的副研究员向志明，则仔细地将潜水装备，从每个人的面镜到脚蹼、氧气瓶，一一清点就位。

有点出人意料的是，张跃环、李军正在用卡尺测量着每只砗磲稚贝的长宽高等数据，并一一记录在电脑里。

"放流之前，每只砗磲都要测量的，记录下它的初始数据，是为了将来和它的生长情况进行比对。"张跃环认真地说，"当然，这还是一个挑选稚贝的过程。凡是生长状况不健康的稚贝是不能用于放流的。"

张跃环介绍说："这次放流的大多是番红砗磲。它是我们南海最小的砗磲种类，现在大小5公分左右，已经人工养殖了1年多，可以让它们出海谋生了，番红砗磲最大可以长到10-12公分。"

世界上的砗磲科物种主要分布在从非洲东海岸、印度洋到西太平洋的热带海域。我国的砗磲主要分布在南海，尤以三沙为主。记者请教，"在我国的

东海和黄渤海，砗磲能生长吗"？

"不能，"张跃环肯定地答，"我国海域内的砗磲都生长在海南文昌以南的热带和亚热带珊瑚礁区。"

珊瑚岛礁是海洋生态系统的重要组成部分，是区域特色海洋和渔业生物资源及其多样性的保障。但长久以来，太平洋及南海周边国家渔民形成了"靠海吃海"的传统，喜欢食用包括砗磲在内的贝类生物，还有的国家甚至将砗磲作为高档的刺身食材，令砗磲资源受到严重破坏。21世纪以来，由于逐利的冲动，海南的一些企业曾经热衷捕捞砗磲将其外壳加工成工艺品出售。为保护和恢复南海的海洋生态环境，2016年底，海南省第五届人大常委会通过了《海南省珊瑚礁和砗磲保护规定》，明文规定从2017年元旦起，全面禁止海南岛出售、购买、利用砗磲及其制品。这是从终端入手，保护珊瑚、砗磲等海洋濒危生物资源。

我国南海还有多少种砗磲呢？李军介绍说，从分类来说，我国海域的砗磲科主要有8种，其中砗磲属有6种，砗蚝属2种。个头最小的是番红砗磲，但它的颜色却在一众砗磲中最为艳丽；长砗磲和诺瓦砗磲大约20-30公分大，长砗磲身材较长，长度是宽度的3倍，外套膜呈漂亮的蓝色，而诺瓦砗磲外套膜为棕色蛇纹；鳞砗磲在砗磲中是可以长到40-60公分的"中等个"，在整个贝壳上有数列大鳞片，成为小虾、贝类和其他无脊椎生物流连的"栖息地"，它的贝壳经常大部分埋入、依靠在珊瑚礁石内，露出红褐色的外套膜，明艳异常。而最大型的砗磲为库氏砗磲和无鳞砗磲，其中库氏砗磲最大可以生长到130公分长，体重可达200-300千克。

"《西游记》里夹住猪八戒腿的大贝壳，大概它的生物原型就是库氏砗磲吧！"李军笑着说，"还有2种砗蚝，它们的特点是外套膜无法伸展出贝壳外，比较'胖'，在一些太平洋岛国的民间都有捕食砗蚝的习俗。"

"现在除了因库氏砗磲亲本较少的缘故外，其他7种砗磲、砗蚝我们都已繁育成功。"李军说。

"库氏砗磲亲本较少",这句文绉绉的学术语言如果翻译成老百姓听得懂的大白话就是:"海里的库氏砗磲实在太少了,我们难以找到健壮的库氏砗磲来繁育后代!"

给幼虫喂"开口饭",破解人工繁育技术瓶颈

"说实话,在我刚接受砗磲繁育研发任务时,心情并不轻松。因为在我们之前,20多年来,已有不少国内同行尝试过研究砗磲的人工繁育,都一直没能成功。我们能不能成功?什么时候可以成功?我其实心里没有底。"科研团队出海前,赶到三亚的喻子牛研究员对记者说,"但我很清楚,我们必须完成好这个任务。严格地说,这不是任务,是使命,因为这个科研项目对南海砗磲资源恢复和生态环境保护来说非常重要。"

此刻,李军、张跃环、向志明等正忙着将一块块水泥板和一个个网笼搬上船。每块水泥板长80公分、宽40公分,有几十斤重呢。

由于喜爱游泳和海洋,喻子牛更显得年轻和活力满满。要不是知道他的履历,怎么也不能相信这位曾和记者约在晚上11点半采访,然后一说就是1个多小时的研究员,已年近花甲。

出生湖南湘潭的他说,"我在湖南师范大学读本科、在济南的山东大学读硕时,都没有见过大海,学的就是普通生物学。1986年,我来到青岛的中国海洋大学水产学院工作,这是我第一次看到大海,让我真的一下子就爱上了它,从此走上了研究海洋生物学的道路"。

2000年,喻子牛去澳大利亚汤斯维尔市参加国际水产遗传学学术会议,会后专程去了大堡礁。"我那时还没学会深潜,只能以浮潜的方式去看海底的珊瑚。没想到,人一下水,就有大群大群的各种热带鱼扑过来;我还是第一

次亲眼看到了生长在珊瑚礁上活的库氏砗磲，它有1米多长，那伸展在贝壳外面的外套膜衍射着阳光的七彩光芒，格外绚烂夺目，让我非常震撼"。

砗磲之美，从此深深刻进了喻子牛的脑海。他告诉记者："砗磲贝壳大而厚，是珊瑚岛礁的构成物种，具有良好的造礁护礁功能。如果说珊瑚是珊瑚礁的'水泥'，那砗磲就是珊瑚礁的'钢筋'，一个健康的珊瑚礁生态系统，砗磲生物量占60%左右。很难想象一个没有砗磲的珊瑚礁盘是生机盎然的。所以虽然没有立项、没有相关科研经费，但我们决不放弃。从2009年起，我们就做了大量的预研工作。"

喻子牛教授在2015年参与南海生态保护、开展砗磲繁育工作之前，就组织学科组成员查阅了国内外大量的有关资料。加上之前学科组就做过牡蛎、蛤仔、扇贝等贝类繁育的研究，实际上他们已积累了一定的相关经验。2016、2017这两年，学科组又邀请了新加坡和澳大利亚的专家来做砗磲繁育增殖学术交流。

充分而深入的预研，喻子牛将其列为砗磲繁育能取得成功的经验之一。但即便如此，他们面临的挑战依然是严峻的。比如，虽然知道了砗磲是雌雄同体的生物，先排精，再排卵，但南海的砗磲究竟何时排精排卵，没人准确知道。

研究团队在2016年的4月到6月，一天24小时排着班轮流"蹲守"。有一次，通宵值班的到下半夜实在憋不住打了个盹，醒过来抬头一看，砗磲已经精和卵都排过了，好后悔呦！此后，再没有人敢打盹了。

终于在一个农历初一的晚上，他们观察到了砗磲排精，"它就像雾一样从砗磲的出水口喷射出来，大概有几亿个精子，像间隙泉一样一阵又一阵。间隔30分钟左右，砗磲神奇地完成了自身的雌雄转换，又一阵接一阵间隙性地喷吐出雾一般的卵子，总量也有上亿个。大自然就是这么不可思议，砗磲在大海中受孕概率如此之低，就以几亿精子寻找几亿卵子的超大数量来完成物种的繁衍和代际传递。"喻子牛说。

但如果以为将几亿个精子和几亿个卵子放在一起，它们就会自动配对成功，可就大错特错了。张跃环说，首先，这会造成砗磲的"自体受精"，就是同一个砗磲的精子和卵子相互配对成功，使受精卵的活力和抗病能力大为降低，存活率很低；其次，他们在显微镜下发现，一个砗磲卵子里会同时钻入上百个精子，卵子因此无法完成受精。

砗磲是雌雄同体生物，但又采用异体受精的策略繁殖。于是，他们首先为砗磲创造独特的排精排卵和受精环境，严密观察各个砗磲精卵排放过程，仔细检查记录，将排出的精子和卵子分别收集、分别保存在不同的水槽中，再让不同个体砗磲的精卵按 50∶1 的比例进行"异体受精"，成功实现了砗磲精卵的受精孵化！

砗磲还有一个陆生动物少有的特征：初始的幼虫在海水中浮游飘荡，随波逐流，呈浮游生物状态；待受精发育七八天之后，幼虫开始向底栖动物生活方式转变。从那天起，它开始摄入虫黄藻。第一次，吃 2-3 个虫黄藻，消化腺就开始逐渐消退；几天后，它摄入 20 多个虫黄藻，胃就完全退化消失了。通过体视显微镜发现，砗磲幼贝体内建立起了完整的虫黄藻体系。砗磲把虫黄藻输送到外套膜，虫黄藻在其间生存繁殖，并向砗磲提供它需要的养分，两者形成共活共生关系。之后砗磲就实现了从浮游生物到底栖生物的"变态"，它不再随着海流飘游，而是渐渐从底部生长出足丝，附着在礁盘上。于是，砗磲只需要阳光就能在水下进行光合作用，就一辈子不需要再吃别的食物了，成为"自养性生物"。

但自然的神秘之门绝不会轻易打开。刚开始，在第 7 天喂食虫黄藻时，砗磲幼虫却死了。不是所有的文献都说砗磲是与虫黄藻共生的吗？怎么砗磲幼虫反而死了？他们通过研究发现，在喂食虫黄藻之前 3 天，要先少量喂食同是单细胞藻类的金藻，就像人类幼儿的"开口饭"，在正式食用米饭前，必须先适应半流质的"奶糊"。"这是个关键点之一。"喻子牛强调说。

"在自然界，砗磲幼虫成功获得虫黄藻并建立共生关系的概率很低，上亿量级的受精卵中可能只有不到万分之一左右可以成功。因此，人工繁育就需要大幅提升这个比例，否则就没有实际价值。建立共生关系概率低，砗磲幼虫变态率就低，因此，幼虫变态率低是世界上砗磲繁育的难题之一。国际同行之前的成功率仅为1%，而我们通过攻关，建立了专利技术、大幅提高了成功率，将它提高到30%左右，打破了人工繁育中砗磲幼虫变态率低的技术瓶颈。"喻子牛说。

看到砗磲展开的外套膜，海洋生物学家由衷高兴

当2021年的19号 台风"南川"向东北方向渐行渐远、远离我国大陆时，喻子牛率领团队成员乘着砗磲稚贝放流作业船出发了。

船一驶出三亚港，无数白色的海鸥就汇拢过来，围着船上下翻飞，为海天之间增添了无限灵动的生趣。

船行一夜之后，抵达了西沙群岛永兴岛附近的海域，一批砗磲稚贝将在七连屿的珊瑚礁上安家。科研人员是怎么为砗磲在南海选择新家的呢？

"为砗磲选'家'非常重要，"喻子牛说，"砗磲在大海里是依靠光合作用生长的，它一旦在珊瑚礁上选定一个落脚点，除非特殊情况，可以一生不再移动。所以这个'家'既不能水太深，也不能水太浅。太深了，光照量太低，砗磲的光合作用难以进行；太浅了，海面的波浪、台风等会让它难以'安居乐业'。所以我们通常选择水深-10到-15米左右的背风区礁盘放养砗磲稚贝。这个深度，通常是无浪区，台风来袭，海浪也不致将砗磲卷走。"

作业船在预定放流的礁盘外百米处停住，穿戴潜水装置的向志明、李军等相继入水。船上的工作人员将水泥板、网笼等陆续放入海中。利用海水的

浮力，向志明等人将它们依次搬运到珊瑚礁盘上。他们先轮流打锤，用4根钢钎固定一个网笼，再放进水泥板，这就是砗磲的新家。随后，在每个新家里安放6-10枚砗磲稚贝，再盖上网笼盖，用带子扎牢。最后一个动作是用水下GPS记录下每个网笼的经纬度，以便下次巡护。

为什么要把砗磲的家安在网笼里？"我们最初放流时，也没有做网笼，砗磲稚贝就直接放在水泥板或珊瑚礁上，结果没多久我们去巡视时发现，不少砗磲稚贝的壳被咬碎了。原来很多岩礁性鱼类有锋利的牙齿和很强的咬合力，把稚贝吃了。我们都很伤心啊！要知道，走到砗磲放流这一步，多不容易啊！"喻子牛说。

之前，当砗磲幼体完成"变态"后，忽然被海水中疯长的丝状藻缠绕上了，砗磲双壳打不开，光合作用被阻，不少砗磲幼贝死了。研发团队费了好大工夫，在多次手工清除藻类后，才找到了用丝状藻的天敌马蹄螺和海兔灭杀的办法。

没想到，才解决了丝状藻的问题，突然有一天，养殖桶里的砗磲幼贝又大量死亡，这可急坏了整个团队。经过研究发现，原来是三亚夏天的阳光太过强烈，于是喻子牛决定在繁育区里拉上了遮光天棚。更没想到的是，2017年冬天，三亚气温骤降至17℃，大批砗磲幼贝冻死了，于是他们赶紧采取保温措施。能把砗磲从幼虫养到5公分大小的稚贝，喻子牛带领研发科研团队克服了一个又一个意想不到的拦路虎！

绝不能让放流大海的砗磲稚贝功亏一篑！网笼养殖的办法由此诞生。"虽然这让放流的成本增加了，给我们团队也增添了不少工作量，但砗磲稚贝放流的成功率提高到60%左右！"张跃环说。

放网笼就要打钢钎，水下打钢钎真是力气活，铁锤重10公斤，没法像陆地打钢钎一样一人打一人扶，只能自己打自己扶。"会不会打到自己的手？"记者问团队公认潜水最拿手的向志明。"那是绝对的，海流对锤子会有扰动作用,我都要打到手上。但相对打锤来说,还是潜水本身的风险大,我们都是到了南海所为项目才学会潜水的,就连喻老师都可以潜下去 30 多米。可大家潜得越深,我的安全责任就越大。"他说。

从早晨 5 点到下午 1 点,第一天紧张的放流作业终于完成了。返程途中,船老大开饭了,有石头蟹、琵琶虾、老虎斑、大龙头……这些南海特有的海鲜,内地人很少见到,但科考队员都很淡定,他们知道在接下来的日子里,他们会天天吃这些,很快就会盼着吃上一碗小青菜。

作业船没有回港,却驶向远处的礁盘,这是去巡护 5 月份放流的那些网笼里的砗磲。

当向志明再次从海水里冒出头来,伸出 V 字形的手势,船上众人才放心。

喻子牛告诉记者:"2021 年,我们已经成功培育出 50 多万个鳞砗磲幼贝,相对于国际上每年砗磲苗种交易总量 15 万个而言,我们培育苗种水平及其数量均处于国际领先水平。这些幼贝,在经过 1-2 年的培育后,就有望重归南海,为南海水下的'海洋热带雨林'提供百万级的斑斓砗磲。在海底看到砗磲展开的美丽的外套膜,作为海洋生物科研人员我们真是由衷的高兴。"

第二板块

Second plate

王天翔，了不起的宝武"钢铁侠"

王天翔

男，1965年7月出生于河南周口。教授级高工，现任山西太钢不锈钢精密带钢有限公司党委书记、经理、山西省精密带钢工程技术研究中心主任，为"手撕钢"研发团队带头人。2020年入选山西省"十四五"院士后备人选培养计划。主持或参与国家级、省部级、市级重大科技专项8项以上，主持大型企业重大科技攻关项目25项，荣获冶金科学技术奖特等奖等奖1项，国际质量创新创意大赛二等奖1项，全国质量创新大赛一等奖1项，中国工业大奖，中国国际工业博览会大奖，山西省科学技术奖二等奖1项。制定国家标准1项，被评为"卓越工程师"、"全国钢铁工业劳动模范"、"三晋英才"、"山西省功勋企业家"。

Wang Tianxiang

2021年和2022年这两个春节，山西太钢不锈钢精密带钢有限公司不同寻常：往年，春节前后是精带销售的淡季，厂里设备虽然在24小时运转，但那只是没有订单的"预生产"；而这两年，精带公司是各拿着4500和5000吨不锈钢精密带钢的合同满负荷运转，月产能2000吨的产线，实际交货都是2100吨。

曾经亏损多年的精带公司，何以跃出了市场的波谷？

产品是市场的终极通关秘码。这一切还得从"手撕钢"说起，它是一种能够被徒手撕碎、厚度只有一张A4纸四分之一的不锈钢箔材。过去，其核心技术被少数国家掌握，制约了我国航空航天、电子机械等高精尖领域的长远发展。

精带公司党委书记、经理王天翔说，经过多年的攻关，精带生产的厚度0.02毫米、宽度600毫米的不锈钢箔材，产品实物质量达到了国际领先水平。中国宝武太钢集团成为全球唯一可批量生产宽幅超薄不锈钢精密带钢的企业。

2020年5月12日,习近平总书记来到山西太钢不锈钢精密带钢有限公司考察调研,称赞"手撕钢"说,"百炼钢做成了绕指柔"。他指出,产品和技术是企业安身立命之本。希望企业在科技创新上再接再厉、勇攀高峰,在支撑先进制造业发展方面迈出新的更大步伐。

在习近平总书记"再接再厉、勇攀高峰"的嘱托激励下,是年9月16日上午,精带公司再次突破了极限尺寸,成功轧出了厚度0.015毫米、实际宽度600毫米的不锈钢精密箔材。而这一系列变化,都离不开精带公司的当家人王天翔。

"身处漩涡中央,更需'多看一步棋'"

王天翔在担任太钢精带公司经理之前,已在太钢各工序和岗位摸爬滚打了27年,曾担任过热连轧厂厂长、集团装备部长等关键职务,积累了丰富的生产运营和设备管理经验。

没想到,集团领导偏偏给了他一个"苦差事"。

2016年2月的一幕,王天翔至今记得:太钢集团主要领导找他谈话。两个都是直来直去不绕弯子的人,领导语气沉重而恳切:精带公司虽然从体量上说是"小厂",但担负着攻克"卡脖子"技术的国家使命。集团下定决心,不能让它继续亏损下去了,再没有突破性进展,没法向国家、社会和全体干部职工交代。你要把担子挑起来,彻底改变现有局面。

王天翔感受到了这份托付的重量：他对精带公司确实知根知底，2008年精带项目开工时，他是集团的装备部长，集团范围内大型设备的安装、维护和定检定修都归装备部管理。诸多原因，让精带自建厂以来就没赚过1分钱，已连亏了7年。王天翔接到的任务是当年盈利1元。

千万别以为盈利目标低是好事。上级下达的盈利目标越低，意味着扭亏难度越大，还说明上级领导其实根本没指望能盈利，打平已经是了不起的功劳了。

王天翔是集团的中层干部，怎么能不懂这个。

2016年2月25日，王天翔走马上任，走进熟悉的精带厂房，迎接他的是200多名职工充满期盼的目光。

2008年，太钢集团投资10亿元建设精带生产线，集成引进了当时世界上顶级的设备，国内仅此一套。但2012年投产以来，只能轧出0.1-0.5毫米的厚板，始终无法达到设计标准。厂里为此请来外国专家会诊，但依然实现不了预定目标，外国专家走之前最后留下一句话："原材料差一点点，设备差一点点，人员也差一点点，最后加起来，就差得太多了。"

这话有错吗？

王天翔明白，这话太对了，外国专家说得很中肯。他自知已经站在诸多矛盾汇聚的漩涡中心：要生产出高精尖产品，设备、材质、工艺、员工确实样样都必须"一点也不差"！

但他坚信，出路，就在他和他的团队站着的这间精带厂房里。他对员工说："精带长期亏损，是因为只能生产普通厚板这种'大路货'，产品在国内外市场没有竞争力。而低端产品已经饱和，市场缠斗只能打价格战，越打，企业的利润就越薄，盈利能力就越差，企业也就越没有生路。唯有勇于创新，研发高精尖的不锈钢产品，占领市场制高点，才能突出重围！"

王天翔认准的目标就是宽幅超薄不锈精密带钢，这是钢铁材料的明珠，代表着不锈钢和钢铁工业的重要方向。当时,全国的精密带钢市场年消费量50万吨以上,而超薄带钢主要依赖进口,厚度为0.05-0.03毫米的用于电子精密制造的超薄精带,国外对我高价限售;厚度为0.03-0.02毫米的,用于航天航空和核电、军工领域的箔材,则对我严格禁售;宽幅大于400毫米,可用于核电、军工、高端电子和新能源的超薄精带,国际上也是空白。而在国家重大战略和重点新兴领域,则亟需宽幅超薄不锈精密带钢。

但当时的精带公司多数员工并不看好他的"创新战略",有的职工议论说:"这套设备已经被外国专家判了'死刑',我们不可能干成的!""创新是要成本的,我们收入都见底了,万一创新失败,这成本我们承担不起!"

他知道,因为连年亏损,精带员工的收入仅为集团内其他厂的三分之二。低收入直接影响团队士气,个别员工外出时甚至会把工作服上的单位名称遮挡起来。精带员工既渴望企业扭亏为盈打翻身仗,又确实是"输不起"了。

生死存亡之际,唯有一战!

王天翔和班子成员统一思想:"我们是中国钢铁企业里最有可能轧出0.02毫米不锈钢箔材的公司。摘取这不锈钢皇冠上的明珠,舍我其谁?"

为实现研制0.02毫米不锈钢箔材的目标,王天翔推出了设备功能精度、工艺控制精度的"双精度管理"。碱液循环箱内有污垢,看似不影响使用,但对设备精度有影响,他带头爬进去清理;轧制油多年未更换,对产品表面质量和产品性能略有影响,但换一次要120万元,换不换?王天翔咬咬牙:换!没有极致的管理就没有极致的产品!

"何以称英雄,识以领其先"。王天翔带领精带团队,第一年就盈利500万元,第二年又盈利1036万元,第三年盈利1500万元。记者采访了多位精带员工,请他们谈谈精带何以摘得"不锈钢皇冠上的明珠",众人交口赞誉王天翔:"事实证明,还是王总有胆识!"

"我读大学时,班里男生热衷下围棋。我没学过围棋,所以开始尽输棋,没同学愿跟我下。记得班里的围棋大王说了句话给我印象特别深刻：'我每次能赢你，就是因为我每次都能比你多看一步棋！'"

胜在"多看一步棋"，这是视野之胜、格局之胜！

大学毕业时，依然没有同学愿意和王天翔下围棋，因为他已经能够"多看一步棋"。

"将喜怒哀乐融入企业，方能坚守产业报国初心"

王天翔是"60后"，与抗日名将吉鸿昌、吉星文是同乡，河南周口扶沟县人。扶沟地处豫东平原，"我直到去太原上大学，才第一次见到了大山，老家是一望无际的平原。"王天翔告诉记者。

他说，"父亲是那种本本分分的农民，还读过一点书，所以当了生产队的会计。给我印象最深的是，生产队的每一笔账，父亲都记得仔仔细细。老家的顶棚通风干燥，老鼠也不上去，所以全堆着生产队的账本，每笔账他都如数家珍。敬业和本分，是父亲对我人格影响深远的两大要素。"

1989年大学毕业，他选择了太钢集团。"产业报国的初心，于我而言是进入太钢后逐步树立起来的。刚进厂时，我分在钳工班，最初的出发点就是'怎么把设备的故障率降下来？'后来岗位不断调动，先后在机械动力处、装备部、热连轧厂工作，所以思考的问题也不断变化，开始考虑'怎么让咱们产品的质量更高？'、'怎么让咱的产品能满足客户需求，从而在市场上有竞争力？'现在，整天在琢磨'怎么突破那些'卡脖子'技术？'当你逐步将自己的追求、自己的喜怒哀乐同企业的成败，甚至同行业的兴衰，乃至整个国家的发展融合在一起的时候，这个产业报国的初心就自然而然建立起来了。"王天翔说。

"您能介绍一下，'手撕钢'最难的关键技术是哪一项吗？一旦突破了哪项难关,您就知道可以大功告成了?"记者问。

"别的项目科技创新可能会这样,但不锈钢箔材研制有它的特殊性,"王天翔答,"'手撕钢'要攻克轧制、退火、高等级表面控制和性能控制这4大技术难题。它的整个生产流程从大的方面来说要连续经过5条生产线:最初是冷轧生产线把厚板轧薄,再进入光亮退火线反复加热轧得更薄,再到拉伸矫平线实现板型平整,还要通过去应力生产线消除箔材的应力,最后通过分条纵切线切割成用户需要的尺寸,最后打包完成。哪一条生产线上的哪一个设备或者工艺环节出了问题,箔材就卡住走不下去,它就成了关键问题。"

王天翔知道,要激励员工自发地投身创新,必须建立新的考核激励机制,让员工从创新中获益,从获益中看到创新的希望,创新的积极性才能长久保持,进而升华为其产业报国的内生动力。原有的考核机制是收入和员工的产量挂钩,万一创新失败,员工就拿不到工资;他新推出的考核机制是激励创新,员工只要完成1吨超薄精带,考核时按完成普通钢材75吨甚至100吨计产,员工就不怕创新中的失败了。去年,精带员工的收入已比6年前增长了近1倍。

"'钢铁侠'不是骂出来的,因为你不知道年轻人的潜力"

精带的企业文化不仅鼓励创新,还宽容失败。

在2年多的"手撕钢"研制攻关过程中,王天翔率领研发团队先后攻克了175个设备难题、452个工艺难题,经历了700多次试验,直到2018年才终于实现了"手撕钢"的量产。

700多次试验,其中有多少次失败到几乎令人"绝望"?记者问王天翔,哪项试验失败让您的心最痛?他说,就是箔材在轧制过程中突发断带。那时箔材已经压得极薄了,断带就是一次"爆炸",箔材碎成粉末,必须一点点清理，要耗费大量时间和人力。

精带公司党总支副书记樊中业告诉记者，有次断带"爆炸"后，王天翔一个人在控制室里坐了一个多小时，可见其内心的压力之大。

那么多次试验失败，失败后王天翔有没有"骂人"？精带技术研发平台主管赵永顺说，王总是个"不骂人"的领导。那么多试验失败，没见他骂过谁，从不诿过于人，因此大家愿意跟他干。

轧制作业区主管段浩杰说，每次试验失败后，王总就召开专题分析会，分析会没有现在很多企业或政府机关里从小到大、层层领导轮流讲话的"套路"，没有一个人的开场白是"尊敬的领导"，王天翔发表意见之前也没有人会说"接下来请王总做重要讲话"。每个人认真思考后提出的每条意见都很重要，每一个在失败前不服输的人都值得尊敬。

专题分析会通常是这么开的：每人先把对问题的分析直接写在一块白板上，然后集体讨论，哪些分析确有道理，再一起商讨形成应对之策。通常半小时散会，马上再干。要是再失败，那就再开白板分析会。绝对坚持问题导向，务实高效，不说空话套话废话。

"试验失败了那么多次，既然失败肯定是有问题，那为什么您从不骂人？"记者问王天翔。

"有人说，这是因为我性格'绵善（太原方言，温和之意）'，其实不完全是这样。这些年，对不称职的干部，我们也处分了好多个。早些年，有一次我向领导提个建议，结果话没说完，领导就把我劈头盖脸说了一顿，我心里很不好受。我认为，'骂人'其实是为了掩饰自己对事物的不了解。何况精带公司目前200多名员工中，80后、90后占了7成多，这个团队是年轻的。我确实想要把这些年轻人都锻造成'钢铁侠'，但'钢铁侠'肯定不是骂出来的。最关键的是，不仅你不知道他们的潜力，就是他们的父母，甚至他们自己都不知道自身真正的潜力是什么，所以要尊重他们、爱护他们，帮助他们树立人生的目标。目标，才是他们最好的老师"。

精带质量技术部副部长廖席说："我其实感觉王总挺'潮'的，一出什么新的电子产品，知名品牌的手机出了什么新款，王总都会来问我们年轻人，甚至会问到'它的结构主板是用的什么箔材？'这样的细节。我跟他出差，无论坐高铁还是乘飞机，他都会带一本书在路上看。有一次，他看了华为公司出的《以奋斗者为本》这本书，还向我推荐说，'以奋斗者为本'，是非常重要的管理理念。"

一个个精带的年轻人在王天翔的鼓励下成长为"钢铁侠"。现为生产部副部长的韩小泉曾负责一款超平料新品的研发，一度久攻不克，他很苦恼。而王天翔总是报之以鼓励："我知道有困难，但别放弃。"终于有一天，20多吨超平箔材一次生产成功，他激动得半夜里在生产线边上打电话给王天翔，连声说："成功了！成功了！"

"产学研政，联袂破解'卡脖子'难题"

抱团攻克"手撕钢"难题的，远不止精带的200多员工。

北京科技大学钢铁共性技术协同创新中心教授、博士生导师王丽君告诉记者，炼钢过程中产生的夹杂物，会残留在钢体里。钢材越薄，对板材的洁净度要求越高。如果说，普通钢材中夹杂物颗粒的尺寸大约为 $10-20\mu$，而"手撕钢"自身的厚度才是 20μ，其夹杂物颗粒大小不能超过1个 μ。夹杂物颗粒大了不仅会给"手撕钢"的表面带来瑕疵，甚至会直接造成断带。而一个" μ "仅为 0.000001 米，这么小的夹杂物靠肉眼是看不见的，只有用放大2000倍的扫描电镜才能发现，还要用能谱分析仪来确定其成分。为了给"手撕钢"提供更纯净的母材，王丽君率领的北科大研发团队这些年奔波于北京和太原之间，每个月至少去一次太钢。从夹杂物生成热力学、精炼渣系的设计和优化等基础研究的范畴，不断发现让钢材更纯净的科学规律，为精带提供技术建议，而王天翔团队则将其转化为生产技术方案。功夫不负有心人，王丽君教授率队研发成功的"超纯净不锈钢脱氧及夹杂物控制关键技术开发与应用"项目，获得了2017年冶金科学技术一等奖。

王天翔告诉记者，攻克"手撕钢"绝非精带一家之功，山西省科技厅将此项目立为省重大科技专项。省、市科技局和工信厅，以及太原理工大、太原科技大学等与精带联袂成立了"手撕钢"研发中心，可谓产学研政联手攻关。精带投入了大量人力物力，充分发挥了企业主体作用，而来自政府部门的研发投入也缓解了资金紧张的燃眉之急。产学研合作各方事先约定，研发成果共同享有，申报专利以研发方为主。

太原科技大学周存龙教授是王天翔的"师兄"，负责协助攻关"手撕钢"的精整、拉伸弯曲矫直和分条切割技术。为了解决同样肉眼看不见的带材内应力变化，他们开发了多种专用设备，取得研究数据，再通过"弹塑性变形理论"分析，为精带提供解决方案。为了证明"手撕钢"具有客户要求的弯曲20万次的性能，周存龙还率队研发出了"弯曲疲劳、拉伸弯曲专用实验装置"，有力推进了"手撕钢"的研发进程。

如今，精带自主设计集成的全球首条宽幅超薄不锈精密带钢全流程、智能化生产线，已经达到了硬态产品硬度世界最高、软态产品综合性能世界最优、特殊功能性产品世界首创的水准，获得授权发明专利80件，制定行业标准1项，实现专有技术227项，产学研合作各方发表论文74篇，"宽幅超薄精密不锈带钢工艺技术及系列产品开发"获得了2019年冶金科学技术奖特等奖。2020年底，该项目还获得了有"中国工业奥斯卡"之称的"中国工业大奖"。

尾声：

"南宝北太"。

我国钢铁行业的这句行话，说的是不锈钢生产的一南一北两家领军企业：南有宝钢，北有太钢。

如今，宝钢与太钢都已成为全球最大钢铁企业——中国宝武旗下的骨干企业。在新中国成立之初就被国家定位于发展特种钢的太钢，担负起了中国宝武不锈钢产业一体化运营平台公司的使命与责任。

在"十四五"的开局之年，中国宝武钢铁集团有限公司党委书记、董事长陈德荣说，中国宝武已经确立了"成为全球钢铁业引领者"的愿景，要以技术引领实现做强、以效益引领实现做优，以规模引领实现做大。中国宝武将全力支持太钢集团做强做优做大不锈钢产业，打造世界级不锈钢旗舰。

王天翔和他的"钢铁侠"团队，正站在一个新的历史舞台上。

管彤贤：让全世界
抬头仰视"中国制造"

管彤贤

男，1933年出生于北京，1951年就读于北京工业学院（现为北京理工大学）机械制造专业，1955年进交通部海河运输局任技术员，1957年被错划为右派，直到1978年方获平反。1980年重回交通部工作，1992年创办上海振华港机有限公司（ZPMC），在短短17年里将振华打造成世界第一大港机制造企业。振华港机占全球港机市场近80%。管彤贤曾获得国家科技进步一等奖和上海市"科技功臣"等荣誉。

Guan Tongxian

> 管彤贤为中国机电制造业自立于世界民族之林立下了汗马功劳。
>
> 他领衔创办振华港机之时立下的誓言："世界上凡是有集装箱作业的码头，都应有上海振华生产的集装箱机械在作业，"已梦想成真。
>
> 如今，耄耋之年的管彤贤，还在为振华重工的创新殚精竭虑。即使是在疫情卷土重来的2022年3月，他依然在振华重工总部21楼的办公室为带教硕士生而忙碌。
>
> 他是中国制造业不老的英雄！

要不是有现场照片为证，这事听起来有点像当代版的"伊索寓言"：

2013年3月29日，时任美国总统奥巴马来到了有"美国南大门"之称的迈阿密港，在码头上发表主题为"振兴美国制造"的演讲。既是总统亲临演讲，现场理应庄严隆重，于是，讲台后的一大排岸边式集装箱起重机上早早挂起了美国国旗。

谁料想，奥巴马正说得滔滔不绝时，突然一阵大风刮来，吹落了集装箱岸桥上一面原本好好挂着的美国国旗，被它精心遮蔽的"振华 ZPMC"这几个中英文大字露了出来。原来，这每一座岸桥上的美国国旗，遮蔽的都是振华港机的品牌标识，而老天似乎偏要在美国总统"振兴美国制造"的演讲现场为振华港机做一大广告。

于是，有美国媒体调侃说，白宫工作人员下次挂国旗时，是不是该换根更结实一点的绳子？

正所谓"清风不识字，何故乱翻'旗'"？也许，这小插曲正是奥巴马的后任打着"美国第一"的旗号遏制打压中国制造业而难以得逞的预兆？

如今，在全世界 102 个国家和地区的 300 多个集装箱码头上，都有振华重工的集装箱起重机，ZPMC 已占世界港机市场 80% 的份额。

所有的"独门利器"，都是被对手逼出来的

"47、48，干也白搭；57、58，下棋喝茶"，这是曾流行于 20 世纪八九十年代调侃机关干部生存状态的段子，但管彤贤却偏偏在 59 岁的关口，打报告申请创办上海振华港机公司。

管彤贤，祖籍北京，1933 年生人，1951 年就读于北京工业学院（现为北京理工大学）机械制造专业，1955 年本科毕业后满怀激情地被分配到交通部海河运输局任技术员，1957 年被错划为右派，遭开除公职、送黑龙江兴凯湖劳改农场劳动改造，之后以"摘帽右派"身份当了 10 年农民和 10 年工人。直到 1978 年党的十一届三中全会拨乱反正，方获平反。1980 年他重回交通部工作，先后任交通部水运司工厂处副处长、中港总公司船机处副处长。1992 年，他领衔创办上海振华公司，任总裁 17 年，于 2009 年底卸任。

"1992 年，整个上海港的集装箱年吞吐量仅有 40 万 TEU（标准箱），仅

为上海港2018年集装箱吞吐量4000万箱的1%。当时中国在世界集装箱装卸机械市场上的业绩几乎为'0'。"时任中港总公司船机处副处长的管彤贤对此痛彻心扉,"1980年我第一次出国去日本,那里几乎看不到中国机电产品。我问接待方,哪里可以找到中国产品?日方人员把我带到跳蚤市场说,这里有'MADE IN CHINA'的商品。中国制造的产品,在发达国家只能是地摊货?我感到很屈辱。一个民族的产品,如果只能让人家低头看,这个民族是很难得到人家'高看一眼'的尊重的。那时我就下了决心,必须让人家抬着头看'中国制造'。公司取名'振华',就是取其'振兴中华'之意。故在成立时提出'奢望':要让振华港机的岸桥,高高站立在世界所有的集装箱码头上,让人仰视。"

"当年,我们从零开始,竟日和困难、挫折打交道。一无钱,二缺人,我和同事们都是骑自行车上班,唯一一辆借的轿车是接送客人的,一辆大客车是从韩国买的二手车,用了5年。当年办公室的柜子都是吊在墙上,不能落地,不然柜门打不开。"管彤贤说。

但当时国内港口情愿买日本、韩国的二手货,也不愿买振华港机的产品,某大港甚至连一份标书都不愿意给振华。国际市场虽然强手如林,但无偏见,规则是公开竞标,振华可以参与,这给振华走"先国际再国内"的市场战略大开方便之门。

但是想动国际强手的"奶酪"谈何容易。当时新加坡是世界集装箱第一大港,振华连续投标5次,均告败北。振华人没有泄气,千方百计拿下了加拿大温哥华集装箱码头的一份岸桥订单,"这可是振华港机的第一份订单,价格大约是564万加元,比市场价低30%。振华从不花钱做广告,产品就是最好的广告。这第一张订单,振华港机还倒贴了90万美元的船运费。"管彤贤回忆说,"我们要求把它当作工艺品一样精心打造。结果第1台岸桥还没交货,温哥华港又追加1台,这是对我们振华品质的高度认同。"

当时全球只有一家荷兰船公司拥有能运输岸桥的特种运输船，接到振华要再加运一台岸桥的订单，它开出了140万美元的高价。振华的商务人员有点懵："上次运那台不是才90多万美元吗？我们是回头客，怎么反而提价这么多？"对方拿出垄断者的傲慢说："不是这次贵，而是上次已经便宜你们了。"

大型岸桥因为是整机海运，一台重量从1000吨起到2000多吨，运输时即使将起重臂放平也要60多米高，故海运的难度高、风险大。这家船公司的合同条款还相当霸道：运输船如果晚到始发港码头装机，不承担违约责任；而运输船抵达目的港后，租赁方必须在规定时间内完成卸货，逾期要承担赔偿责任。管彤贤心想：海上运输已成岸桥如期交货的瓶颈，要想不受制于外人，只有自己干！

振华买下一艘6万吨旧船进行改造，命名为"振华2号"。消息传到欧洲，那家荷兰船公司扬言要告振华侵权。"我们不怕他打官司，全世界的轿车都是4个轮子、1个方向盘，你可以造，我就不能造吗？"管彤贤胸有成竹地将他们怼了回去。

"振华2号"快改造完成时，那家船公司伸来橄榄枝："我们愿与贵公司合作开发特种运输船。"管彤贤乐了："这不是刚说要和我们振华对簿公堂吗？怎么又改喜结连理了？"他婉辞了这门"亲事"："感谢贵公司的美意，但我们的尝试还不一定成功，要是万一失败了呢？"

一台岸桥站在集装箱码头上，起重臂抬起时高达七八十米，堪称"钢铁侠"，站上一排，何等壮观。温哥华港的广告效应立马来了：就是那个奥巴马专程来发表演讲的迈阿密港，下了4台岸桥的订单。

1995年4月3日，"振华2号"首次出征美东海岸。48天后，它载着2台岸桥顺利抵达迈阿密。意料之外的难题来了：虽然集装箱码头外的水面有600多米宽，但航道宽度只有200多米。"振华2号"船身长250米，它装卸岸桥的方式是"前叉式"，必须船头正对着码头才能装卸，但船身长度超过了航道的宽度,这可如何是好?那家荷兰船公司派到迈阿密港的观察员,一看"振华2号"的船头无法正对着码头,开心得呵呵一笑去旅游了。3天后,他心满意足地旅游回来,想看"振华2号"的笑话,却大吃一惊:2台振华岸桥已经巍然耸立在码头上了。

这戏法是怎么变的?

管彤贤笑着"解密"说:"我们一看航道太窄,就赶紧租了一条驳船,停在'振华2号'船头,先把岸桥卸到驳船上,再从驳船拉上码头。"这可真是个金点子,"没想到,这老驳船平时好好的,岸桥一上去,吃上1000多吨重量就漏水了。我们再赶紧借水泵给驳船抽水,借来水泵还得临时拉电……好在成功卸载,万事大吉。虽然成功了,还是要总结教训,首先,这件事说明我们工作还不够细致,只看水面宽而不知航道窄;其次,运输船'前叉式'的装卸方式制约因素太多,必须改为'侧装式',让船正常靠在码头上从侧面就能装卸港机。这一创新不仅装卸更快捷,还不影响航道正常通行。"

振华船队最多时拥有29艘岸桥整机运输船,全部采用"侧装式",一艘船可同时装4台或6台岸桥,而荷兰船公司一艘船只能装2台。振华船队的运输能力全球第一,每年运送岸桥300台、场桥500台到世界各地。且不说如何造出这么多钢铁巨人,仅将它们运达世界各地亦应称"当惊世界殊"。

"拥有自己的船队,这是振华的'独门利器',"管彤贤说,"码头公司最怕什么?就是码头造好后,岸桥等作业机械不能按时交货,那码头就只能空着晒太阳。晒太阳还不算,码头公司还要按天数支付银行巨额贷款的利息。因为集装箱码头的建设成本很高,没有一家码头公司能不向银行贷款就建设的,因此贷款利息十分可观。早一天投入就早一天形成产能,启动赢利模式。而世界上别的集装箱起重机械制造厂,都没有自己的船队,交货脱期是常态。能保证准时交货,这是我们振华被逼出来的核心竞争力。"

船长向管彤贤报告:"海盗小艇正向我船扑来"

2008年12月17日中午,管彤贤突然接到振华船公司的报告:正在亚丁湾航行的"振华4号"整机运输船遭遇海盗袭扰。

最早发现匪情的是"振华4号"整机运输船船长彭维源,他在驾驶台上用望远镜对四周海域进行瞭望。发现在前方五六海里处,有2艘白色小艇正在驶来,十分可疑。想起从振华总部发来的多份"防海盗安全预报",他不由得提高了警惕:会不会是海盗?望远镜里,2艘小艇正直扑而来,果然是不速之客!于是,彭维源果断拉响了全船警报!

"振华4号"是当年11月29日驶离长兴岛的,满载4台集装箱岸桥前往苏丹港。12月12日,该船从苏丹港启程回国。15日,进入海盗猖獗的亚丁湾。彭维源想起管彤贤多次提醒大家要落实防海盗预案,不由得提高了警惕。全船警报响起后,船上的30名船员立即按照防海盗应急预案,封闭全船舱门,用气割割断了从甲板前往驾驶楼的两架铁梯,利用主甲板到驾驶楼下生活舱有6米高的落差,建立起一道防线。

而同时,上海的振华总部也紧急行动起来了。管彤贤接到船长报告"2艘海盗小艇正向我船扑来"后,立即向北京的中交集团报告了险情。由中交集团向交通部、外交部、公安部报告,外交部立即与联合国反海盗中心联络,一场跨越万里的海空联合救援立即展开!

而这时,荷枪实弹的几个海盗真的逼上来了。

所有的船员都知道亚丁湾里流传着这么一个故事:某国40名船员被海盗劫持,海盗勒索每人19万美元的赎金,船长向本国发报求救,得到本国政府的答复是:"你们就为国捐躯吧。"从此,这40名海员就从国际海员劳务市场上彻底消失了。

而"振华4号"背后有着伟大的祖国，还有以"爱国家、爱企业"的企业文化把员工凝聚起来的振华公司。虽然爬上甲板的几个歹徒挥舞着手中的冲锋枪、机枪和40火箭筒，气焰十分嚣张，而"振华4号"全船没有一枪一弹，但船员们毫不畏惧，他们往空啤酒瓶里灌上易燃的"调漆水"，再用棉纱浸上柴油做导火索，以200多只"土燃烧瓶"迎战海盗。

2艘小艇上总共有9名海盗，除各留下一个海盗守船外，其余7名歹徒爬上了"振华4号"。他们冲过138米长的甲板，冲到驾驶楼下，发现铁梯已经被割除，3名歹徒只能用爬船时自带的轻便型铝合金梯攀爬上来。但驾驶楼底层的生活舱门早已反锁，而且是厚厚的水密门，恼羞成怒的歹徒只能用冲锋枪对准锁孔乱射。子弹横飞，但反锁的水密门早已经过加固，性能良好，巍然不动。

歹徒进攻受挫之时，船员们的反击开始了。驾驶楼里8条高压水枪从舷窗里有力地射出去，形成交叉火力，射得歹徒站立不稳。一只只"土燃烧瓶"从天而降，虽然没有强大的杀伤力，但足以吓阻歹徒的进攻，更重要的是，它宣示了我船员绝不向海盗屈服的顽强意志。

激战中，一位船员急中生智扔出一枚船舶遇难时用的烟雾信号弹，烟雾信号弹四面射出的焰火吓坏了3名正进攻的歹徒，一个歹徒跌跌撞撞摔了好几个跟头才逃回了船头，另2名歹徒也退到了主甲板上。

危急关头，国际反海盗中心派出的多国部队直升机赶来了。

在振华总部的管彤贤与船长通电话时，听到海事卫星电话里传来直升机的轰鸣声，船长向他报告："直升机已抵达我船上方，开始绕船盘旋威慑海盗！"

狡猾的海盗立即将一艘小艇挂在"振华4号"船舷边，让直升机投鼠忌器，无法对小艇射击。2名原来守船的海盗也逃上了"振华4号"，而另一艘小艇还来不及挂舷就被直升机击沉了。

虽然直升机因为油料有限，滞空作战时间较短，不一会儿就返回基地加油了，但它的出现是一个强有力的信号：海盗们知道自己的处境极为不利：前有勇敢不屈的振华船员，后有国际援兵！

困在主甲板的几个歹徒，突然做着手势、喊着向驾驶楼上的船员提出了一个意想不到的请求：给几双鞋子吧！

原来，主甲板上满是"土燃烧瓶"爆炸后的碎玻璃，光脚的歹徒别说进攻了，就连逃命都没法迈开步。

海盗劫船，通常只是为了抢劫钱财或劫持人质勒索赎金。因此船员们在抵御海盗的侵袭时，既要坚决抵抗，又要尽可能不杀伤海盗，以防对方丧心病狂，报复杀人。这不仅是勇气的较量，更是智慧的较量。

于是几双来自世界级制鞋大国的鞋子扔了下去：快穿上滚吧！

所有的歹徒都退回了船头。

北京时间17时45分，所有的海盗都灰溜溜地下船，乘上小艇逃走了。临走前，2个海盗服输地向船员们竖起大拇指：你们中国人厉害！

当晚，管彤贤通过电话告诉彭维源：公司决定给予"振华4号"30名船员重奖，以表彰他们捍卫了中国海员的尊严。

国际反海盗中心对"振华4号"船员的英雄行为也大为赞赏，认为振华前所未有地开创了"海盗登上一艘船，却占领不了一艘船"的奇迹。

有国际媒体在报道中评论说："振华船员用啤酒瓶打败了有火箭筒的海盗，我们仿佛再次看到了当年《地道战》和《地雷战》的影子，振华的员工让我们再次认识了中国的软实力。"

3天后，中国政府宣布，根据联合国安理会有关决议并参照有关国家做法，决定派出海军舰艇赴亚丁湾、索马里海域实施护航。

6天后，我南海舰队导弹驱逐舰武汉舰、海口舰和综合补给舰微山湖舰，从三亚某军港鸣笛启航，对深蓝的大洋宣示：中国海军来了！

不做总裁10年了,员工仍记得他的"金句"

管彤贤卸任总裁已十多年了,但振华很多员工依然记得他当年留下的"金句"——

"工业企业的第一个课题是市场,第二个课题还是市场,第三课题仍是市场。"

"选干部要有4个条件:一是肯操心,二是能着急,三是遇事拿得出办法,不能只是向领导汇报了之;四是出手快。"

"企业不以年龄划线,不以学历划线。经验都凝聚在人身上,人走了,经验就走了。即使年龄超过60岁,只要能登上六七十米高的岸桥,振华照常聘用。"

"有图利之心,但也有戒律。只搞实体经济,绝不涉猎虚拟领域。"

"提倡买书、藏书、读书。白领每年报销800元买书费,读书不仅增加知识,还改变人的气质。"

"每年创造一个世界第一,主产品世界市场份额要领先。"

"每年一个世界第一?振华这么多年来都能做到吗?"社会上很多人都觉得这一目标难度太大,难以实现。

曾任振华重工总裁的黄庆丰回应社会的疑问说:"过去,管总一直提醒我们,振华就要坚持创新,做别人没有的产品。振华的历届领导班子都把完善深化创新体制机制作为企业的一件大事,着力研发具有战略性、前沿性和全局性的重大关键技术。从1998年起至今,我们振华每年都至少创下一项世界第一。2017年,振华创下2项世界第一:上海洋山港全球最大的自动化码头和世界最大的5000吨铺管船;2018年也创下2项:世界最大的2000吨海上风电安装船和世界最大起重量连续型板式路面自动铺路机。"

正是一项又一项具有自主知识产权的世界顶尖的集装箱起重机新技术，在振华被源源不断地创造出来，才使得过去的振华港机、如今的振华重工连续20多年站在世界集装箱岸桥制造业的制高点上：

世界首创双40英尺集装箱起重机，生产效率可比传统设备提高50%以上；

全自动化双小车岸桥，高矮两只小车分别解决了卸船要高、装车要矮的矛盾，大大提高了生产效率；

世界领先的RMG/RTG双向防摇系统；

世界首创的采用GPS技术的集装箱起重机，精度可以达到15毫米；

世界首创的大梁升降式岸边集装箱起重机……

当初，振华的第一台岸桥是以比国际同行报价低30%拿到"入场券"的；如今，即使有的外国厂商报价比振华重工低15%，客户依然选择振华。因为客户相信：振华的产品质量过硬综合实力强，中国的政治稳定不会因为员工罢工交不了货，振华有自己的船队能准时运达。

"我是2000年进振华的，"振华重工港机集团科技部副经理朱昌彪说，"一进公司就听说一个新型吊具研发团队获奖30万元，这让我非常震撼。30万元在当时可以在公司总部附近买一套2室1厅的房子。"

"振华从创办起，管总倡导的就是'创新为魂，奋斗为本'。"振华重工港机集团党委副书记李义明说，"2008年世界金融危机爆发，国际上集装箱码头建设速度有所放缓，管总就提出要进军海工装备。但是，发达国家在海工市场上同样对华实行技术封锁。当年我们在建造7500吨超大型浮吊时，买了一艘旧外轮，船交付后，发现吊钩已被割了一刀，它的力学结构被破坏了，只能报废。所以振华无论走哪条路，都要靠自己创新。"

管彤贤说："要创新，必须奋斗。早九晚五地正点上下班还想领先世界，可能吗？"他希望所有的员工心无旁骛，以创业者的心态投身振华的事业。

美政府鼓动"制造业回流",撼动不了振华的优势

盛夏时节,早晨 6 点半的上海浦东虽已天色大亮,但街道仍似乎刚醒来不久,东方路等主干道的车流尚不及高峰时的半数。但这却是管彤贤周一至周六几乎不变的上班时刻,他总是在振华重工的办公楼前下车,快步走向电梯。如今,他已经卸去了所有职务,现在是同济大学客座教授。

他带研究生的工作室在 21 楼,他的案头依然有不少新书,其中有美国作家马克·莱文森写的《集装箱改变世界》。10 多年前,管彤贤在浦东南路的振华公司总部当总裁时,既没有宽大的老板桌,也没有真皮的老板椅,所有的来访者都要走过行政办公室两侧各五六排办公桌形成的"夹弄",再穿过两侧书橱形成的间隔,连门都不用敲——因为没有门——就见到了戴着标志性黑框眼镜正在忙乎的他。没有独用的办公室,没有专职秘书,没有专车,这"三无"当年曾是他区别于很多大集团总裁的"标识"。

"我和同济大学的几位研究生一起搞创新,"以速溶咖啡和饼干当早餐的管彤贤说,"他们 3 年读研,一半在同济跟导师学,一半在振华和我一起实务。至今已轮换了 6 批同学了。"

振华重工海工集团临时党委副书记吴富生说:"管总是非常有创意的,他不久前提出将海上平台升降装置中的变速箱由原来的输出 1 个爬升齿轮,变为输出 2 个爬升齿轮。我们的海上平台有 3 个桩腿,每个桩腿要装 18 套变速装置,一个海上平台共有 54 套变速装置。采用管总的新变速装置后,每套可减轻 5 吨重量,整个平台就可减重 120 吨,建造成本减少 800 万元,而且还可提升效率 10-15%。"

风电安装平台的桩腿要先插入海底才能作业,安装完后再转移到新的桩位。遇到淤泥比较深的海床,就会"拔腿困难"。有的平台甚至遭遇拔了一个

月桩腿还拔不出来的窘境。管彤贤闻讯后，带领研究生团队反复研究，提出了在平台下方建一个下浮体的方案，直接坐在海床上，以解决海上平台既要站得稳，又要走得快的难题。这套新装置将要安装在2500吨坐底直升式风电安装平台上。

说起这些研发项目，管彤贤难得有几分自得地笑起来："我很乐意做个创新工程师。"

一个甲子前的北理工机械系毕业生，一个甲子后依然如此热爱机械制造，令人感佩。这让人想起管彤贤在位时经常对同事说的昆剧《班昭》的唱词："最难耐的是寂寞，最难抛的是荣华，从来学问欺富贵，真文章在孤灯下。"

有人问他："您当年何以豪气满满地提出'要把集装箱桥吊装满世界各大港口'，您当时认为哪一年能实现这个目标呢？"

管彤贤笑着说："当时我们其实不知道哪一年可以实现这个目标，但这个目标必须要有。没有伟大的梦想，就难以创造伟大的业绩。其实我们也确实认真研究过，集装箱起重机制造行业的特点是'技术密集＋资金密集＋劳动力密集'，发达国家领先我们的是技术，我们的优势是劳动力。一台大型集装箱起重机的人力成本约占30%左右，发达国家的人工比我们贵几倍乃十来倍，这就是我们的优势空间。尽管非洲和东南亚的人力成本比我们低，但他们劳动力的技能不如我们振华，无法构成优势，所以只要我们把研发搞上去，在技术上领先发达国家，就必胜无疑。振华已经培养了总人数达2000多人的年轻的科研团队，有几百套设计图纸可随时满足客户的需求，这也是振华的制胜秘诀之一。"

在管彤贤担任振华港机总裁时，振华获得了国家科技进步一等奖。作为一家制造大型机电产品的工业企业，要获得这么高的国家级科技奖项实属不易。

管彤贤坦诚地说："虽然我们最早期的产品，也不可避免地多多少少有着技术模仿的痕迹，但所有的员工心里都清楚：这只是留在前人肩上的脚印，并不是跟在别人后面亦步亦趋的桎梏。在振华创办之初，我们就确立了要通过科技创新，打响自主品牌的信念。"

作为大型机电产品，集装箱岸桥的设计和制造，仅国际标准就有20多种，涉及钢材、焊接、结构、电气设备、环保等各种领域。光是将这些国际标准的英文文本堆起来，就有二三米高。但振华人攻坚不怕难，硬是走过了"消化、吸收、再创造"的历程。

"什么才是叫得响的国际品牌？我认为：它必须能不断地反映出世界最新的技术成果，才能叫国际名牌。比如，今天的华为，在遭受国际反华势力的围攻打压下，如果他们没有过硬的最新科研技术成果怎能立于不败之地？"管彤贤说，"振华在科技研发上投入了大量的人力物力。当年我们每年要拿出年产值的2%来作为科技开发基金，每年还要拿出1000万元奖励有突出贡献的工程技术人员，最高奖额100万元；企业不仅有一支强大的科研队伍，还重视利用'外脑'，与上海交大、同济大学、上海海事大学、武汉理工大学、中国船舶科学研究中心等200多个国内外高等院校和专业研究机构合作，调动他们帮助分析解决技术难题。我们的创新能力达到了国际权威的一致认可：'ZPMC正在挑战商业逻辑，它几乎可以生产包括电控系统、制动器、减速箱、吊具、高压电缆卷筒和载人电梯等所有的配套系统和元件。'"

近年来，美国政府一直在鼓动"制造业回流"，会不会对振华的未来构成挑战呢？

"你认为美国的'制造业回流'能实现吗？举个例子，美国旧金山-奥克兰新海湾大桥是个超级工程，为什么它的东段钢结构还是让振华造？"管彤贤说，"开始也有国际厂商来和振华争夺，但他们缺乏优质的焊工队伍，无法与我们匹敌。按照美国焊接协会规定，焊工必须有ASTM（国际焊工协会）证书才能上岗。当时我们振华有7000名焊工，其中数百人拥有国际、国内焊工双证书，他们为振华拿下了订单。美方对我们的钢结构'1毫米、2毫米一个点地进行复探',结果证明我们的焊接质量完全满足了他们的设计要求。这揭示了我们振华核心竞争力的又一个层面——我们有一支吃苦耐劳技术又精湛的蓝领队伍。你说,现在美国有多少年轻人愿意当焊工的?"

振华取胜,不仅赢在勇于创新的科学进取精神,也赢在不惧吃苦耐劳、用奋斗改变自身命运的中华民族优秀传统。

"在碱水里煮过三次"的初心

不是所有经历了苦难的灵魂都伟大,但伟大的灵魂大多经历过时代的苦难。

"曾经,所有的同事都害怕和我沾边,哪怕亲友,只有母亲始终和我保持联系。"说到母亲,管彤贤特有的男低音变得温柔起来,"我母亲很爱我。我46岁才结婚,也是她给我找的对象。"

他的好朋友多次和他聊起黑土地。也许,换了别人,会理所当然地更多地述说在兴凯湖遭遇的种种磨难。而管彤贤则不然,他很少说起这些。他说的是,为什么新开垦的生地要先种小麦,种了一二年小麦之后才能种苞米;苞米和小麦在耕种和收成上有什么不同……就像一位农艺师。

有一次,记者问他,三年困难时期,你能吃饱饭吗?

他说:"我那时每月也有三十多斤定量,但没有油水,年纪又轻,一天吃一斤窝头也还是饿,但我们队友之间都非常照顾。我饿的时候,就有人省下来给我一个窝头。"

不知道是不是那岁月深处的一个个玉米面窝头,让一个原本京城里的大学生懂得了生活的艰辛和人性对温暖的渴望?

那时候,全中国才有多少大学生?说大学生是"天之骄子"一点也不为过。正是生活中看似仿佛无尽的磨难,让走出象牙塔的"天之骄子"品尝和感悟到了人间最质朴的感情。

也许，不仅是家人之爱，所有的邻里相帮、同事之情，本质上都是一个生命与另一个生命的相濡以沫，都是一个灵魂向另一个灵魂的致敬。

诚如托尔斯泰所言："在清水里泡三次，在血水里浴三次，在碱水里煮三次，我们就会纯净得不能再纯净了。"

振华的员工，从总裁、副总裁到"科技功臣"，所有人说起管彤贤有一句话肯定是一样的："老管这个人没有私心。"

振华员工都知道，他身为总裁却不是公司里收入最高的人，为企业发展作出大贡献的员工，企业的"科技工臣"的收入都比他这个总裁高。

"没有私心"，尤其是一位领导干部能"没有私心"，确实太可贵了。因为，曾几何时，权力可以异化成"私心"的通行证。而这位曾经的世界上最大的港口机械制造企业的当家人，为何能不放纵自己的"私心"呢？

"我的经历一直在提醒我：福祸相依。《左传》你读过吗？《左传》第一篇就有一句话：'多行不义必自毙'，以权谋私，是福是祸？违法乱纪，没一个会有好下场。"管彤贤说这话时，他又浓又粗的双眉虽已花白，却依然根根竖起，英气不减，"中国文化历来强调'天人合一'、'天时地利人和'，振华再成功也不可能是个人的功劳。振华成功的'天时'是什么？是时代的大潮。从国内来说，正赶上小平同志南巡讲话、改革开放风起云涌；从国际来说，就是在集装箱技术助推下，经济全球化的兴起，超巴拿马船型的诞生，从而引发了世界性的集装箱码头建设热潮，由此给了我们企业发展巨大的空间。我们只是顺应时代大潮，做了力所能及的本分事，以'工业报国'的行动来实现振兴中华的梦想。"

这大概就是"在碱水里煮过三次"的初心吧！

包起帆：从码头工人到
三次走上国庆观礼台

包起帆

男，1951年出生于上海，祖籍宁波镇海人，全国著名劳动模范。1967年进入上海港白莲经港区当装卸工。1980年在上海第二工业大学求学期间，开始发明木材、生铁等抓斗，从而杜绝了装卸木材、生铁引发的伤亡事故，人称"抓斗大王"。2001年担任上海国际港务集团副总裁。2003年主持建设了我国首座集装箱自动化无人堆场和全自动散货装卸系统。

包起帆先后获得3次国家发明奖，3次获得国家科技进步奖，36次获得日内瓦、巴黎、匹兹堡等国际发明展览会的金奖。2018年，获党中央、国务院授予的"改革先锋"称号。

Bao Qifan

> 包起帆，曾是上海港传奇般的"抓斗大王"。2018年12月，他以"港口装卸自动化的创新者"的杰出贡献，被党中央、国务院授予"改革先锋"的光荣称号。2019年9月，庆祝中华人民共和国成立70周年前夕，中共中央宣传部等决定，授予包起帆等278名个人和22个集体"最美奋斗者"称号。

"新横沙，是未来上海的一块宝地"

从"抓斗大王"到"港口装卸自动化的创新者"，这是一个长达近40年的非同寻常的跨越：不仅是全国劳动模范包起帆在创新领域上的大跨越，而且是上海港从20世纪80年代机械化到如今的数字化、自动化乃至智能化的产业能级的大跨越；还折射出上海从国内最大的港口城市到迈向国际航运中心的历史性大跨越。

"2040年，如果新横沙形成480平方公里的生态陆域，上海港未来的超深航道、深水港区能不能落户在那里？新横沙对上海城市未来发展的新空间有什么意义？它可以为全国重大发展战略做些什么？" 2019年元旦假期前，包起帆依然没有闲着。2018年12月28日下午，他带领华东师范大学国际航运物流研究院的同事，从浦西到浦东，先后造访了上海市发展改革研究院和上海河口海岸科学研究中心，与他们商讨如何在新的一年中联手开展"长江口疏浚土资源利用和新横沙滩面生态培育研究及应用示范"项目的研究。

2011年，年满60的包起帆，告别上港集团副总裁的岗位，受聘市政府参事。为延续他的创新情结，华东师范大学领导邀请包起帆担任该校国际航运物流研究院院长。他欣然从命。

在包起帆、陈吉余院士、上海航道局董事长宗源远和上海航道设计院院长周海等人的推动下，"上海城市发展新空间和深水新港战略"的研究开始推进。次年，上海市科委将此课题研究正式立项。

包起帆首次提出"新横沙"的概念，未来的横沙岛，也就是新横沙岛对上海有这么重要吗？

"上海依水而生、依水而长，原本就是建立在滩涂上的城市"，作为一名"老码头"，包起帆的思考是建立在"码头——城市——世界"基础上的："根据规划，上海建设用地总规模为3226平方公里。而在我们开始这个课题研究的2012年，上海建设用地已达3034平方公里，2020年前上海的建设用地指标已所剩无几。"

不只是建设用地，上海市域内的深水岸线也已几近用罄。"国际航运的大趋势是集装箱船舶的大型化，以及航线布局'辐射化'。"包起帆说，"随着2.2万TEU（标准箱）超大型集装箱船及40万吨矿砂船的问世，要求国际航运中心必须具备20米以上的深水航道和深水码头，而外高桥港区和洋山深水港都缺少这样的基础条件。"

横沙岛是长江口最靠海的一个小岛，其区位优势显而易见。横沙原有本岛约 50 平方公里，按包起帆他们提出的设想生态成陆后，总共可新增土地 480 平方公里，形成 100 多公里水岸线。包起帆说："新横沙南北两侧紧贴长江口的两条最大通航水道，东侧直接面对外海深水区，就像长江龙头伸向大海的'龙舌'，完全有条件建设众多的集装箱泊位，建成水深 20 米以上的上海深水新港，为上海国际航运中心建设找到新路径。"

其实，长江里的泥沙也是上海的重要资源。过去，涛涛江水奔腾而下带来的泥沙，每年都在"催生"上海的滩涂向外发育生长。"然而，21 世纪初，长江中上游筑起不少水坝，致使如今抵达长江口的泥沙量减少约 70%。"包起帆说，"新加坡为填海造陆，花费巨资到越南和泰国买泥沙。我们为长江口航道疏浚挖出来的泥沙，也不能白白抛回海里，白白抛海是巨大的浪费。"

"横沙岛的规划，市里有深谋远虑，目前是'留白'；但'留白'不能'留空'，首先要留下生态陆域，这样不仅符合长江大保护战略，也有利于将来国家战略的实施"。2012 年以来，包起帆多次赴北京、武汉、南京、广州，一家家单位去沟通，终于召集起国内近百位专家学者的研究团队。他们以产学研结合的方式，充分发挥各自在城市规划、现代物流、生态环境、港口航运、河口海岸等学科上的优势，开展了"新横沙成陆开发和深水新港建设可行性及关键技术"等多个项目研究，获得 2017 年上海市决策咨询一等奖、2018 年上海哲学社科决策咨询和社会服务优秀成果一等奖。

"在国务院批准的《上海城市总体规划（2017-2035 年）》中，已采纳了我们的研究成果，肯定了'预留横沙东滩滩涂围垦资源作为城市长远发展的战略空间'，明确'加强对横沙等海洋战略资源的保护和控制'。2016 年市政府启动了全国规模最大的利用长江口疏浚土生态成陆横沙东滩七期、八期工程。计划到 2020 年，新增 56 平方公里新陆域。我们希望，到 2040 年，让新横沙形成 480 平方公里的生态陆域，等于为上海新增一个开放初期的浦东。这块宝地，将来肯定是为上海实施国家重大发展战略服务的。"每每说到这一愿景，众人就看到包起帆的脸上放光了。

"十指连心"，元旦仍惦记着伤残工友

2019 年元旦上午，包起帆睡得比较沉。这是因为前一天晚上，他应邀参加一个上海地标景点的"跨年"活动，直到凌晨 2 点多才回到家。夫人张敏英要包起帆无论如何好好睡一觉，元旦必须在家休息，"不得外出"。包起帆正好利用这一时间，认真准备次日在母校座谈会上的发言稿。

"过去他忙，我还有个'盼头'，心想'等他退休下来就好了'。没想到，他都退休这么多年，还是一样忙，天南地北地不顾家。"张敏英说。

谁都知道包起帆发明创造不容易，其实，张敏英一样不容易。25 年前，上海的《文汇报》记者曾报道过他去包起帆家时见到的意外一幕：这位赫赫有名的"抓斗大王"家的卫生间里，头顶上的一根污水管下竟然绑着一只已经盛了半袋水的马甲袋。张敏英说，污水管漏水了，包起帆根本没时间管。她报修了好几次，房管部门"打太极拳"。她又担心一直去反映会影响包起帆的声誉，只好在漏的地方下面绑个马甲袋救急，隔几个小时倒一次水。

包起帆 1951 年生于上海，祖籍宁波镇海。1967 年，他中学毕业分到上海港白莲泾港区装卸 4 队做装卸工。1973 年，张敏英也分进白莲泾码头装卸 4 队，包起帆是她的组长。她对包起帆最初的印象是：工作服洗得干干净净，不抽烟不喝酒，话虽不多，但思路清爽，为人忠厚老实。这就是那个年代上海人的"暖男"标准。

那时，码头装卸工大多抽烟，而包起帆没有抽烟的嗜好。很多很多年后，他才对知心朋友说心里话，那时不抽烟，并不是因为那时就像现在一样

认识到吸烟有害健康，而是因为抽不起烟。虽然那时最便宜的一盒烟只卖几分钱，但一个班组有二三十人，工友吸烟历来有"散烟"的习惯，一盒烟20支在班组里都不够"散"一次的，多买烟又没有那么多钱，而只抽别人的烟沾别人小便宜这种事，码头工人最看不起了，他绝不愿意做，于是索性不抽烟了。从年轻的时候起，包起帆就是一个刻苦，而且不愿意占别人小便宜的自尊心很强的人。

就在上海港白莲泾码头上日复一日艰苦的装卸劳动中，包起帆和张敏英两人从相识、相知到相爱。"阿拉1979年结婚时，两个人的工资加起来还不到100元。他是家里的老二，还要接济弟妹。所以结婚时，连个金戒指也没有。只是请亲戚朋友吃顿饭，记得咯辰光是30元一桌。"她说。

这几十年，包起帆全身心扑在工作上。家里从换煤气罐到装修房子，全是张敏英一人里外张罗。有时候，她也忍不住"火"了，但看到包起帆一脸疲惫地回家，心又软了。

2019年元旦那天，包起帆虽被夫人"管着"没出门，但还是给牵挂的两位工友王伟民、周振天打了问候电话。

早在1980年，包起帆还在上海第二工业大学求学期间，他开始发明木材抓斗、生铁抓斗、废钢抓斗等，杜绝了人身伤亡事故，人称"抓斗大王"。王伟民永远也不会忘记，1982年春节期间，已经伤残在家5年多的他收到一张署名"一个共产党员"的汇款单10元钱。而周振天是1978年工伤致残的，1987年也收到了一张10元钱的汇款单，署名是"四区（白莲泾码头）一职工"。而周振天强调说："当时，10元钱不是小数目，一个装卸工的月薪也只有三四十元。"

于是，他俩先后赶到单位请组织帮忙查找汇款人，才知道是过去未曾谋面的包起帆。于是，都把钱退给包起帆，但包起帆执意要他俩收下这点心意。

周振天至今保存着当年包起帆写给他的一封信。信中，包起帆说："这些

科学家想要什么 ——————————— 那些在冰山星海之间追梦的人

钱是光明正大的,它来自我的科技成果奖。在革新遇到困难的时候,遇到风浪的时候,我的力量来源之一是你们——第一线装卸工和司机,可以说,没有你们长期工伤在家同志、没有因公牺牲同志的激励,我和我的同事也不可能搞成木材抓斗。"

从包起帆进港到1981年,14年间,他所在的码头工伤致死11名工人,重伤和轻伤的职工多达546人。他自己左手大拇指上至今留有一个长长的伤疤,就是在船舱底挂木材吊钩时,手还没离开吊索,吊机就起吊了。现场的工友见状立即呼叫吊车司机停下,但当时通信工具极端匮乏,别说对讲机,就是电喇叭也没有,真的是"通信基本靠吼"。紧急停车后,他的大拇指鲜血淋漓,伤口都能看见指骨了。这十指连心的疼痛,既让他产生一种本能的愿望,"这种危险的作业方式一定要革新",又让包起帆在心底里埋下了对伤残的工人师傅患难与共的情谊。

2000年6月底,已经调任龙吴港务公司经理的包起帆,邀请周振天去参加龙吴港务公司纪念中国共产党建党79周年的座谈会。座谈会的前一天晚上,老周彻夜难眠。24年前,年仅27岁的他在驾驶铲车作业时,一个重200公斤的进口羊毛包意外砸伤了他的脊椎骨,让这个原本生龙活虎的机械队副队长一下子瘫痪在床。从此,码头成了他的"伤心地"。从那以后,他再也没有踏上码头一步。而如今,他作为"特邀代表"要到码头上去参加纪念建党79周年活动了!

令老周感动的是,老包比他想得更周到。开会那天一大早,龙吴公司就派了车和两名员工前来接他。车子没有走近道,却反方向驶上了南浦大桥,往浦东驶去。这是老包关照的,知道他出门不容易,先带他去看看浦东的新面貌,再绕道徐浦大桥去龙吴码头。老周的眼眶湿润了:内环线就建在他家门口,但内环线建成那么多年来,他一次也没有走过,现在终于知道车子在高架上走是什么感觉了!

近 40 年来，包起帆给自己立了个规矩：把国际、国内、省部获得的所有科技奖励，除分给参与项目的同事外，都送给了伤残工友。王伟民说："老包给我的钱至少有 10 万元。"

元旦这天，包起帆拨通王伟民手机，先问老王"你儿子现在好吗"？老王连声向包起帆道谢。

原来，前些年老王的儿子从港务局技校毕业，一时没找到工作，王伟民很着急。包起帆获悉后，主动把这事揽了下来。"别人问老包，他是你的什么人？这言外之意是，如果被托的人是你老包的亲戚，我们肯定帮忙；如果被托的人和你老包只是一般的同事关系，我们就不考虑了。谁知包起帆回答说，这是对我很重要的人。你让这个年轻人就业，就救了一个家庭。"王伟民说，"全靠包起帆帮我出面，我儿子的就业终于落实了。"

周振天是在浦东的新居里接到包起帆电话的，屋外冬雨淅淅沥沥，屋里温暖整洁。

周振天家原住中山南一路，因 2010 年上海开世博会，政府组织动迁了。"最早动迁方向是去郊区，"周振天说，"老包一听就说不行。他说，你是重残员工，那里现在还没有医院，你发起病来怎么办？为了我，他去找了动迁办好几次，向他们说明我伤残的特殊情况，和他们一起想办法。老包同时也提醒我：你首先要考虑无障碍设施，进出要方便；其次，要离医院近；第三，购房的目标不要太高，要考虑自己家庭的还款能力。"

在包起帆和动迁办的努力下，周振天欢欢喜喜地住进南浦大桥下的新居。这里离浦南医院和仁济医院浦东分院都在 1.5 公里以内。

周振天永远也不会忘记的是，有一年春节，他决心要去看看包起帆，他和另一位工伤的伙伴去给包起帆拜年。包起帆闻讯连忙和妻子从 11 楼赶了下来，看到他俩送的锦旗，夫妻俩禁不住热泪盈眶。当时已经是国家级专家和高级工程师的包起帆，慢慢弯下腰，把他俩从轮椅里背进了 11 楼自家的沙发……

"这些年来,老包提醒我要走出家门,为社会做力所能及的事。我现在参与上海肢残人协会脊椎损伤委员会的工作,每年要请医生来做讲座,还要购买和分发残疾人使用的医护用品……"周振天已然从一名伤残者成了轮椅上的志愿者。

"你有什么困难就打我电话"。包起帆每次通话都不忘要关照周振天。

"他像火炬一样,点燃更多人心中创新的火焰"

2019年1月2日,包起帆一早就赶到了华师大国际航运物流研究院,和同事们商量修改有关项目报告。中午他只咬了一口包子,接他去上海二工大浦东新校区开座谈会的"专车"就到了楼下。

同事没想到的是,打开车门,"专车司机"竟是张敏英。"他坐车子要思考问题,所以他开车我不放心,我就当他的义务'专职司机'。"也已退休的她笑着说。

"我晓得侬来不及吃中饭,帮侬带了牛肉汤和生煎包子。"夫人体贴地让包起帆先喝了碗牛肉汤,才驾车奔向浦东。

下午,二工大的座谈会一结束,包起帆又马不停蹄地赶往虹桥机场,搭乘傍晚的航班飞北京。

包起帆这么着急赶往北京是为啥?

1月3日上午,在北京的全国总工会会议室里,包起帆坐在投影机后,为全总推荐申报2019年国家科技进步奖的多个课题组逐一进行专家辅导。

"项目的简介很重要,一定要写得实。原来存在什么问题,通过创新解决了什么问题,要有扎实的内容支撑,必须有数据。"包起帆提醒道。

"示意图有吗?示意图比照片更直观,能用示意图的尽量采用示意图。"

"对创新点最好的表述是什么?不是拔得越高越好。最好的表述是恰如其分,就是实事求是。"

包起帆的点评和建议,让课题组成员获益匪浅。

全国总工会劳动和经济工作部副部长姜文良介绍说,从 2006 年开始,科技部每年请全总负责推荐申报来自生产一线的国家科技进步奖。全总考虑到包起帆多次获得国家科技进步奖,因此请他来为申报者辅导,主要是帮助申报者梳理创新思路,从全新的角度认识自己的创新成果。

国家电网浙江省电力有限公司电力科学研究院计量中心计量检定员黄金娟和上海航天的王曙群,分别在 2017 年和 2018 年获得了国家科技进步奖,他们都接受过包起帆的辅导。黄金娟说:"包老师怕我在大专家面前不自信,就多次鼓励我说,你是这个领域最优秀的。你不用担心,无论专家提什么问题,你都能回答。我很感谢他。"

"我们希望包起帆就像火炬一样,去点燃更多的生产一线职工心中的创新激情。"姜文良说,"5 年来,国家科技进步奖(工人农民组)一共授奖 12 项,其中就有 8 项是受包起帆指导帮助的。"

包起帆说:"让大家共同成长,创新才有凝聚力。"

"我是第三次走上国庆观礼台"

当包起帆第一次被评为市劳模时,他还只是上海港南浦港务公司工艺科"以工代干"的技革员。包起帆自己概括说,从 1981 年至 1986 年,是自己搞科研;1986 年到 1996 年,先后当上了工艺科的科长和主管科技工作的副经理,带领大家一起搞科研。1996 年,他担任龙吴港务公司经理,开通了我国水运史上第一条内贸标准集装箱航线;2005 年,担任上海国际港务(集团)股份有限公司副总裁,尽管担任的企业领导岗位越来越高,但始终没有离开科技创新的第一线——2006 年 5 月,在第 95 届巴黎国际发明博览会上,他获得4项金奖，成为105年来一次获得该展会奖项最多的人。2007年，他主持建设了我国首座集装箱自动化无人堆场和全自动散货装卸系统。2009年5月，国际标准化组织正式任命他负责领导工作组编写集装箱电子标签国际标准，标志着中国航运界在领衔制定国际标准方面实现了零的突破。2011年，他负责制定集装箱RFID管理方案和相关国际标准ISO/NP18186，成为在物流和物联网领域首个由中国人领衔制定的国际标准。2016年，该标准被英、法、荷、丹、捷等七国采纳为国家标准。

包起帆先后3次获得国家发明奖，3次获得国家科技进步奖，44次获得省部级科技进步奖，36次获得日内瓦、巴黎、匹兹堡等国际发明展览会的金奖。

而上海的《文汇报》是最早关注、报道包起帆搞技术革新的报纸。早在1980年9月17日，《文汇报》就刊发了《包起帆闹革新延长钢丝绳寿命》的消息，让上海市民第一次在报纸上读到"包起帆"这个名字。

包起帆的创新之路，起步艰难而走势强劲。为在国际标准组织中保持中国的先发优势，通过物流把我国的北斗技术引入国际，他组织团队开展了基于北斗的物流跟踪与监控系统研究，成果在2015年世界规模最大的日内瓦发明展上获3枚金牌。在闭幕酒会上，当组委会主席获悉包起帆28年前就来展会上获过金奖，非常感慨，表示很难相信28年前在这里拿过金奖的人，竟然在28年后还有发明，叹为观止。

源源不绝的创新激情，来自何处？位于上海二工大内的"包起帆创新之路展示馆"中，包起帆有句话发人深省："创新要以核心价值观引领，以金钱为目的的创新不可持续。"

从当年的"抓斗大王"到如今的"改革先锋"、"最美奋斗者"，包起帆目光更远了，胸襟更开阔了，但他朴实依旧，初心不改。创新，改变了他的人生，但他创新的目的不仅仅是为了改变自己的地位。他不是精致的利己主义者，否则，他走不了这么远。他并不以自己曾经是一名一线生产工人而自卑，他说："如果说我成功了，我其实只是做了一个有出息的工人。"

包起帆被中宣部评为"最美奋斗者"，是当之无愧的。其实，无论你出自什么家庭，无论你的起跑线是码头工人还是大学生，也许这些都不是决定性的。决定你人生最关键的是你自己奋斗不奋斗，你奋斗的目标定在哪里？为了这个目标你又愿意付出多少？

2019年10月1日，包起帆应邀参加了国庆70周年观礼。他激动地说："我曾经参加过国庆50周年、60周年等多次观礼，今天又参加国庆70周年盛典，更是心潮澎湃。每一次都是心灵的洗礼，都会更加坚定我们为人民谋幸福、为民族谋复兴的初心。特别是今年的国庆活动，我看到来自全国各地的英雄模范特别多！许多老模范见面格外亲切，都觉得以习近平总书记为核心的党中央对英雄模范的推崇和关切是空前的。正如习近平总书记所说的，崇尚英雄才会产生英雄，争做英雄才会英雄辈出。国庆前一天，我参加了隆重的国家勋章颁授仪式，今天阅兵和群众游行许许多多英雄模范出现在彩车上、观礼台前，充分向全社会展现了党和国家推崇英模的价值取向。作为一名从平凡的码头工人成长起来的共和国同龄人，能为国家和人民奉献智慧和汗水只是本份。我们的奉献只有起点，没有终点。我还要为祖国的繁荣昌盛继续作出新的贡献。"

林东：让大海的旋律来发电

林　东

　　男，汉族，1974年1月出生于浙江瑞安，民革党员，高级工程师，现任杭州林东新能源科技股份有限公司总工程师、浙江省LHD海洋能工程实验室总工程师。自2009年开始，其带领海归科研团队，历时8年成功研发拥有十五大系统构成的"3.4兆瓦LHD林东模块化大型海洋潮流能发电机组"系统群，是目前世界上唯一实现连续发电并网运行超过一周年的潮流能发电机组。他还兼任中国侨联常委、中国侨联新侨创新创业联盟执行理事长、浙江省政协常委、浙江省侨联副主席、浙江省民营企业家协会副会长等职务。林东先后荣获2016年中国侨界"创新创业贡献奖"、2018年浙江省非公有制经济人士新时代优秀中国特色社会主义事业建设者、2020年"大爱浙商"抗疫英雄华人华侨抗疫英雄榜等荣誉。

Lin Dong

　　东海上有一把"小提琴"。它静卧在浙江舟山的两座小岛之间。

　　为了寻找这把"小提琴"，记者在2019年冬月里赶往舟山秀山岛。寒潮尚未抵达的日子里，秀山岛四周海面风平浪静，暖阳喜人。

　　从秀山岛东南角的LHD联合动能海洋能大型实验室前的小码头，还要坐渔民的小船，才能摆渡到对面的稻桶山岛。

　　从稻桶山高处俯首望去，见它与对面的青山岛之间，夹着一湾不宽的水道。而那把特殊的"小提琴"，就静卧在这湾水道之中。

　　"这个总成平台有28米高、2500吨重。它立起来相当于一栋9层楼高的房子，现在它绝大部分在水下。平台的潮流能发电容量为3.4兆瓦，目前已投运并网发电1.7兆瓦。它是国际能源署认定的世界上唯一的一座海洋潮流能发电站，要获得国际能源署认定的前提是，它必须能持续并网发电一年以上。迄今为止，它已经连续发电超过 31 个月了。"LHD 联合动能海洋能大型实验室总工程师、杭州林东新能源科技股份有限公司董事长林东介绍说。

浪花是大海的音符，潮流是大海的旋律。这座海洋潮流电站将大海的旋律变成电，变成光，变成绿色的能源。

在此之前，人类获得电能的方式有火力发电、水力发电、风力发电、光伏发电和核电，这些技术的原创者都不是中国人。但如今，中国成为世界上唯一能利用潮流能发电的国家。

第一期发电 3.4 兆瓦，可能吗？

潮流能发电，其实并不是林东他们最早瞄准的研发目标。

在找到潮流发电这个突破口之前，他们也做过诸多探索，均未成功。

2009 年，在美国洛杉矶南加州的一间车库门前，美国 LHD 联合动能科技有限公司静悄悄地挂牌成立了。董事长林东并没有什么"踌躇满志"的感觉，反而觉得："真正选择科技创新这条路是很难的：因为不成功，一定痛苦；而成功了，也不一定幸福。"

他们知道，工业革命以来，人类主要依靠化石能源，其污染环境的副作用已非常严重。风能、太阳能、海洋能，是清洁无污染的可再生能源。而且，海洋潮流能的能量密度大约是风能的 800 倍，是 21 世纪最具发展潜力的绿色能源之一。风力发电和光伏发电，技术已很成熟，但都容易受天气和季节影响，而利用潮流发电则非常有规律，不易受天气和季节影响。有一天，林东突然想到：如果把风力发电机的风轮放到海里，利用潮流来发电，行吗？

在研发全面启动前,林东先明确了 3 条标准:首先,发电必须具有稳定性;其次,水轮机捕获能量的转换效率必须达到 25% 以上;第三,拿出第一台合格样机的投资不能超过 2 亿元。这 2 亿元,是他早先创办的"绿盛"辛辛苦苦多年积累下来的资金,即使失败了,最多这些年的生意白做了;而如果成功了呢?对人类的意义就太大了。

在他们反复摸索潮流能发电的技术路径时,2011 年 8 月底,浙江省领导招商引资,得知林东团队在研发潮流能发电后,认为既符合发展海洋经济、高端装备制造业的要求,又体现可持续清洁能源的方向,大有可为。

林东开始满世界考察潮流能发电项目。"我考察下来的感觉是两个极端,"林东对记者说,"第一个极端,是非常恐怖。我去了欧洲、新加坡和日本,才知道世界上有那么多知名企业在研发潮流能发电项目,那么多大科学家都没有研发成功,我还有可能成功吗?趁这 2 个亿还没有打水漂,撤回来损失还不大;第二个极端,是非常激动。激动什么?我发现我们的技术路径和他们的完全不一样,我们的成功概率明显比他们高得多。"

"如果只花 2 亿元,我们就能为人类找到一种新的、可持续获取清洁能源的方式,那太有价值了"!这个念头将林东全身的每个细胞都激活了。

2012 年 4 月,林东投资 4000 万元的千岛湖试验基地启动,他带领研发团队系统地科研攻关,进展顺利。

次年,林东开始在舟山选址,得到了省有关部门和舟山当地政府的大力支持。

记得那年中秋节前一周,林东意外接到时任省海洋与渔业厅科技处副调研员杨健毅打来的电话,告诉他国家海洋局和财政部联手推出了"海洋可再生能源专项资金"。国家海洋技术中心海洋能管理中心主任王海峰建议他申报该项目,一旦通过可获得 1900 万元的资金支持。这电话让林东颇感意外,因为此前林东与他并不相识。而杨健毅是通过林东给省政协的一份提案,才知道他正在研发潮流能发电项目的。没想到，林东回答说："我不想申报。"杨健毅暗想："这个不要国家钱的企业家，蛮有意思的。"就用激将法说："我本来很敬佩你的，现在你不想申报，让我怀疑你到底是真的在做潮流能发电项目，还是嘴巴上吹吹的？"林东这下没有退路了："我报我报。"

杨健毅和王海峰的真心支持，让林东深为感动。在北京的项目首次评审会上，当林东说出自己的目标是第一期发电 3.4 兆瓦时，会场发出一片笑声。3.4 兆瓦！很多国内一流大专院校、科研院所才研制出发电能力几百千瓦的设备，你一个做牛肉干的一上来就想做到 3.4 兆瓦，可能吗？

林东认定自己算是白讲了。没想到，一周以后，杨健毅约上林东再去北京参加项目评审。"他没有抽过我一支烟，没有吃过我一顿饭。他这么上心，我太感动了。"林东觉得自己真是遇上了好人。

"有的人报国家项目的目的是为了写论文，还有的人就是为了来分国家的钱。而我看林东是砸自己的钱做项目，他是真心做事的。这样的人不支持，我们支持谁？"杨健毅说，"说到底，我们是要为国家的钱负责。"

三上北京，项目终于通过了评审。"国家拨出财政资金支持海洋可再生能源发展，就是为了推进包括潮流能发电在内的海洋可再生能源的产业化应用，是以应用为前提的。"王海峰说，"我认为林东这个项目从设计理念上，从技术可靠性和安全性上，都是往工程化方向走的，理应支持。"

林东说："我如果干不成，国家海洋局就没有办法结项，这 1900 万元我一定要还给国家的。我不能让支持我的领导脸上蒙羞啊！"

杨健毅对项目的成功运作显然比林东更熟悉："其实对林东来说，专项资金的支持还仅仅是一部分，更重要的是项目得到国家支持之后，企业用海、用地、用电都有了保障。"

2014 年 4 月 19 日，舟山的"小提琴"终于开工建设。

"'绿盛'牛肉干卖得再好,能改变世界吗"

"生意不怕亏,就怕歇"。温州瑞安老一辈人代代相传的这些"老古话",道出了瑞安人不怕输、不服输、不甘贫困、不安于现状而敢于创业、勇于开拓的民风。

70后的林东就是在这样的环境里成长起来的。他父母的家业是瑞安湖岭镇上一家不大的餐馆,男主人林广义、女主人项迪妹起早贪黑,克勤克俭,总算靠着这家小餐馆,拉扯大了四女一男五个孩子,林东排行老四。

20世纪80年代初,湖岭镇开出了第一家布料市场,我国香港、澳门和台湾的面料悄然登场。而对少年林东影响最大的,自然不是服装面料,而是读到了一本香港企业家的传记。此前,学校老师已经在他心中播下了"长大要当个科学家"的种子,而那位香港企业家的故事,却让他心里的那颗种子"转了基因",初次萌发了"要做个企业家"的念头,而且立下宏愿:20岁前就要创办一家自己的企业;30岁前要建成跨国公司。

1989年,他就读陕西工商学院工业经济系。毕业之年,正赶上小平同志南巡讲话发表不久,全国春雷滚滚,各地创业者纷纷涌向广东深圳下海,而大学毕业的他则看好长三角。当时浙江不少民营企业家创出的品牌"娃哈哈"、"青春宝"已经红遍市场,成了他急欲追赶的榜样。于是,他向家里要了30万元,在大学老师的指点下,在杭州创办"绿盛"饮料厂。

没想到1995年,他创业的小船说翻就翻。按照当时"产品+广告=成功"的模式,他在报刊、电视台上投放了大量广告,没想到,过了销售旺季,仓库里还积压着10多万箱产品。关键时刻,林东忍痛做出了一项明智的决定:在信守合同、保证经销商利益的前提下,全线退出。后来证明,这一"自己再亏钱,也不损害合作者利益"的决定极为正确,保住了"绿盛"的品牌和商誉。

"我们家乡有个习俗,每年春节,在外打拼的人都要回家,既看望老人,亲朋好友之间也要结结账。平时,彼此借款几十万、上百万,大多就是一个电话,连合同也没有,因此过年时该还的钱要还上。那年,家人又帮我借了45万元,全都亏掉了!我知道,能借钱给我的人都是对我最好的人啊,所以压力特别大,感觉太对不起对我最好的人,怎么办?"林东回忆说。

内心充满自责的他,无颜回家见江东父老。1996年春节,他只能独自一人守在杭州空荡荡的厂房里,账面上只有1万多元流动资金。

还是骨子里浙江人不服输的血性,让他发现了新的商机:市场上牛肉干热销。于是,他请杭州食品研究所专家帮他试制出口味独特的牛肉干,然后每天早晨蹬着三轮车带着帮工去杭州肉联厂进货。每天用75公斤牛肉做出来的牛肉干,必须当天全部卖掉才能保本。

天道酬勤。2年后,林东成了浙江小有名气的"牛肉干大王"。1998年的一天,别人眼里有车有房、一年稳赚100多万元的林东,突然问自己:"这辈子只能做做牛肉干了吗?"

林东被自己的问题吓了一跳。

他怎么会想到质问自己的? 1998年实在是个不寻常的年头:丁磊在广州创办了网易门户网站,马化腾和张志东正式注册成立了腾讯……当闻所未闻的新事物一浪高过一浪般地扑面而来时,林东开始感受到时代对他的召唤,不安于做个"小老板"了。

1999年,他走进浙江工业大学就读MBA,后期课程是在澳大利亚墨尔本拉筹伯大学完成的。

2001年底,林东学成归国,企业飞速发展。林东担任了杭州大学生创业联盟首任轮值主席和杭州海归创业促进会会长,帮助年轻人创业。

2008年的林东,那颗深藏在他心中,几乎已被遗忘的希望成为科学家造福人类的种子,终被悄然唤醒了。

他再次质问自己:"'绿盛'发展得再好,能改变世界吗?"

"我当时认识到，要造福社会，必须致力于创业群体的转型升级。如果创业者不转型升级，产业就不会转型升级。所以创业者必须首先自己升级，这样才能吸引最优秀的人才加入转型升级的创业团队。"林东说。

他与在"海创会"期间结识的美国洛杉矶联合南加州大学流体力学专家黄长征副教授和美国新材料专家丁兴者博士，志同道合，于是结成科技创新的"合伙人"，这"LHD"就是三人姓氏的拼音首字母组合。

"企业家就不能搞发明创造吗？企业难道不是科技创新的源头吗？诺贝尔当初也是个企业家啊，比尔·盖茨是发明家还是企业家？现在经营特斯拉汽车的埃隆·马斯克呢？我们社会太需要有科学家精神的企业家，也需要有企业家精神的科学家。这样科技创新才既有动力和方向，又有整合各种资源的保障。"林东说。

"未来的目标是做到电价 0.258 元 / 度"

杨健毅对记者说："大海毕竟是大海，不是湖泊可以比的。"

果然，在千岛湖里运行得好好的系统，一旦真的下海却面临着全新的挑战。

第一代 LHD 海洋潮流能发电设备采用的是阻力型垂直轴水轮机，轴承密封保护系统既要承受横向的力，又要承受纵向的力，还要承受潮起潮落时不均匀的力，比普通船舶螺旋桨密封圈承受的压力要复杂得多。如采用船舶轴承密封圈的话，水轮机运行没两天就坏了。研发团队对林东说，这是世界难题。

没想到一个密封圈竟然会是世界级难题，这让林东夜不成寐。有天晚上，他在朦胧之中突然想到了潜艇。深潜三四百米的潜艇，压力这么大，潜艇是怎么不让海水从螺旋桨的密封圈里渗进来的呢？想到这里，他立即翻身而起，找专家请教这个问题。专家告诉他，潜艇采用的办法是，让潜艇内这一部位的压力大于外部的压力，这让他茅塞顿开。

林东让研发团队将潜艇上的绝招移植到水轮机上，索性将处理过的没有杂质的海水注入轴承箱，且轴承箱内部的压力大于外部，以致只能没有杂质的海水从内往外渗，而外面的海水和沙子进不来，实现了动态平衡。一个"世界级难题"，迎刃而解了。

　　2016年7月25日，第一个潮流能发电模块在总成平台下水。

　　涨潮、退潮时都不能作业，只有涨退潮之间的平潮期可以作业。那个月，作业的窗口期总共只有3天，而每天只有半小时。

　　25日一早，浮吊船长打电话给林东："董事长，海里的事情真不好说，万一发电模块放不下去怎么办？"林东说："如真的遇到这样的事，你们船先撤，工程款我照付。"

　　谁料想，竟一语成谶。

　　25日早上9点30分，浮吊船进场，开始吊运潮流能C模块。不料，放到五分之四的时候，竟然真的卡住了，而且真的既下不去，也拉不上来。

　　赶紧请来最好的工程师，在现场开分析会。有人提出派潜水员下去摸排，被林东否决：潮流太急，潜水员下去不安全！原因究竟何在，众说纷纭。

　　又是一夜无眠。C模块下水下到一半时，轴承上72片合金钢叶片高速旋转的画面，一直在林东的脑海里旋转。次日早晨，他一跃而起，问现场指挥：C模块离海底是不是还差2.35米？答：是啊！林东道，拿图纸来！打开图纸，模块下不去的原因清楚了，是卡在下部距离海底2.35米的一根横梁上。"叶片转速那么高，说明C模块下水时间已经过了平潮期。潮流太大，模块难以垂直下海，模块被潮流推向了横梁。"

　　一查作业时间，果然迟了半小时，过了预定的平潮窗口期。

　　27日，在严格限定的作业窗口期内，C模块和D模块顺利下水、发电。

　　如今，在舟山总成平台上，共有3代7个模块在发电。第一代是阻力型垂直轴水轮机，有4个发电模块；第二代有2个模块，是升力型垂直轴水轮机,采用碳纤维叶片,成本大大降低;还有1个模块是第三代的升力型水平轴可偏航水轮机,也是碳纤维叶片,根据水流的朝向可360度自动掉头。

"现在我们一台机组捕获潮流能的能力已经达到了40%。"林东说。历时10年,他率领研发团队攻险克难,已获授权的国际国内专利达56项,其中发明专利25项,林东均为第一发明人。

2019年七八两月,台风"丹娜丝"和超强台风"利奇马"先后袭击浙江沿海,"小提琴"经受了最大12级台风的严峻考验,正常并网发电。

在杭州的公司总部,最令林东自豪的是一张电费结算转账支票:2016年8月-2019年7月潮流能发电,国网结算电费256.8957万元。

"国家为了鼓励我们研发潮流能发电,给我的电费是2.56元/度。而欧洲发展潮流能发电的规划是,到2025年,电价1.5欧元/度,即11.67元人民币/度;到2030年达到1欧元/度,按目前的汇率为7.78元人民币。我相信,潮流能发电的电价应该低于火电的价格。我们的目标是做到电价0.258元/度。"

王海峰告诉记者,目前,海洋潮流能发电技术装备已趋成熟,为今后的规模化开发利用打下了基础。据悉,自然资源部计划在"十四五"期间将在舟山推进百兆瓦潮流能示范基地建设,实现潮流能的规模化利用,助推海洋可再生能源这一新兴产业的发展。

2022年2月24日,稻桶山岛又传来鼓舞人心的消息:海洋潮流能发电站又迎来了新伙伴——第四代潮流能发电机组,也是世界最大单机LHD1.6兆瓦潮流能发电机组"奋进号",在此启动下海。

随着一声汽笛长鸣,林东率领的LHD研究团队攻克多项核心关键技术、潜心三年成功研制的兆瓦级潮流能发电机组"奋进号",向海面缓缓下降,稳稳进入LHD项目第二期总成平台内。该兆瓦级潮流能发电机组投运后,潮流能发电成本将大幅下降,从而大大推动我国潮流能发电产业化发展。

林东介绍说,2016年7月27日,LHD项目首期1兆瓦机组顺利下海发电,同年 8 月 26 日成功并入国家电网，实现了中国海洋潮流能开发与利用进程中大功率发电、稳定发电、并入电网的三大跨越。自 2017 年 5 月 25 日开始至 2022 年 6 月底，LHD 项目已实现连续不间断发电并网运行 61 个月，连续发电并网运行时间保持全球第一，累计并网发电超过 290 万千瓦时，位居世界第三。这是我国海洋清洁能源科技创新的重大突破，是目前世界上唯一连续不间断运行超过一周年的项目。

资料显示，此前世界最先进的潮流能机组由美国 GE、英国劳斯莱斯、法国阿尔斯通三大航空发动机巨头联合研发，装机功率 1 兆瓦。该机组最长连续不间断并网运行时间为 113 天，无奈停机良久后宣布失败。而法国国有船舶集团（DCNS）研发的 1 兆瓦潮流能发电项目，也于 2018 年宣告失败清盘，债务接近 22 亿人民币。曾经技术储备雄厚、势头良好的日本经济产业省联合 IHI 株式会社（川岛重工）投入重资研发的 0.1 兆瓦潮流能机组即"黑潮"项目，下海后却无法适应海上生活，至今仍无法持续发电并网运行。还有美国国家能源部资助的美国 Verdant Power 潮流能研究团队在纽约港试行装机容量为 0.15 兆瓦的潮流能发电，连续不间断发电并网运行最长时间为 85 天。唯有中国原创的 LHD 项目是当今世界上唯一实现连续发电并网运行突破一周年的潮流能发电机组，被权威机构评价为世界首座海洋潮流能发电站。

林东说，我们的成功，也不是孤军奋战得来的。LHD 团队在不断探索超临界大型潮流能机组稳定发电并网技术的过程中，不断深化产学研融合，通过与浙江科技学院、三峡科技等机构的深度合作，攻克了一个又一个技术难关，使我们中国原创的海洋潮流技术不断完善、不断提高，从而为打开全新的万亿级海洋高端装备产业和发电市场奠定了良好基础，也为我国实现"2030 年前碳达峰、2060 年前碳中和"的目标贡献了一份来自大海的力量。

第三板块
Third plate

陈进：寻找长江源头冰川的"第一滴水"

陈　进

男，1959年8月出生于上海市，祖籍湖北黄冈，清华大学博士毕业，二级教授，曾经担任长江水利委员会长江科学院副院长，目前兼任中国水资源战略研究会理事、中国水利学会水资源专业委员会副主任委员和《长江科学院院报》主编等职位。长期从事长江流域水资源与生态环境研究，负责或者参加过国家自然科学基金重大、重点项目、国际科技合作项目和长江流域综合规划等流域规划10多项，先后组织长江水利委员会及长江科学院三江源及西藏科学考察10次，先后获得省部级以上科技奖励10多项，出版专著10本，发表论文200多篇。2007年获得"长江水利委员会重大成就奖"，2015年湖北省环境保护政府奖。

Chen Jin

> 青藏高原，地球的第三极。今人也许很难想象，1000万年前，青海境内海拔才1000米，呈水草丰沛的热带、亚热带气候。而如今，青海西南部的高原海拔在4000米以上，不见灌木，只见脚下的高寒草甸和远处连绵的雪峰。它又是名副其实的"中华水塔"，唐古拉山、东昆仑山脉的数百座冰川，滋养并存储了长江、黄河和澜沧江的源头之水。

从2012年以来，长江科学院已连续5年组织了8次长江、澜沧江、怒江、雅鲁藏布江源头的科考。这于2017年进行的第9次江源科考，是长科院和青海省水利厅、青海大学组织的联合科考，将对长江正源沱沱河、南源当曲和北源楚玛尔河及澜沧江源的水资源、水生态环境和地形地貌开展科学考察，考察内容包括河道河势、水环境、水生态、水资源、水土流失等，科考目的是为了进一步掌握长江和澜沧江源区的生态环境现状，为三江源国家公园水文水生态监测规划提供基础数据。

整个科考自 6 月 1 日始，从玉树至各拉丹冬雪山，再出昆仑山口到格尔木，全程 2080 多公里，历时一周，胜利完成。

联合科考队出发前夕，青海大学校长、院士王光谦专程赶来送行。对江源地区十分熟悉的他，感慨地对长科院前院长、科考队顾问郭熙灵说："你们现在去三江源可不是好时候啊！"

江源地区最好的季节是每年的七月下旬至九月上旬，但这通常是旅游者的出行选择。2017 年 6 月 1 日，武汉气温已达 30℃；而江源七月初仍有可能飘着鹅毛大雪。年逾花甲的郭熙灵握着同行的手说："我们只能赶早啊，就怕冰雪化了车没法进去了。"

王光谦院士的提醒，没多久就给了人真切的体会：联合科考队几乎每天都要经历风雪冰雹，而且常常是从一场风雪进入另一场冰雹，如果一天只经历一场风雪那简直是太幸运了。

6 月 5 日，这是联合科考队经历的不同寻常的一天。

科考队这一天的任务是进入各拉丹冬雪山东南侧的岗加曲巴冰川科考并立碑。前一天，科考队在沱沱河和当曲汇合处的囊极巴陇立下了"囊极巴陇考察纪念碑"。这是本次科考所立的第一块纪念碑。

囊极巴陇，是通天河的诞生地。长江正源沱沱河和长江南源当曲在囊极巴陇交汇，成为通天河。很多人是在儿时读《西游记》时第一次读到"通天河"三字。因此，当科考队第一天来到通天河直门达水文站，面对雪山下滔滔而来的通天河水，不禁会在心里感慨道："这真的是通天河啊！"据说，沱沱河之名来自蒙古语音"托克托乃乌兰木伦"，意为"滔滔的红河水"；当曲则源自藏语，意为"沼泽河"，其名均为描摹河流外观形态而得之。唯有"通天河"三字，将高不可测之天、危石嶙峋之地、奔腾不息之河这三者连接了起来，苍茫辽远，充满哲思，如同神作。通天河自囊极巴陇向东南流去，蜿蜒曲折流过 828 公里后与巴塘河汇合，改名为金沙江，由此进入四川，愈发奔流激荡。

来自青海大学三江源生态与高原农牧业国家重点实验室的李琼博士，认真地记下囊极巴陇考察纪念碑的坐标：北纬 34°07′42″，东经 93°00′59″，海拔 4431 米。

"我们早就想去囊极巴陇科考，"郭熙灵说，"实在是前些年路况太差，去不了，今年总算实现了这个心愿。"

科考队即将要去的岗加曲巴冰川，更加意义非凡。"岗加曲巴是各拉丹冬雪山最重要的几个冰川之一。我们去年考察的姜根迪如冰川是沱沱河的源头，而岗加曲巴冰川是尕尔曲的源头，"郭熙灵强调说，"尕尔曲的第一滴水就来自岗加曲巴冰川。"

这怎么不让人充满期待和向往！

海拔 4580 米：发现了河底的水生生物

6 月 5 日早晨 8 点半，10 台越野车组成的联合科考队驶出了沱沱河畔的唐古拉山镇，沿着 G109 国道青藏公路直奔各拉丹冬雪山。右侧并行的是青藏铁路，尽管青藏公路上几乎见不到客运大巴，但一台台满载各类建设物资的载重车摩肩接踵，让人感受到青藏公路的那一头——西藏发展和建设的活力，这与科考队前些天行进在无人区时连手机信号都没有，只能偶尔遇见野牦牛、藏野驴的感觉迥然不同。

车过开心岭不久，青藏公路上就出现了一座牌楼："西藏人民欢迎您"，这似乎在提醒科考队：布曲和尕尔曲的交汇处不远了。车队驶离青藏公路，沿着荒漠中的车辙直奔预定的科考地点。

在海拔 4580 米处，科考队来到了尕尔曲和布曲的交汇点。这两条河究竟谁对长江的贡献更大？

从《山海经》开始，就认为尕尔曲是长江的源头，因为它的走势与长江的走势基本一致。它的源头就是我们要去的岗加曲巴冰川。但上世纪70年代后，国家组织了专业科考队对长江之源进行了考察，发现布曲的水流量相对更大，因此将布曲定为干流。尕尔曲汇入布曲后，布曲往前接纳旦曲、汇入当曲，直到囊极巴陇与沱沱河交汇，这就是长江的'江源五曲'。"将这江源地区复杂的水系介绍得头头是道的是青海"极地户外"创始人张永，他不仅负责本次科考的向导和后勤保障，还对三江源的历史地理十分稔熟，人称"国家地理代表"，是长江科学院特聘客座研究员。

尕尔曲畔，长科院河流所的闫霞却在焦虑：现在气温只有-1℃，当高工周银军将多参数水质仪的探头伸到尕尔曲的河水中去时，笔记本电脑却死机了。两人商议，只能先让笔记本电脑晒晒太阳"热热身"，再重新启动。此举果然有效，他俩又负责地将两条河的水质、流速等所有数据仔细地重测了一遍。周银军还用激光测距仪测出了两河河床的宽度：布曲宽36米、尕尔曲为21米。闫霞还发现，尕尔曲的水温要比布曲低0.8℃，"尕尔曲的源头就是岗加曲巴冰川，它的水是'冰水'，而布曲的上游有几处温泉，"长科院副总工程师徐平分析道。

布曲旁，长科院水环境所的郭伟杰博士也有了新发现：他顾不得水温只有1.8℃，穿着塑胶长筒套鞋站在布曲河水里，用网兜细心地一遍又一遍地从河底采集底栖生物。开始捞上来的都是石块，但功夫不负有心人，几次三番后，网兜里果然有了不少叫不出名字的水生昆虫。真没想到在海拔如此高而水温如此低的河道，竟然生活着如此众多的水生昆虫，"我现在肉眼判断这是'网补责科'的一种，回去后还要用显微镜进行仔细分析。"稳重的郭伟杰不愿意轻易下结论，"针对采集到的不同源区的样品，我们要弄清水生生物的种类、生物量等指标，还要开展水体氮磷、有机污染物以及金属离子等水质参数的检测。"

"大家抓紧些，"徐平提醒队员说，"我们这里离岗加曲巴冰川还有一百多公里，要抓紧赶过去。"

海拔 5243 米：岗加曲巴冰川立碑

职称为教授级高工的徐平，是整支联合科考队中年龄最大的博士。整支科考队有多少博士？包括青海大学 2 名在读博士生在内，整整 13 人。

"我们长科院现在招聘科研人才以博士为主，"沙志贵副院长说，"长科院现有博士 200 多人，我们这次科考队里有那么多年轻的博士、硕士，就是希望能为他们将来的科学研究打下扎实的基础。"

联合科考队的越野车队沿着白雪覆盖的荒漠向海拔 6621 米的各拉丹冬雪山驶去，后车司机小心地尽量不走前车的车辙，以免陷在雪中。车身在雪中颤抖，绵延的雪峰则越来越近，这不由得让科考队员想起北上广白领中流传的"鸡汤"："生活不仅是眼前的苟且，还有诗和远方。"不知道这"远方"指的究竟是什么？是不远处的雪峰吗？如果是它们，那对这些年轻的科学家来说太平常了。对他们而言，这究竟是"眼前的苟且"呢，还是"诗和远方"？而属于他们的真正的"诗和远方"又是什么呢？这些一心探求江河大地奥秘以造福国人的科学家们，他们的"诗和远方"，也许是如何才能让长江、黄河和澜沧江永远清澈见底、奔腾不息吧！

现在，越野车队已经达到了海拔 5000 多米。离各拉丹冬雪峰越近，荒漠上的冰渍石也就越多、冰渍石的个头也就越大，越野车颠得也越厉害。而几天前，当科考队在海拔 4200 米左右的通天河曲麻莱河段科考采样时，周边是典型的高寒草甸地貌。青海大学的博士孟庆凯说，高寒草甸的有机质集中在草甸的 10 厘米左右，极易被破坏。仔细观察一下，色泽土黄尚未转绿的草甸上，似乎有不少洞穴，"这就是高原鼠兔的洞穴，它们喜食草的根系，而根系是草甸重要的储水层，鼠兔把根系吃了，就会造成土壤储水能力下降，有可能引起草地退化。"孟庆凯说，"关键是高原鼠兔的天敌减少了，希望能想出治理的办法来。"

尽管天空飘雪，孟庆凯、倪三川、李琼和任燕等还是打开携带的探地雷达，利用探地雷达发出的电磁波，探测地下结构。"这地下还是冻土层，"孟庆凯说，"冻土层在水土保持中也有重要作用。这里的冻土层是季节性冻土层，实际上起到了'隔水层'的作用。它冬天冻住，就为高原储存了水分；夏天冻土开化，又将水释放了出来，可防止土壤因过分蒸腾导致干旱而退化。我们必须掌握江源地区土壤含水的数据，这非常重要。"

遍地一个个像馒头一样圆鼓鼓的草甸，是高寒草甸典型的"冻胀丘"。夏天，它里面的水分很多，冬天被冻住后体积膨胀，就鼓了起来。这说明，虽然各拉丹冬雪山的冰川这些年出现了退缩，但科考队选取的几个科考点的土壤含水量依然比较充足。

而今天，眼前是整个晶莹剔透的冰雪世界。各拉丹冬雪峰四周冰川覆盖的面积达七八百平方公里，有大小冰川 130 条。在安多县两位藏族向导的带领下，岗加曲巴冰川终于矗立在我们面前。但雪河、冰湖和冰渍石却令车辆无法靠近，沙志贵、郭熙灵按计划确定了竖立科考纪念碑的地点。

一路走来，不能不佩服"极地户外"的师傅们，他们不仅有着在雪原、河道、草甸以及所有没有路的地方驾车越野的本领，还负责整个科考队的"力气活"和伙食供应。

很快，"岗加曲巴考察纪念碑"在冰川前立起来了。它的坐标是：北纬 33° 28′ 2″，东经 91° 11′ 58″，海拔高度 5243 米。

师傅们转身开始用煤气罐和高压锅做饭。这几天，他们最好的"厨房"是路上偶遇的牧民废弃的屋舍或羊圈，而今天什么也没有，因为牧民不会到冰川前来放牧。师傅们在高压锅里炖的，不是米饭，而是一锅面片。开锅后，倒入事先炒好的臊子一搅拌，就是"舌尖上的青藏高原"了。这热量和美味，足以吸引冰雪荒原上所有的生灵。3天前，当联合科考队在通天河畔开饭时，天上秃鹫飞翔，地上有2只高原流浪狗悄悄走过来，但它们既不朝队员们吠叫、也不彼此争抢，宛如专程应邀赴宴的嘉宾，彬彬有礼，静候开席，着实令人怜惜。

但眼下，雪原上只有联合科考队。队员们科考心切，甚至顾不上"大厨"们的美味，就已经先向岗加曲巴冰川进发了！

海拔5350米：冰湖惊现"长鳍高原鳅"

沙志贵和郭熙灵跟着安多县的藏族向导，向岗加曲巴冰川大步走去。此刻，郭熙灵几乎全然忘了出门前老伴再三的叮咛："你都是年过60的人了，这江源科考你都去了那么多次了。我也不硬拦你，但你自己要当心身体，你的血压这么高。"冰川当前，郭熙灵这基建工程兵的后代已激情燃烧。他和沙志贵甚至开始都没有察觉：从立碑处到冰川的距离不是原先估计的4公里，而要远得多。

同样急切地走向冰川的还有长科院水资源所所长许继军，这位清华的博士，近年来几乎走遍了江源地区。"水是生态系统中最活跃的因子，没有水就没有生命，现在你要看一条自然的河流，你可能只能到青藏高原去看了。长江在源区是自然的河流，但长江一旦到了中下游，就已经是一条人工的河流了，所以长江源让我着迷"。

顾不上吃饭就直奔冰川而去的队员里，还有长科院水土保持所张文杰博士。在南京河海大学读博的4年里，他几乎走遍了除阿里地区外的整个西藏。"我这次参加科考，任务就是要考察江源的水土流失情况，弄清河流中泥沙的来源。这一路上，有的河水清澈见底，有的河水呈土黄色，还有的河水甚至是红色的，这些不同究竟是经过了怎样的物理、化学过程？这次是难得的机会，我希望能取到长江源头的第一滴水的样品带回去研究"。

戴着一顶"小红帽"的青海省水文局蔡宜晴，无疑是队员中个子最小的女生。科考队出发首日，她就感冒了。高原上的感冒很有可能引发肺气肿，后果十分危险，但蔡宜晴竟然不露声色地扛住了。感冒这件事她队里谁都不说，每天和父母通电话时，她只说自己的感冒"已经好了"。她悄悄地在背包里塞了4个氧气罐，以备不时之需，但从不言退。"我研究生学的专业就是'水文与水资源工程'，这个机会太难得了"。

她跨过一条又一条雪河，奔向岗加曲巴冰川，一步不落地紧跟在青海省水文局副局长李其江身后，真是个"勇敢的小红帽"。

而平时就喜欢体锻的李琼，冰川纵横方显其英雄本色。不久前，她曾以2小时26分在西宁市跑了个"半马"。因此，即使前往冰川的往返路程不是8公里而是实际上的13.2公里，也并没有让她感觉超出身体的极限。"这是我工作的一部分，"这位毕业于中科院寒旱研究所的女博士淡定地说。常年在青藏高原上与冰雪打交道，她已无常人初见雪峰冰川时的"激动"，"我都不会拍下雪山照片发朋友圈，因为我的同学同事都是干这个的，我们的课题就是研究这些年冰川退缩后的状况。"她说。

走了2个多小时后，他们终于触摸到了岗加曲巴冰川。冰川像似是一堵有几十米高的、几乎垂直的挂满了冰柱的冰墙。更令人惊奇的，是冰川的左侧，竟有两个相连的冰洞。

"冰洞里实在太美了，"李琼忍不住赞叹起来，"冰川经过千百年的压实作用，晶体格外透明，看上去不是冰而是水晶，整个冰洞就像水晶宫一样。再仔细观察，还能看到冰晶和沙砾的互层现象。"

更神奇的，是冰洞外有一左一右两个冰川雪水融化而成的冰湖。作为水资源研究专家的许继军，突然在小冰湖里发现有鱼。他蹲下身来，细细地数了一下：4条鱼！4条长鳍高原鳅！最长的一条大约有6厘米。

"好后悔！"大家这时才发现谁都没有带捕捞的网兜，谁都没有想到在海拔5300~5400米的冰湖里竟然会有鱼！许继军赶紧将这冰湖之鱼拍了下来。

在岗加曲巴冰川前沿的流石滩，徐平还采集到了高山藏雪莲样本。

而一心想要获得"尕尔曲第一滴水"的张文杰，也终于如愿以偿。他以往返约14公里的最远距离，抱回了一根大冰柱，虽精疲力竭，但满心欢喜。他将冰柱装入样品桶，将此作为尕尔曲第一滴水的样本。

傍晚17点，预定的集合时间到了，但仍有多名队员未见踪影。"极地户外"的张永担心了，曾在"南京路上好八连"部队服役5年的他，立即带领车队的司机们赶向冰川，必须将体力不支的队员们一个不少地安全"架"回来。

郭熙灵和沙志贵是自己走回来的，他们径直走向"岗加曲巴考察纪念碑"，拍下夕阳下的纪念碑。

在正常情况下，人体的血氧含量应当在95以上。用便携式血氧/心跳测量仪一测量：沙志贵的血氧含量77、心跳102；郭熙灵的血氧含量67、心跳84。作为常年出入高寒地区的科学家，他们并不是没有高原反应了，只是他们一直在克服高原反应。正是对这江河大地的执着和热爱，一次次地不放弃，使他们比常人更加坚韧。

当晚20点30分，联合科考队完成了所有预定任务，告别格拉丹东雪峰。

次日凌晨1点，车队终于重返沱沱河畔的唐古拉山镇。这里的海拔是4500米，唐古拉山镇已安然入睡。

张甘霖：俯首倾听青藏高原的喃喃低语

张甘霖

男，1966年出生于湖北通山，1993年获得理学博士学位，2001年晋升研究员，博士生导师。曾任中国科学院南京土壤研究所副所长，土壤与农业可持续发展国家重点实验室主任，2019年5月起任中国科学院南京地理与湖泊研究所所长。国家杰出青年基金获得者，入选国家百千万人才工程并获国家有突出贡献中青年专家称号。曾任国际土壤科学联合会（IUSS）土壤发生委员会主席、FAO"政府间土壤专家小组"（ITPS）成员，中国土壤学会常务理事、秘书长。National Science Review、中国科学、Geoderma等期刊编委。在Science、PNAS、National Science Review、Science Bulletin等国内外学术刊物发表论文400多篇（其中SCI论文180多篇）；出版专著5部，主编《中国土系志》（30卷）；主持制定国家标准2项；获国家自然科学二等奖1项、省部级科技奖6项。

Zhang Ganlin

青藏高原海拔5000米上下的地区，空气含氧量不足内陆平原地区的一半。而他们这群特殊的汉子，似乎自带氧气、能量和光芒，无惧高海拔、缺氧和艰难险阻，激情满怀地奔走其间。他们不是热衷探险的"驴友"，而是一支由中科院南京土壤研究所土壤科学家为主组成的土壤科考队。

从2017年8月19日开始，我国正式启动了第二次青藏高原综合科考。这些年来，10大科考任务渐次展开，涉及5大综合考察区域，共有包括南京土壤所在内的60多个专题科考分队为此奔走在青藏高原的冰川、湖泊、荒漠和草甸之间。

中国土壤学会秘书长、中科院南京土壤所研究员张甘霖介绍说："世界上有35万多种植物生长在土壤上，全球70亿人每天消耗的80%以上的热量、75%的蛋白质和植物纤维都直接来自土壤，但世

> 界上三分之一的土壤已经退化。而青藏高原独特的地质历史、气候条件和植被类型，造就了青藏高原独特而又丰富的土壤类型，它既是地表环境要素相互作用演化的产物，又是维系青藏高原生态系统的基础。通常，形成1厘米厚的土壤可能要经历100年到1000年的时光，而在青藏高原高寒地区要经历的时间也许更长。"

张甘霖研究员的话，已经足以点燃记者跟随南京土壤所科考队走进青藏高原的激情了。而在此之前，最早提醒记者关注土壤的是广东省生态环境技术研究所研究员陈能场博士的一句话："人类寿命太短，难以察觉土壤变化对人类文明产生的伤害。"

此话直击记者的心脏。

"土老冒"、"土得掉渣"，"土"在很多人的思维中几乎是贬义词。而我们对土壤的漠视，或是因为自身的生命过于短暂，如同"夏虫不可语于冰"？

还是跟随土壤科学家走进青藏高原，俯下身，把我们平日灌满了城市喧嚣的耳朵紧贴在荒漠和草叶上，听听高原土壤的喃喃低语吧！

刘峰队科考志：隆仁错——色林错

南京土壤所科考队的出征仪式是2019年7月下旬在拉萨举行的。张甘霖在出征仪式上动员说，40年前的首次青藏高原综合科考，前辈们制作了1∶100万的青藏高原"土壤图"，而这次的目标是完成1∶50万的土壤图。过去图上1平方厘米代表100平方公里，而新图的1平方厘米代表25平方公里，虽然比例尺精度只提高了1倍，但土壤采样工作量增加到4倍。且由于土壤在空间上的变化很复杂，我们科考队要找到土壤变化的区域和边界，发现不同尺度的土壤变化规律，同时将土壤空间的信息更精确地体现在土壤图上。

所有的科考队员都觉得责任重大。第二次青藏高原综合科考是一个综合性非常强的系统工程，土壤科考是其中涉及地表系统的非常重要的部分，是整个系统工程中不可或缺的一环。但南京土壤研究所承担的土壤科考项目，也只是土壤科考中的一部分。具体承担的科考内容，是"土壤质量变化及其对生态系统的影响"专题中，直接以土壤为研究对象，侧重于土壤的类型和分布的子专题。土壤和农业开发、生态环境保护等密切相关，因此必须对青藏高原的土壤数据有全面的了解。

这一科考项目是个 5 年规划，计划野外分区作业 3 年，2019 年是野外作业的第一年；后 2 年主要进行室内研究分析。科考重点是研究土壤不同尺度的分布规律，目标是制作完成精度比过去高一个等级的青藏高原"土壤图"。

科考队从拉萨出发后，经日喀则便兵分三路：由研究员赵玉国、李德成和副研究员刘峰各率一队，每个小队又分为 2 组，按计划分头奔向藏西北高原。

青藏高原成土环境独特，刘峰从一开始就期待着"意外"：科学史上的很多发现都是"意外"引发的，据说当年英国人弗莱明因着急出门旅游，忘记了培养皿中的细菌，却因此发明了青霉素。"意外"，常常是未知世界对科学家的"神秘暗示"。但刘峰没有想到的是，这次科考，各种意外竟接踵而来。

7 月 24 日傍晚 5 点 30 分，刘峰小队抵达谢通门县隆仁错附近，刘峰看天蓝云白，估计赶在晚 9 点 30 分天黑前仍能完成一个样点，果断决定采样作业。GPS 显示，预定的样点在附近山上，于是他们将车停在山脚，扛着工具登上山顶。一个标准的土壤样点，应是宽 1 米、深 1.2 米、长近 2 米。通常山顶上土层不会很深，但他们挖到 0.9 米时，意外地出现了一个坚硬的黏土层，有 6-7 公分厚。这一现象让刘峰他们颇感困惑，不知该如何解释，再往下挖，直挖到 1.4 米，才到土壤的母质层。取样完毕，已是晚 10 点 30 分。

此处海拔 5020 米，只要太阳一落山，风就从凉爽变得冰冷，累得满头大汗的他们赶紧打着手电摸下山。这晃动的手电光，让山脚下等着的司机宋师傅松了一口气。之前，科考队做一个采样通常 3 个小时，而此刻"已经 4 个半小时了，他们怎么还不下山？"曾听说这里有野狼出没，还没有手机信号，他正急得想着要去报警求援。

一行人赶紧上车，往山下驶去。不料迎面来了一台拖拉机挡住去路，车上跳下一大群藏民将科考队围上了。刘峰他们不通藏语，对方不谙汉语，双方比划半天才猜出对方的意思。藏民问："你们是来干什么的"，刘峰忙递上南京土壤所的介绍信。直到介绍信和每个队员的身份证让每位藏民仔细过目后，藏民才放下警惕，彼此握手言欢。原来，藏民发现"一伙来历不明的人在他们的山上摸黑挖坑"，形迹实在可疑，必须核查清楚。

告别藏民，刘峰刚放下心来，就听现在内江师范学院任教的杨帆说："师兄，我头抬不起来了。"这让刘峰心又一紧。他看杨帆冷得直打哆嗦，便让宋师傅加大油门直奔谢通门县医院。

谢通门县医院里，只有一位藏族医生和一位藏族护士值班。一测杨帆的血氧含量指标只有 60 多，人在内地的血氧含量正常值应是 95 以上，医生赶紧给他吸氧。医生说："别说你们内地人，就是我们当地人，一下子上 5000 多米的高原，也会有高反的。咱医院条件差，连 X 光机也没有，也只能给他吸氧，病人还是送到日喀则市医院比较安全。"

虽然已是次日零点 30 分，宋师傅二话不说连夜驾车送杨帆去日喀则。车进日喀则市人民医院大门，正是凌晨 2 点 30 分。好在杨帆毕竟年轻体壮，在日喀则医生的救助下次日就度过了高反。

刘峰小队下一个科考样点在色林错。色林错湖面开阔，中科院青藏高原研究所的研究表明，由于十多年来湖面面积不断增加，原位居我国第三大咸水湖的色林错面积已超过了纳木错，成为我国第二大咸水湖。组长杨飞和杨帆他们选了一处，蹲下身，分别用手捡了几颗草甸上白色结晶尝了尝："咸的，是盐。就这儿吧。"高度表显示：海拔 4533.7 米。在高原上平地挖深坑可是个力气活，郭龙、谷俊、杨帆、谷洪玉、钟陈等年轻人轮番上阵。杨飞解释了为什么选这儿做样点：因为千百年来色林错湖面大幅度进退，选点必须考虑代表性，这里是典型的盐化草甸土，但地下水位高，如再往湖边走，怕有陷车的可能。

果然，才挖了六七十公分深，地下水就涌了出来，赶紧用桶往外舀水，水干了再挖，没挖几下水又从四壁渗出，于是再往外舀水……干了 2 个多小时，才形成了标准的样坑。于是，杨帆他们精心修出整齐的坑壁，判定样点的土层，再逐层取样。每层取 1 袋土，每袋 2 公斤。

为什么用布袋装土？杨帆解惑道："布袋可以滤去土样中的水分。如果装在不透气的塑料袋里，土样里的微生物活动容易使土壤变质，影响土壤的理化性状。有条件的话，布袋中的土样还应当尽快风干。"

只见谷俊又跳入坑中，用锤子将一个 5 公分高的铁环砸进土里，取出后用小刀细心地削去露出环外的部分。"这是环刀样品，"杨飞说，"用于测定土壤的容重，它可以反映土壤的通气和持水性能，是事关农牧业生产的重要指标。每层取 3 个环刀样品，回到实验室后，还要送进 105℃的烘箱内将它烘干，再计算出它的容重。"难怪取样如此精心。

在这支队伍里，还有几位特殊的成员：沈阳农业大学教授王秋兵、谷洪玉博士和来自华中农业大学的郭龙博士。行前，王教授的夫人一直担心他血压会不会太高、高反会不会严重？公道地说，这完全是夫人级的合理关切。但谁想到这次科考中，王秋兵教授的血氧含量始终徘徊在 70~75 之间，他不仅是科考队里博士、硕士们的带教老师，一路辅导，还兼科考队现场作业评委，最后还亲自上阵做样点。如同上半场他在球队当"场外教练"，下半场却变身直接射门进球的"前锋"。不能不说，野外科考，有太多的意外和想不到。

还有郭龙和谷洪玉这两位博士,这是他们第一次见识青藏高原。这青藏高原,对别人来说是"诗和远方",对他们刚刚开启的科研生涯来说,却是"一生的冷板凳"啊!"非常震撼,最大的收获是换了一个视角看自然!","为什么山坡上温度更低,植物反而比山脚下更茂盛?怎么区分草原、草甸和草毡?怎么区分土壤中的洪积物和坡积物?过去我们只知道书本上的道理,现在我们见识了青藏高原的神奇!"他俩兴奋地说。

李德成队科考志:阿果错——大标本

青藏高原强烈的紫外线在李德成脸上留下了再清晰不过的印记:双颊完全呈紫红色。而他说起话来依然如年轻人一般激情飞扬,让人想不到他是1965年出生的人,年龄仅次于科考队中"友情出演"的沈阳农业大学资环学院的老院长王秋兵教授。自2013年起,他已经六上青藏高原了。是什么驱动力,让这两位老教授这么激情满满?李德成队先是一路直奔羌塘高原腹地,连续在阿里地区的革吉、改则、措勤等县及日喀则市的仲巴县工作数日后,8月1日按计划由仲巴县城赶往革吉县亚热乡附近的阿果错进行调查采样。但谁也没想到,他们迎来了本次科考中最艰难的一天。

早晨8时30分,吃过简单的早餐,全队3辆车一同前往目的地。让李德成和吴华勇意外的是,进阿果错的唯一的山路竟然是条坑坑洼洼、弯曲上升的石子路,车子时速全程不超过20公里。

待赶到目标地阿果错边时,已是下午4点半。全队人马顾不上吃午饭,由吴华勇负责先选样点,他从离湖边大概1公里的一个山腰处开始向湖边走,每隔20米左右向地表滴几滴稀盐酸,观察稀盐酸与碳酸钙反应产生的CO_2气泡多少(土壤学上称为石灰反应),发现石灰反应总体上呈现有无到有,且逐渐增强的规律,于是他从高到低依次选定了4个样点,每个样点间距大约300

米左右。

当时他们为什么想到布设这个地形序列样点？

碳酸钙是我国中西部干旱－半干旱地区土壤中最重要的物质，也是划分土壤类型的重要指标。土壤中的碳酸钙会随着水分（降雨或灌溉）向地表低的地方或土壤的下部迁移。设计这个地形序列样点，就是想看看碳酸钙从山上向湖边、从土体上部向下部的两个方向的迁移情况，通过碳酸钙的这种迁移情况，可以有助于了解青藏高原古环境的气候特征。

阿果错的海拔5300多米，要一次完成4个样点并不轻松，且当时正赶上下着小雨。幸亏装运设备和物品的皮卡上载了一台汽油钻。吴华勇抱着这重达近20公斤的汽油钻，连续开挖调查采样了2个离湖近的样点，而李德成则完成了2个离山近的样点。晚上9点30分，全部样方终告完成。

此刻，队伍从早晨出发已然13个小时，全队没吃午饭晚饭，饥肠辘辘。如再按原计划赶到100多公里外的仲巴县城，一是太疲劳，二是也不安全。李德成和吴华勇商量后决定，改为赶往就近的帕羊镇住宿。

但意外事件，总是在意想不到的时刻抵达意外的空间点。车队没走多久，皮卡左后轮爆胎，只好下车换胎。当时气温不到3℃，寒冷异常，周边还不时传来野狼、野驴之类的叫声。待换好车胎再重新上路，抵达帕羊镇已是次日凌晨1点30分。车在街上转悠了大概半个小时才找到一家有空房的"重庆饭店宾馆"，敲开门进去才知道这里没水没电没饭。虽然饭店没"饭"，但对这些在荒原上奔波了近20个小时的科学家来说，有一张床铺就是天堂了。这些汉子幸福地扑倒在床上，立马鼾声四起，直接进入酣睡模式。

如今，所有的吃苦受累已经成为科考队员终生难忘的记忆。李德成曾拍下他们队员在班戈错边采集完一个"土壤大标本"后兴高采烈归来的视频，个个手舞足蹈就如凯旋的士兵。

什么是"土壤大标本"？其实就是土壤的原状整段标本，主要用于博物馆内展示土壤原貌,所以科考队要把原状土壤原汁原味地带回去,让所有未能到实地的人只要一看到这"大标本",就大致知晓青藏高原的土壤是怎么样的。

"大标本"的要求是在样坑上取一个高1米、宽20公分、厚达5~8公分的土柱,然后装入大木盒里,再运回内地。"班戈错的那个土壤样本特别难做,由于是靠近湖边的沼泽,土壤含水特别高,且非常松软,往往是正取样的时候,样壁就突然坍塌,没有办法,只能重新再取,前前后后折腾了几次才搞定。所以我们有句行话:泥越软,功夫越硬。"

在班戈错取的是什么类型的土壤呢?一般土壤从上到下,最简单的可分为3层:最上面A层为表土层,最底下C层为母土层,中间的B层叫心土层。土壤的发育程度,可以通过对心土层的性状来判断:它有没有植物根系?粘不粘?有没有形成结构?什么形状的结构?等等。如果心土层发育程度高,一般就比较厚,可以细分为多层。如果土壤没有发育或发育弱,往往A层下面直接就是C层,或B层很薄。

李德成分队里,还有一支"外援",就是中科院生态环境研究中心的刘四义和两位博士生韩冰、井忠旺。与众不同的是,他们是唯一自带冰箱的专家,那台体积100余升的移动冰箱由皮卡载着,与他们寸步不离。当李德成他们忙着采样时,刘四义则与学生一起戴上专用手套,开始采集土壤样品,一部分直接放进始终保持-20℃的低温冰箱;另一部分则装进常温自封袋;还有部分用锡纸抱起来,以避免有机物的干扰,用于回去分析土壤的脂质。"我们关注的是青藏高原土壤微生物的多样性,以及对土壤质量和气候变化的指示和反馈作用。"他说。

青藏高原确实有着许多独特和神奇之处。因为它地处高寒地区,通常认为青藏高原土壤发育和母质风化都很慢,但实际上青藏高原剥蚀区又是全球剥蚀速率最高的地区之一。虽然青藏高原有些土壤发育程度仍在幼年期,但其实下面覆盖着很古老的土壤。

土壤朴实无华，默默无言，但土壤是庄稼之母，土壤的质量很大程度上决定了农产品的质量，因此受到公众的关心是很自然的，这也为保护土壤提供了"无可奈何"的契机。张甘霖说，从系统的角度看，土壤是连接地表圈层的纽带，是生态之基，因此关注土壤问题绝不是只有污染问题，土壤还面临多种退化威胁。我们要认识到土壤是正在被消耗的自然资产，虽然从理论上而言是"缓慢再生的资源"，但对人类世代而言，却是"不可再生"的，关注土壤的安全不仅仅是为我们自己，也是为子孙后代提供生存和发展的基础，当然值得每个人都来关心和保护。

赵玉国队科考志：羌塘无人区——银河系

赵玉国分队的科考线路最令人羡慕：从日喀则走318国道，到拉孜后改219国道到达阿里狮泉河，后往东北方向闯入羌塘无人区西南部分、再翻过喀喇昆仑山、到达喀什地区后，东进和田，沿昆仑山北侧、塔里木盆地南缘进若羌，再分兵二路，一路奔阿克塞，另一路奔德令哈，在格尔木会合后，再向南翻越东昆仑，到达唐古拉山沱沱河，最后折返格尔木，全程从西藏到新疆再到青海或甘肃再到西藏，总计1万多公里。

张甘霖介绍各科考分队的行程后说："其实，早在40年前，当时的青藏科考和全国性的普查就做过土壤调查，但受当时技术条件的限制，青藏高原的很多区域去不了，有的实验做不了。所以虽然那时老一辈土壤科学家画出了青藏高原土壤分布图，但精度有待提高，而且40年过去了，当地生态环境的变化很大，全球气候变暖也带来了青藏高原植被和土壤的变化。如今，已经有了更好的技术手段，可以进入过去没能进入的无人区，并获得新的观测数据。通过这些新数据和历史数据的对照，可以帮助我们获得更多的信息，更深入理解环境变化对土壤的影响，以及土壤变化对环境的影响。"

科学家想要什么　　　　　　　那些在冰山星海之间追梦的人

　　如果问赵玉国队：这次科考，你们最难忘的经历是什么？那绝对是穿越羌塘无人区的经历。那天，赵玉国、宋效东 2 台车从革吉县盐湖乡出发前往日土县，因司机要办证，来自云南农业大学的讲师王豹临时"代驾"。从地图上看，行程 240 公里，不算太远。但原来的土路因大雨变得十分泥泞，且时断时续，车走着走着就迷路了，因为全无地标，即使原路返回，都不知道在哪里走岔道了。用 GPS 导航也只能显示大概的方向，却显示不了路在何方。更糟心的是，手机信号没有，还与宋效东车失去了联系。赵玉国看着车上的油表显示仅有半箱油，果断决定：先找藏民加油！

　　好不容易找到一户夏季牧场藏民，但彼此语言不通，比划了半天还不行，赵玉国干脆画了一个加油站，藏民这才明白，辗转多处找来 30 升油。这无人区的油来之不易，除了 600 元油钱，科考队送了藏民一支手电筒。加完油已是下午 1 点，图上距离显示才前进了 80 公里，只得赶紧上路。

　　无奈路况实在太差，一个侧滑，车陷烂泥里了。其实这不过是他们无数次陷车中的第 N 次，因为经常陷车、挖车，别的队已经授予他们"专业挖车队"的美誉。但这次真的是"陷"车了。倘若在内地，只要路边有一棵树，他们用车头前的绞盘钢缆，也能把自己的车拉出来。可这里是高寒、高海拔的无人区，别说树，草都没几棵。他们先是试着将挖土壤剖面的铲子插入地上，将它作为钢缆的支点拉车，结果铲子力不从心。脑力激荡后，还是他们的专业启发了思路：索性挖一个剖面，在剖面底部横放工兵铲，再用石块和土压住工兵铲，用铲子的钢柄抵住土壁作为钢缆的支点。这下，"专业挖车队"果然不是浪得虚名！

　　谁想到，他们还未从"自救成功"的自豪感中平静下来，前面的路面已经被雪水和雨水淹没，就连原来可勉强辨认的车辙都不见了，这是该进，还是该退？车上的赵玉国、王豹和汪虎三人，都同年属虎，人称他们为"虎豹队"。三人对过眼神，于是王豹切换低速四驱，前后差速锁定，升高底盘，拿出了虎豹的狠劲：冲！

车轮溅起一片片水花，多次侧滑，都被王豹敏捷化解，终于闯了过去。"我们没有退路。"赵玉国对王豹说。

这早已废弃的土路让"虎豹队"吃足了苦头。日落西山之时，又一个急刹车：前面路不见了！

3人忙下车上前察看：原来，土路已被一股湍急的水流冲出一条深沟，车还能过吗？

王豹不顾这冰川融水特别凉，脱了鞋袜跳将下去，拄着铲子一步一滑趟向对岸，"应该能过"！

赵玉国回忆起来："其实我那时想，大不了还是陷车，我们就原地过夜，明天再把车挖出来！"是啊，"专业挖车队"还怕挖车吗？

"虎豹队"回到车上，缓踩油门，发动机低吼，果然！一番颠簸摇摆之后，深沟已在身后！

王豹兴奋得刚要开启"飙车"模式，只听赵玉国下令："停车，我们再做一个样点。"

日落西山，已半天不见一个人影，而油料即将耗尽，尚不知日土县路在何方，还做样点？

"做，"赵玉国果决地说："这里前人没有做过样点，我们来一次无人区太不容易了，赶紧做。"

这真是"不忘初心"最好的诠释！这里是北纬33°4′17.3424″、东经80°52′46.2288″，海拔4433米，它将成为未来的《1∶50万青藏高原土壤图》中新呈现的样点。

车行子夜，又遇冲沟，停车探路。

不知哪位虎豹队员先抬首仰望，惊叹道："快看，星空！"

平日见惯了城市灯火的他们仨，突然在漆黑一片、渺无人迹的无人区，撞上了亿万年来始终默默注视着我们地球的银河，震撼无比。

"尽管前路未知，但那一刻，我觉得我们历经千辛万苦，做了那么多样点，好像就是为了来看这银河的。"赵玉国说。

星河璀璨，笼罩四野，无以名状。

每一个民族，都需要仰望星空的人；每个人的一生，总应当有一刻，哪怕仅仅一刻，在星空下默然肃立，洗净灵魂。

（附记：2019 年的南京土壤所 3 支科考小队各自行程上万公里，总计完成了 250 多个土壤样点。到本书截稿时为止，这项青藏高原土壤科考仍在进行中。）

孙立广：在极地冰雪中阅读极地生态史

孙立广

男，1945年出生于安徽庐江。中国科学技术大学教授、博士生导师，享受国务院政府特殊津贴专家。曾任中国科技大学极地环境研究室主任、安徽省政协委员、省政府参事。参加了南、北极考察和南海西沙考察。先后获"全国先进野外工作者"和"中国极地考察先进个人"称号。被评为"安徽省教学名师"，获"中国科技大学杰出研究校长奖"；3次获得"中国科学院优秀研究生导师"称号。独创的企鹅考古法研究成果被教育部评为"中国高校十大科技进展"，被科技部等四部委联合评为"科技攻关优秀成果"，获安徽省自然科学一等奖。出版《南极无冰区生态地质学》和《南海岛屿生态地质学》等专著。发表论文240多篇，研究历史时期企鹅数量记录的成果发表在权威学术期刊《Nature》上，开创了"南极无冰区生态地质学"研究方向。

Sun Liguang

20年前，孙立广教授带领他的博士生谢周清跟随中国第15次南极科考队首闯南极，由此开创了极地生态地质学这一全新的科学领域。20年来，这个研究团队已有50多人次先后去南北极科考。他们的研究对象自南极而北极，由南极而南海，探寻了一个又一个自然之谜。

"企鹅行走时，直挺挺的，它们的短腿好像没有关节，一点也不灵活，企鹅是不是患上了氟骨病？"

"1965年全球禁用DDT之后，南极冰源湖泊中沉积的DDT含量不仅没有降低，反而上升了，这是为什么？"

"如果说已消失的玛雅文明在海豹毛中留下了它的印记，您相信吗？"

《风雪二十年：南极寻梦》，这本由中国科学技术大学地球与空间科学学院孙立广教授在 2018 年推出的新书，提出的不少有趣问题几乎涵盖了我们印象中南极的最重要的标志物：企鹅、海豹、磷虾、冰盖和南极气旋。

1984 年中国首次南极科考时，591 名科考队员中就有上海《文汇报》记者陈可雄的身影。30 多年过去，人们对极地科学家和极地科学的关注一如既往。

"沿着前人的脚印走，永远也走不出自己的脚印"

"南极的科考，没有国内领先，只有国际前沿。"孙立广教授说。

但要一步跨到国际前沿谈何容易。1998 年 5 月的一天，孙立广教授接到北京师范大学赵俊琳教授的电话："孙老师，你愿意参加南极科学考察吗？"

这意外的惊喜开启了孙立广的南极之旅，也成全了一位地质科学家的极地之梦。

南极大陆的总面积相当于中国和印巴次大陆面积的总和，但限于当时的具体条件，他们能去的地方其实并不大，主要在长城站和中山站周边。可就是这两块"巴掌大"的地方，也已经被几十个国家的上千名科学家研究了很多年。

孙立广长时间陷于"阳台面壁"：去南极研究什么？晚上独自在阳台苦思冥想，夜空中闪闪烁烁的星球提醒他：南极科学，本质上不也是地球科学的一个分支吗？要在"大洋——岩石——土壤——气旋——生物圈"的界面和边缘上寻找科学问题。而生物圈里最先在他脑海中跳出来的是企鹅，企鹅是南极的标志性生物，它们在海洋中捕食，在南极大陆边缘的无冰区生活繁衍，企鹅把磷虾和鱼通过捕食和消化的过程，与它们自身的粪便、羽毛和残骨一起，留在了无冰区的陆地和集水区，与风化土壤和植被的残体等一起保留在沉积物中，从而实现了跨越海陆、跨越大洋的物质大尺度循环。

这让他豁然开朗。人们常说，"头上三尺有神灵"，但对地质科学家来说，

"地下三丈有记录"，这是地球科学的魅力和地质科学家的信念。

孙立广和赵俊琳、谢周清商定：就从南极无冰区的集水区沉积物着手，翻开南极生态地质学的"无字天书"。

但在长城站所在的菲尔德斯半岛，集水区并不好找。孙立广和赵俊琳在长城站科考的日子总共只有100天，时间紧迫，因此只要天气情况允许，他俩都爬雪山过冰河，去寻找有企鹅粪沉积的集水区。

赵俊琳比孙立广年轻十多岁，又是第3次来南极科考，经验丰富的他每逢外出总是抢在前"探路"，让孙立广照着他的脚印走才更安全。

踏着赵俊琳的脚印前行，安全快捷多了，但雪地上的脚印让孙立广顿悟："沿着前人的脚印走，永远也走不出自己的脚印。"

南极无冰区的海岸边通常是企鹅的聚集区，但那里都没有发现理想的沉积层。这让孙立广他们焦虑万分。

就在这次科考的第97天，孙立广和赵俊琳在阿德雷岛的一个凹谷中发现了4个小湖。发现的直觉让他们情不自禁飞奔而去。果然，这不是寻常的积雪融化的小湖，水中还漂浮着浅粉红色的絮状团块状物质，企鹅粪就是这颜色！

挖！有难闻的臭味；再挖！泥沙的颗粒有粗细之分，且层次分明；一直挖到40多厘米深的地方，还没有见底，一直挖到冻土层。

有气味说明有腐烂的有机质，不论是企鹅的还是植物的有机质，都是解读南极生态和气候变化的重要材料。有深度，有层次，就有南极的生态史！

第二天，孙立广带领南极长城站的大队人马重返阿德雷岛，在他命名的"雅湖"中，用貌不惊人的两根PVC管子和一把大铁锤，正式采集了2根湖泥柱子样品。其中，一根长的样品有67.5厘米，从最表层到岩石层，尽可能从中获取最为久远的环境和生态变化的历史信息。

谁也没有想到，这67.5厘米的雅湖沉积柱里，蕴藏着南极地区迄今3000年的雨雪风霜、生物繁衍的历程。

让3000年来的沉积柱，道出企鹅的秘密

孙立广1968年毕业于南京大学地质系，是学地质的科班出身。其祖籍安徽庐江。

他大学毕业正逢"十年动乱"，分到了煤炭部在福建龙岩的121地质队，主业找煤。直到"文革"结束后拨乱反正，高校奇缺人才，他才调进了位于合肥的中国科技大学，任地球与空间科学系地化专业教师，开授普通地质学。

回首往事，孙立广说："家庭困难从未使我产生自卑，因为我的学习成绩优秀。但是因家庭出身地主的问题在内心留下很深的阴影。虽然连我父亲都没有一块属于自己的土地，但任何辩解只能被看成是'划不清界线'。我内心渴望公平正义，努力认真读书，也许这是我刚强性格的源头，也是我始终特别拥护改革开放的原因。"

"孙老师上课，特别有激情，全校有名，所以他的课学生没有睡觉的。我是主动找他申请做他研究生的，没想到还有机会跟他去了南极，从此一发而不可收"。如今，已是极地环境研究室主任的谢周清教授说。

回首当年从南极回来，取得了沉积柱却没有科研经费的往事，孙立广颇有感触地说："实际上，那些预期研究结果不确定并有可能失败的研究项目，才有可能是原始创新的项目，而这样的可能失败的研究项目，往往难以通过。原因可能是基金主管部门和参与评审的专家都很难接受这样的风险。"

所幸的是，刚刚就任中国科技大学校长的朱清时等三位校领导，破例批准给这个项目10万元研究经费。

当时，他们没有自己的实验室和测试仪器，就委托外校的一个分析实验室，测试雅湖中采集的宝贵样品，并千叮咛万嘱咐地拜托他们千万不要污染了样品。谁料想，一个月后，分析测试的结果出来了，企鹅粪土层中的农药

残留差不多达到了当时农贸市场上蔬菜的农残水平。这是完全不可能的。所幸的是，孙立广送样时，在沉积柱的底部，也就是距今3000年的沉积物中取了一个作为比对的标样，3000年前没有农药DDT和"六六六"啊，只有它的数值为"零"，其他数据才有可能是可靠的。遗憾的是，这个样品的农残数据也是高值的。这让孙立广团队痛心至极：千辛万苦得来的沉积柱样品，几乎一半毁于数据造假！

惨痛的教训提醒他们：今后外送检测的样品一要备份，二必须打乱层序编写样号，三是有条件的话，让自己的博士生参与到对方实验室的检测过程中去，同时可以培养学生的动手能力。

在中科院南京地理所等科研单位的支持下，沉积柱的元素分析结果出来了，可以确定企鹅通过取食、消化磷虾和鱼类，以及在南极陆地排泄的生物地球化学过程，将海洋元素锶、氟等转移到淡水湖泊沉积物中来，通过海鸟这一介质实现了海洋和陆地之间大跨度的物质转移，使得该沉积物兼具海洋沉积、湖泊沉积和生物沉积这三重属性。而磷、锶、氟、硫、硒、钡、钙、铜、锌这9种元素是企鹅粪的生物标型元素，它们浓度的高低变化标志着企鹅粪在沉积层中的含量高低变化，而碳同位素的分析结果与其一致，由此恢复了阿德雷岛过去3000年中企鹅数量的变化：在人类未曾干预的情况下，企鹅种群发生过4次显著波动，距今1800-2300年即新冰期温度最低期间企鹅数量锐减；在距今1400-1800年间，气候相对温凉期间，企鹅数量最多，可见南极的气温过高或过低，均不适宜企鹅繁衍。

2000年10月14日，孙立广小组的论文《记录：过去3000年企鹅数量变化》发表在世界顶级期刊《自然》上。审稿人的评论是："这是一种研究南极湖泊集水区历史时期企鹅数量的新颖的生物地球化学方法。在不久的将来，它很可能形成某种活跃的研究领域。"

这段特殊的经历也促使孙立广去思考科学仪器在科学发现中的重要性。

他认为，从科学技术发展史的角度来看，科学与技术的进步不是袋鼠式的"双脚跳"，总是技术先迈出的一小步，随之再跟进科学的一大步。光学显微镜发现了微生物的新世界，微生物学诞生了；射电天文望远镜把原本肉眼看不见的宇宙深处纳入了人类的感觉视野，射电天文学横空出世。但人们在向那些发现自然奥秘的科学大师顶礼膜拜的同时，那些制造出光学显微镜和射电望远镜的杰出工程师却被大众忘记了。科学巨匠们的科学假说和学说思想，常常是掠过思维空间的一道科学曙光，并最终要由科学实验来加以证实，而科学实验需要等待技术的进步。从爱因斯坦相对论到宇宙间引力波的证实都是如此。

他说："过去和未来的科技进步都是如此：技术总是走在科学的前面，科学在遇到瓶颈的时候，常常求助于技术的进步来突破。一个不重视仪器设备发明创造的国家，不可能走在科学与科学发现的最前沿。不幸的是，在一个以论文数量论短长的评价体系下，仪器设备的研发工程师和实验技术人员的作用可能被大大低估了。幸运的是我们赶上了一个全球技术进步和有的部门似乎'不差钱'的年代，前几年似乎可以靠'买设备'来解决问题。但从长远看，靠买是'买'不来科学创新的，还是要建立新的创新评价激励机制，鼓励我们的工程师研发高精尖科学仪器。"

科研中遭遇的"异常"，是科学新发现的"门窗"

在孙立广指导下博士毕业，又去渥太华大学博士后回来的程文瀚，参加过南极冰穹A的昆仑站科考。他说："孙老师有句名言，'你不要怕提出可笑的问题，可笑的是你提不出问题。'最让孙老师兴奋的测试结果不是证明他预见的正确，而是数据异常。因为'异常'，对他就意味着可能是科学新发现的'门窗'。"

在西南极纳尔逊岛的冰缘湖泊中,孙立广采集了 3 个柱状沉积物,回到中国科技大学进行分析测试后发现,南极的湖水也不是冰清玉洁的,更让他吃惊的是,"1965 年全球禁用 DDT 之后,南极冰缘湖泊中沉积的 DDT 含量不仅没有降低,反而上升了,这是为什么"?

"遇到这样的难题,我就开始在阳台'面壁星空':冰盖上每一层冰雪都记录了它携带的 DDT 含量。当东南极夏季温度升高,不仅冰层当年的积雪融化,之前带有 DDT 成分的冰雪也融化了,于是,冰盖中原来'储蓄'的 DDT 就淌入了冰缘湖泊,造成冰缘湖泊中沉积的 DDT 含量不降反升。但如果持续升温,DDT 含量终将消耗殆尽。"

孙立广和他的团队在粪土层沉积柱的研究中还发现,海豹毛中的钾、钠、磷等元素在过去的 2000 年中含量相对稳定,而海豹毛中汞的含量则剧烈波动,在公元 18-300 年、750-1000 年等 5 个不同的时间段出现了波峰,这一"异常"又是为什么?

他们研究后发现:公元 700 年前后,如今已失落的玛雅古文明逐渐鼎盛,在智利一带冶炼尤为活跃,它令汞排放迅速增高,海豹毛的汞含量显示,在距今 750-1000 年间出现了第二个峰值,并在 800 年达到了 1500 纳克/克。人类活动就这样改变了海豹毛的物质构成,在如此细小的微观尺度上留下了玛雅文明的蛛丝马迹。

美洲掀起"淘金热"时期(1580-1900 年),由于大量开采金银矿山和从事金银冶炼,提取和消耗的汞的总含量高达 25.74 万吨,与之毗邻的南极半岛海域海豹毛中的汞含量在 1700-1800 年间同步高峰;而 19 世纪初的南美独立战争使整个南美的金银矿山停止开采,金银冶炼活动停止,汞的生产、消费几乎中断,而海豹毛中的汞含量也降到了过去 2000 年来的最低水平。国际生态学权威刊物《生态环境前沿》认为,这一研究对研究文明的发展与环境代价有重要的科学意义。

企鹅究竟有没有氟骨病？

提出这个问题，是因为他们在研究企鹅骨架时发现：企鹅骨骼样品中的氟含量介于 6400-9000 微克 / 克之间，而人体中骨氟的正常浓度是 500-1000 微克 / 克，如果大于 3500 微克 / 克，就会患上氟骨病。企鹅走路的样子很笨拙，是不是因为它患上了氟骨病？

值得庆幸的是，谢周清在中山站科考时，也获得了一具企鹅骨架。生物学家对骨骼做 X 光检查后发现：企鹅骨骼的纹理都很清晰，骨密度正常，没患氟骨病。

这太"异常"了！"异常"再次激动了孙立广，他们深究下去，发现过量的无机氟才是氟骨病的罪魁祸首，而有机氟不参与骨骼中羟基钙磷灰石的结晶过程，所以对企鹅来说，其骨骼中约占氟总量三分之二的有机氟是无害的！后来科学家们对企鹅步态研究的结果是：这个看来如此笨拙的萌萌行走，却是企鹅在冰天雪地中最节省能量的步伐！

2004 年 7 月，孙立广、谢周清等又参加了北极黄河站的科考。该研究室又取得一系列研究成果，发现了距今 9400 年的冷事件和钝贝生态灾难事件。谢周清的《持久性有机污染物（POPs）在北极海冰-气界面的循环及其环境效应》被《自然通讯》列为过去 20 多年来北极持久性有机污染物的 16 篇重要论文之一。

对于极地环境研究室 20 年来在南北极取得的成就，孙立广说："科学发现本质上都是洞穿复杂的简单，经历千锤百炼的简单才是美的，才是科学。但是美是经历了复杂的过程的，犹如从深邃的火山口下穿越而上天空的岩浆，人们只看到了那瞬息即逝的灿烂，但是他们没有看到在岩层深处那黑暗迷茫的过程。而这个过程的源是动能和热能，科学发现的源是人们常说的'思想'，但是没有想法就出不了高水平的科学成果。"

孙立广曾对同行说起他在南极长城站科考时的一个"发现"。他说："那时，我几乎每天都会看见一位来自德国耶拿大学的鸟类科学家汉斯来到长城站海边的淡水池塘旁，点数贼鸥的数量。后来才知道，这是他的一个观测点，更让我震惊的是，汉斯已经把这个我们看来枯燥的工作做了40多年。这项研究是非常有意义的，它将表达气候变化和站区的人类活动对贼鸥数量和迁徙的影响。但我们似乎还缺少这样有耐心的长期监测工作，原因似乎很简单：谁能保证进行这项研究的青年学者的职业升迁呢？哪个博导能保证自己的博士生做这么长期的研究还能如期毕业呢？但一些重要的科研项目，是需要时间积累的，我们似乎还缺少这类长远的具体研究规划，现在国家有关部门开始进行的业务化长期监测也许能解决这些问题，但靠大家轮流做，与一位科学家或一个团队的科学家专心致志来做，结果肯定是不同的。"

而他经常对自己科研团队年轻人说的是，如果你们仅仅把目标定位在博士学位上，锁定在副教授、教授上是没有多少出息的。他告诉年轻人说，丁仲礼院士曾说过一件事，他在某位学者表示要在未来3年里发表多少篇论文后问道："你要发表那么多论文干什么？关键是你究竟要做什么呢？"孙立广对他的博士生说："我也希望你们要想清楚，创新从来都是九死一生的，你到底要的是什么？做有意义的事情，这才是我们的目标！"

怀揣什么样的科学理想出发，不仅决定了一位科学家往哪个方向走，往往还决定了他能走多远。

"科学家到底要什么？"这是个多么至关重要的问题啊！

李斌：在南北极"守候"奇幻极光

李 斌

男，1983年出生于内蒙古包头，中国极地研究中心助理研究员。2015年底获瑞典皇家工学院电子工程学院博士学位。参加中国南极第32次南极考察，任南极中山站的越冬队员，承担极区高空大气物理观测。2018-2019年赴北极黄河站越冬极光观测。近五年主持或参加的国家自然科学基金项目/课题有：极盖区动力学过程及其空间天气影响研究（2022-01至2026-12）、"波纹极光"－一种新发现的小尺度弥散极光的驱动源及影响因素研究（2021-01至2024-12）、基于大规模极光事件检索的极光发生规律与伴随现象研究，（2019-01至2022-12）等。

Li Bin

> 极光，是一种奇幻壮丽的自然天象。
>
> 近年来，在前往南北极探险旅游的团队中，总少不了国人兴奋的面庞。极光，是他们响应南北极召唤的美丽动因之一。
>
> 但是，夜空中绚烂的极光，在研究极地大气和空间物理的科学家眼中，除了美丽，还意味着什么呢？2017年春节前夕，中国南极科考第32次越冬队伍回国，其中就有在漫漫极夜中每天与极光为伴的中国极地研究中心科学家李斌。2018年冬天，这位年轻的高空大气物理观测学家、空间物理学博士，又成了我国第一位既在南极中山站越冬、又在北极黄河站独自一人越冬的极地科学家。

极光是唯一肉眼可见的空间天气现象。地球磁力线对空间等离子体的引导作用，使极区成为空间环境的天然"显示屏"，而极光则是空间天气神奇的"动画"。对极光的综合观测，是各国极地科考活动中的重要科考项目。

从1989年中国第二座南极科考站——中山站建站起，我国就启动了这项研究，距今已逾三十多年。在近 7 年来实施的"南北极环境综合考察与评估"专项考察中，极光的观测研究也是重要内容之一。

李斌清晰地记得，2016 年 3 月 4 日中午，"雪龙"号科考船撤离南极中山站的时刻终于来到了。

停在中山站综合楼前机坪上的红色"卡—32"直升机旋翼刮起阵阵巨风，宣告前往几十公里外"雪龙"号南极科考船的最后一个航班即将起飞。

中国南极第 32 次科考队领队秦为稼最后一个登上直升机。直升机似乎有些恋恋不舍地缓缓起飞，秦为稼隔着舱门先是向他们挥手道别，然后双手握拳高高举起，那意思就是：中山站就托付给你们越冬队员了！

直到这时，"真的要在南极越冬了"的感觉才涌上李斌的心头。

"我不必苦等极光抵达，而是静候它现身"

2016 年 3 月 1 日起，抵达中山站的李斌与度夏队员进行紧张的交接工作。这是李斌首次参加南极科考，在中山站的头一个月，他完全沉浸在对新设备的熟悉、调试等紧张的工作中，等他稍稍定下心来，发现太阳已经不太能升起在冰盖上，转眼就进入南极的极夜。

李斌这批越冬队员总共 19 人，分为科研和后勤保障两大部分。由于南极冬季的气候条件极为严酷，所以负责发电、机械维修等后勤保障人员有 12 人；科研人员为 7 人，分别负责海冰和气象观测、地球物理观测，以及高空大气和空间物理学研究等方面。李斌负责高空大气和空间物理学观测，极光的观测是他的主要任务之一。

李斌每天的工作从检查高频雷达、多波段全天空成像仪、极光光谱仪、磁通门磁力计等十多套科研设备的观测情况开始，还要细心地下载所有的观测数据，做好多点备份。当极光将要发生时，他通过"太阳的高度角"（太阳与地平线的夹角）来判断何时开启 4 套光学观测系统，在天气条件允许的情况下，只要太阳的位置低于地平线 8 度时，他就立即开机。通常，他每天工作到晚上 12 点，但在南极极夜最长的日子里，也就是 6 月 21 日仲冬节前后，他对极光的观测会从前一天下午 2 点持续到次日上午 10 时，近 20 个小时。

强烈的极光活动与太阳日冕物质的抛射关系十分密切，日冕物质被抛射后，它的运动速度非常快，日地间卫星曾观测到超过 1000 公里/秒的电子流，这速度是平常太阳风速度的 2 倍，只要科学家用仪器观测到日冕抛射现象，就可以对极光的发生进行提前预报。不仅如此，位于日地间引力平衡点的太阳监测卫星 ACE，更是像地球的守门员一样，为科学家实时监测太阳风所带来的高能粒子流、等离子体的密度和速度等信息。ACE 卫星发出强烈太阳风到来的信息几十分钟到数小时后，地球南北极高空就会对太阳风的到来做出反应，其主要表现就是强烈极光的出现。太阳风抵达地球南北磁极上空后，还会引发地磁场的强烈变化，所以磁通门磁力计等设备也会近乎实时地告知极光的出现。所以，李斌说："我完全不必在寒夜中苦等极光的抵达，而是静候极光的现身。"

"南极气温 -44.5℃，那是彻骨的冷"

近年来，国家对极地科考投入了大量经费，中山站的硬件条件和过去相比有了很大改善。

互联网已经接入了中山站，让越冬不再意味着"漫漫长夜与世隔绝"。在中山站，越冬队员可通过互联网收看视频节目、和远方的亲友视频通话，一解思念之愁。

中国联通已在中山站建立了基站，越冬队员使用联通手机拨打上海的电话，按市话收费；拨打国内其他城市电话，按国内长途计费。这项特殊的资费优惠，让从国内多个省市汇聚而来的越冬队员获益多多。

在中山站综合楼的一楼，有一个标准的羽毛球场，"我们站长汤永祥经常带我们打羽毛球"，李斌特别满意的是，"羽毛球场是木质地板噢"。

伙食和过去相比也有了很大的改善。虽然"雪龙"号回国后不久，新鲜的绿叶菜就没有了，后来土豆也没有了，"但我们这次国内带来的红富士苹果特别好，一直供应到越冬结束。听说过去越冬队员的方便面都是限量供应的，而现在肉制品管够。在综合楼一楼还有个小温室，可以种植水培蔬菜。"他说。

水培蔬菜由身兼多职的站医陈俊负责浇灌。"我们的水培蔬菜有生菜、黄瓜、茼蒿、西红柿、南瓜、香菜、香葱等十多种。黄瓜和生菜长得最快，生菜一周可出产2-3公斤，给大家炒一盘，或涮火锅吃"。

所谓"水培蔬菜"，是指那些不是在农田里或塑料大棚的土壤里种植出来的蔬菜，而是"种植"在特殊的蔬菜培养液里的蔬菜。

和曾在南极越冬的胡红桥研究员聊起"在南极最喜欢吃什么"的话题，他毫不犹豫地说："蔬菜！水培的蔬菜我们就直接生吃了，根本不用烧。"

李斌认为最稀罕的可能是西瓜了："整个冬天，西瓜就结了几个。多大？比乒乓球稍大一点儿，摘2个西瓜，切成了20片，每人一小片，多一片给过生日的人吃。吃的时候，每个人先端起来闻一闻香味，再拍张照，最后放进嘴里，不能一口咽下去，要慢慢体会新鲜西瓜的滋味……"

产自南极的西瓜，个头虽然小，但还真的是很让人向往啊！

尽管物质条件确有改善，但极地的严寒依然严峻。这次越冬，李斌他们经历了最低气温-44.5℃的考验。那是2016年6月的一天，极寒让中山站发电机组使用的-40号柴油都"结蜡"了，而应急用油只够维持一天，可谁也不知道气温何时会回升到-40℃以上。于是全站人穿上最厚的冬装在雪中为发电机组搬运航空煤油，"-44.5℃，那是彻骨的冷"，李斌说，"好在发电机没有停。"

还有一次，高频雷达的一个元件出了故障。经与生产商远程会商，李斌不仅准确判断了故障原因，还在齐腰深的积雪里扑腾了个把小时，才到达高频雷达控制室安装好了新的元器件。

也许将来，人类去太空看木星的极光

为什么我国极地科学家要到遥远的南北极"看"极光？

中国是个中低纬度的国家，平时很难看到极光。英文词"aurora"的原意是"黎明女神"，将极光称作"aurora"最早出现在1619年，是意大利伟大的天文学家伽利略首次使用的。但伽利略对极光的认知却不正确，他认为极光是"大气反射的太阳光"。直到将近300年后，1913年，挪威科学家勃开兰特在一个真空腔内将加速的电子束射向中间的磁球，才完成了首次人造极光的实验，得出了"极光是（场向）电流通过高空大气时产生的"结论。直到今天，所有的挪威人也都认识这位百多年前的勃开兰特大师，他的头像就印在挪威200克朗的纸币上。

极光的能量源头是太阳，太阳在辐射电磁波的同时，无时无刻不在向周围空间发射各种粒子，我们通常将这种现象形象地称为"太阳风"。极光的产生，正是"太阳风"将具有一定能量的带电粒子吹到地球后，这些带电粒子沿着地球南北磁极的磁力线分别沉降到极区电离层高度后碰撞并激发高层大气粒子成分（包括原子、分子和离子等）后产生的一种绚丽多彩的天象。所以极光的形成三个要素缺一不可：太阳风、地磁和大气层。太阳日冕物质抛射，产生强烈的太阳风暴，一旦太阳风暴撞击到地球磁层，引发剧烈的地磁暴和强烈的极光产生。简言之，太阳风抵达地球的强度，决定了极光发生的剧烈程度。

太阳系的其他行星上其实也会有极光，但人类只有通过太空望远镜或航天器上的观测设备才能观测到，比如土星和木星上发生的极光。由于土星和木星有着比地球更强烈的磁场，所以有科学家发现，木星发生的极光曾比地球极光明亮数千倍，其覆盖的范围也比地球极光所覆盖的区域大得多。也许将来人类看极光，不是去南北极，而是去太空看木星的极光。

曾有极光爱好者问李斌，为什么有的人到了北极圈内、南极圈里，却看不到极光？

李斌说，我们先要了解一个非常重要的概念叫"极光带"。我们知道地球的南北极点通常指的是地球自转轴（也叫地理轴）的两端，但地球还有一个地磁轴，它与地理轴并不是重合的。在地球形成的漫长年代里，地磁轴是漂移变化的，目前它与地理轴呈11度的夹角。极光发生多在以地磁轴为中心的一个卵状环带上，这个卵状环带我们就称为"极光带"，它覆盖的区域为极光高发区，其地磁纬度为60-75度。所以在磁极点附近反而看不到极光。而且，这个环带的宽窄并不是均匀的，环带靠近太阳这一侧（简称"日侧"）会窄一些，而背对太阳的夜晚这一侧的环带（简称"夜侧"）会宽一点。因此，根据地球与太阳的位置，极光又可分为"日侧极光"和"夜侧极光"。通常，极光的亮度总的取决于高空沉降粒子通过的数量（专业词汇为"通量"），但"夜侧极光"的亮度比"日侧极光"的要亮些。所以，要看极光的最好位置，是到南北极的极光带覆盖的区域去，而不是南北极的地磁极点。因为北极的地磁极与北极的地理极相差大约8度，并往美洲方向倾斜，所以在北极点位于极光带内部的极盖区，不常看到极光，反而是纬度更低一些的地区常常能看到极光；而南极点大约处于南极地磁纬度的74度，为极光带所覆盖，正好可以看到极光。

极光的分类有不同的标准。据其形态，主要可以分为两种：分列式极光和弥散式极光。我们通常可以用肉眼看到的极光都是分列式极光，弥散式极光用肉眼看上去如同一层薄雾，很难观赏。

既然极光是带电高能粒子与地球高层大气中的分子和原子互相碰撞所产生的气体发光现象，而地球大气主要由氮气和氧气构成，所以极光的色彩也主要来源于它们。极光不同的颜色可以反映产生它们的沉降粒子的能量大小以及分布高度。例如，红色极光由能量相对较低的电子沉降产生，发生的高度大约在离地面 250 公里左右；而绿色极光由能量相对高一点的电子沉降产生，发生的高度在 100-200 公里的空中。

极光的产生与地磁活动有关，地磁活动越强烈，极光覆盖的卵状环带区域也就越大；反之，地磁活动越小，极光分布的区域就越小。漠河的地理纬度在 53°左右，是中国纬度最高的县，但它的地磁纬度只有 47 度左右，离极光卵覆盖的区域太远。只有太阳风非常强烈，在地球上引发强磁暴，极光卵的半径变大、宽度增加以致覆盖更多的低磁纬度地区时，我国漠河地区才可以看到极光。

日地空间是人类空间活动的主要领域，已经成为与人类活动息息相关的第四生存空间。而南北极区是日地空间的关键区域，地磁场在极区近乎垂直地进出并向外一直延伸到磁层和行星际空间，使极区成为地球开向太空的窗口，太阳风能量和粒子进入地球空间的入口，还是太阳风－磁层－电离层耦合最直接的区域。因此，极区对太阳活动的响应更为直接和剧烈，对空间天气事件也有着最灵敏的响应和显著的反馈。极区空间环境的观测与评估同国民经济建设和国家空间安全有着密切关系。如，我国的气象卫星、资源卫星和海洋卫星，大多采用极地太阳同步轨道，每天 14 次经过南极和北极，其运行状态和寿命受极区空间天气和近地空间环境影响很大。还有跨北极空中航线，可以有效缩短亚洲、美洲和欧洲之间的空间距离，但面临着极区通信与导航，以及高能粒子沉降所产生的辐射问题。

胡红桥介绍说，我国目前进行极光观测主要在南极中山站和北极黄河站，这两个站位于地球极隙区纬度并地磁共轭，对监测太阳风－磁层相互作用、磁层动力学过程及其在极区电离层的响应十分有利。未来，我国的极光观测范围将拓展到南极内陆的泰山站和昆仑站，以及处于亚极光带的长城站，并通过国际合作形成观测网链。在北极，也将与极光带下的冰岛筹建中冰联合极光观测台。

"医疗资源共享，那是南极规矩"

就在离中山站不到一公里的地方，有个俄罗斯的"进步站"。"'进步站'因为承担着给俄罗斯另一个内陆站'东方站'提供机械和应急支援的责任，所以他们对雪地大型机械的保障维修力量特别强，而直接从事科研的专家人数不多，"李斌说，"有一次，气温降到接近 $-40°C$，我们的一台雪地车怎么也启动不了，于是请俄罗斯机械维修师帮忙，开始他们也整不了，后来千方百计将雪地车拖到进步站的车库，在双方共同努力下，经过两天的维修，雪地车终于能重新上路了，这方面他们确实比我们有经验。"

各国的南极科考站之间的相互帮助是常态。离中山站十多公里远有个印度巴拉提站，2016 年 11 月 10 日，一位印度队员驾驶一辆雪地摩托从约 6 米高的冰面上翻车，严重受伤，因事发地离中山站较近，印度站即向中山站求助。各国科考站的医疗资源都有限，因此一旦有事，必须资源共享，这是南极的规矩。中方毫不犹豫地承担起应尽的义务。

来自南昌第一医院的外科医生陈俊检查伤员后发现，他耻骨、盆骨和左手尺骨等多处骨折，处于休克状态，病情严重。立即为病人做了腹部 B 超和彩超，拍了 X 光片，所幸的是，检查结果未发现病人内脏受伤、腹部也没有大出血，决定立即输液、缝合伤口后进行保守治疗。同时，中山站还派车前往俄罗斯进步站，接来了俄罗斯站的医生．这位俄罗斯医生曾是战地军医，很有经验。中、俄、印三国医生会诊后，一致同意陈俊的诊断治疗方案。

"伤员必须一周内动手术。"陈俊让担任翻译的李斌告诉印度站站长。印度站站长立即向国内申请提前航班的日期。

4天3夜后，印度伤员和陪同人员离开中山站，乘机前往南非。"听说，伤员后来在开普敦的医院里开了3次刀。"陈俊说。

"我们的夏至日是南半球极夜最长的一天，它意味着越冬任务完成了一半。南极科考队员将这天称为'仲冬节'，各国的科考队都对仲冬节特别重视，大家会各自拍张集体照，然后互相发送，中、俄、印三国科考队还会在我们中山站聚餐，气氛特别好。"

"中俄科考队之间最好的礼物过去是红星二锅头。现在进步站队员特别喜欢我们的陕西红富士苹果，巴拉提站队员也一样喜欢苹果，所以我们的红富士苹果在南极是最受欢迎的'硬通货'。"李斌说起这点很自豪。

南极洲，也没有天上掉下来的"话语权"

其实，在中国科考队在1984年11月20日首次赴南极科考之前，国际上已有百多年的南极科考史。南极洲的地图上，已经缀满了成千上百个以各国探险家的名字命名的南极地名，每个地名都意味着无数次惊心动魄的历险和为此捐躯的勇士。而当时整个南极洲，没有一处以中国人姓名或华夏山水命名的地名。

如今，南极大陆上不仅已经有长城站、中山站、昆仑站、泰山站这4座中国的科考站，还有了"长城湾""西湖""高山湖""黄鸥湖""龟山""平顶山"……我国又一座新的南极科考站已于2018年2月7日在南极罗斯海区域沿岸的恩克斯堡岛奠基，正紧锣密鼓地建设中。

曾参加我国南极首次科考的文汇报特派记者陈可雄说："南极洲，是我们中国人不能不去的天涯海角。"

在我国尚未向南极派出科考队、建立科考站之前，虽然我国已加入了《南极条约》，但却没有南极条约协商国的地位。每逢协商国会议要进行投票表决时，没有表决权的中国代表团总被客客气气地请到外面"喝咖啡"。即使远在南极洲，也没有天上掉下来的"话语权"。

科学考察站是人类在南极考察和科研的支撑平台。目前世界上已有20多个国家在南极洲建立了150多个科考基地，如此众多的科考站，使科学家们得以不间断地开展科学考察和环境观测与监测工作。

国家海洋局极地考察办公室主任曲探宙介绍说，我国长城站和中山站均为常年科考站，长城站虽然建在南极洲，但地处南纬62°12′、西经58°57′，仍在南极圈外；而建于1989年2月的中山站虽然地处南纬69°22′、东经76°22′，位于南极圈内，但这两站均在南极大陆的边缘地带，不能满足深入南极内陆科考的需要。为此，我国于2009年1月27日建成了第三座夏季科考站，即昆仑站，该站的经纬度为南纬80°25′、东经77°06′，地处南极内陆冰盖最高点冰穹A西南方向约7.3公里。

曲探宙说，泰山站位于中山站和昆仑站之间。距中山站520公里，距昆仑站715公里，距"盛产"陨石的格罗夫山地区85公里。它既可以为中山站通往昆仑站、格罗夫山、埃默里冰架区域考察提供中继支撑、应急保障以及航空地面支撑，也是进行地质、冰川、测绘、大气、地磁、卫星遥感等科学考察工作的理想之地。过去，我们前往昆仑站的科考队要把所有的物资连同返程用的油料，一路拉到昆仑站，然后再把返程需要的油料和一些不需要的物品再拉回来，这无疑增加了车队的运输负担、加大了能源的消耗。

建设我国第4座南极科考站——泰山站，就是为了满足我国全球变化科学研究的发展对南极地区研究的需求，以提升我国南极科考的总体水平，以及对人类和平利用南极的贡献率。

我国的第 5 座南极科考站——罗斯海新站，已于 2018 年 2 月 7 日在恩克斯堡岛正式选址奠基，目前仍在建设中。

泰山站，站在一块 1900 米厚的冰盖之上

泰山站的建设花了多少天？来自宝钢的建设管理者叶超说：仅仅 45 天。这宝贵的 45 天，是南极大陆的夏季，泰山站一带的气温由冬季的 -60℃ 上升到 -30℃ 左右，肆虐的暴风雪也减弱了不少。由于地轴倾斜，这段时间南极处于极昼中。而夏季结束后，太阳的直射点迅速向北迁移，漫长的极夜说来就来，任何工程都无法进行了。

2013 年 7 月，宝钢工程正式承接设计和建设泰山站的任务。当年 12 月 2 日，建设者乘坐"雪龙"号抵达中山站。由于海面冰层无法承受雪橇重量，之后的十多天里，施工器具、建筑材料和人员先通过直升机吊运到十几公里外的出发内陆基地，再通过雪橇车运往 520 公里外的建设工地。

从施工那天开始，全体建设队员分为三班，日夜倒班，轮流作业，好在正逢极昼，太阳永远在天上。建偌大个泰山站，有多少人手？只有 28 人！建设队伍如此精干，不仅是因为技术的进步，还因为建长城站时，科考队由 2 艘万吨轮组成，而这次仅一艘"雪龙号"，名额限制得很紧。于是，这 28 名勇士人人都成了"多面手"，除了施工，他们还要轮流负责开车、水电安装、构件安装和室内装饰等工作。

泰山站所在的伊丽莎白公主地，位于南极洲的东面，平均海拔 2600 多米，这片区域终年为冰雪覆盖，没有一块裸露的岩石。冰下地形平坦，雪丘高度很少超过 20 厘米，坡度约为 0.35 度，冰面光洁，雪层密度较高，没有动物能在此生存，也没有植物生长发育，常年风雪肆虐。泰山站，就要扎根在一块 1900 米厚的冰盖之上。

作为一座建在雪地上的、没有"着地"的建筑，地基处理成为了施工中最先遇到的难点。建设队员首先开展泰山站的冰基建设。即在冰面上挖一个面积200平方米、深2米的基坑，并采用创新的筏板技术、结构找平技术等，使泰山站能够牢固地矗立起来。然而，当基坑挖到1.5米时，意外地发现基坑内出现了4条冰裂缝，最大的裂隙达到了20厘米。

冰层上出现如此大的冰裂缝，究竟是板块运动所致，还是热胀冷缩导致的表面开裂？若是前者，则意味着这里可能会有地震的危险。队员们随即开展了冰裂缝查探工作，发现这些裂隙的方向并不规则，位置也在浅表层，因而判定是冰层表面开裂。于是，队员们对基坑内的冰裂隙进行挖深、回填、压实处理后，继续按照设计图纸作业。

"中国红灯笼"，冰原上的现代"高脚屋"

在克服了种种在国内施工难以想象的困难之后，2014年2月8日，泰山站落成竣工了。它的外形是富有流线感的圆形，顶端有形似"灯笼帽"的观测台，底部架空，远看仿佛一盏红色的灯笼高挂在南极的冰天雪地中。因此，泰山站拥有了一个昵称："中国红灯笼"。

泰山站的设计者之一孙绪东介绍，泰山站采用钢框架－支撑结构体系，主体建筑里面分为3层，底层储物，中间层住人，顶层用于科研和观测。

主体建筑离雪面总高约11米，雪面下还有1.7米深的框架柱脚。8根直径500毫米的圆管柱，托起了"红灯笼"的主体。泰山站的外形，并非是为了"中国元素"而人为地将它设计成"红灯笼"，而是因为没有棱角的圆形设计，增加了泰山站的抗风能力，与古人的"红灯笼"设计不谋而合。其底部2米高的架空，则是为了防止积雪。这是因为在南极，极端下降风的风速可达到每秒60米，2倍于11级台风的最大风速。如果建筑紧贴地面，南极的暴风雪能轻而易举地将其掩埋。早先，南极的探险家在南极建科考站时没有这方面的经验，一场暴风雪后，积雪封门，被困站内。而南极这样的环境里，也没有四邻八舍能及时前来相救。泰山站的架空设计，其实也借鉴了我国先民的"高脚楼"思路。

南极严酷的自然环境，对建筑使用的钢材更是考究。泰山站夏季的最低温度是 $-30℃$，冬季为 $-60℃$，相比起来，同在南极的长城站夏季的最低温度仅 $-2.7℃$，即使冬季的最低温度也仅 $-26.6℃$。一般的城市建材根本无法在南极内陆留存：水汽渗入混凝土后会结冰，使其因体积膨胀而发生爆裂，这叫"冻融"；塑胶电线会拧成麻花状，一折就断，这叫"冷脆"；而即使是全钢彩涂板外墙，没有几年也会被当地极强的紫外线侵蚀剥尽，像沙土一样落下。

建设泰山站，使用了最好的钢材。一般的耐低温钢材最多只能耐受 $-40℃$ 的低温，而南极内陆的温度在 $-15℃$ 到 $-60℃$ 之间波动。在这样的极端低温下，普通钢材会很快出现收缩和冷脆现象。建设泰山站的钢材最低耐受温度达到 $-70℃$ 至 $-100℃$。

此外，泰山站的外墙还涂上了特殊的涂层。由于南极的大气洁净、雪面反射强，紫外线当量全球领先，宝钢的施工勇士周灵介绍说，一般的钢板涂层难以抵挡如此强的紫外线，会很快褪色、粉化。而泰山站的彩涂板上涂有一层氟碳涂层，能有效抵挡南极紫外线的照射，被称为南极建筑最好的"防晒霜"。

建筑保温仍是泰山站最重要的要求。泰山站整体采用钢框架结构，而钢材的热传导系数很大，为了将冷空气阻隔在外，设计者们采用了"冷桥阻断技术"。如果将泰山站的墙面剖开，可以清楚地看到这种复杂的保温技术：

最外面一层是具有复合保温效果的夹芯板，它由氟碳涂层的彩钢板和聚氨酯保温层复合而成；中间是用来阻断冷桥的木龙骨；再往内是钢骨架；室内墙面则采用了岩棉夹芯板：这种材料不仅保温，而且防火。建筑的门窗也均采用了特殊的保温材料。

泰山站建成后，正常情况下室内温度可以达到20℃，供暖系统的余热还可以加热水温，为队员们创造洗澡的条件。

所有的这些建筑材料，都在国内的工厂加工完成，经过预拼装，并完成相关联动检测，最后再打包装箱，运往南极后重新拼装。这种建造技术，被形象地称为"像造汽车一样造房子"，极大地缩短了工程周期，也是实现45天内建成泰山站的关键技术。

"所有的材料，必须不多不少。所有的尺寸，也必须精确吻合。"叶超强调说，"缺一根螺钉都不行，南极没有地方可以买。"为此，在打包前，每个零件都要进行详细编码。

钢材遇冷时伸缩性很强。钢材在上海常温下量定的尺寸，在南极遇冷后收缩了怎么办？宝钢人想出了妙招：将建材装配的螺母孔加工成椭圆形，预留了收缩变形的余地。

朗伊尔城，最"北"的人类聚居地

2018年10月的一天，李斌由上海浦东机场启程远赴坐落在遥远的北极圈内的中国黄河站。当他乘坐的宽体客机告别登机桥，滑过联络道，在跑道的一端加大油门轰鸣着渐渐拔地而起时，李斌内心并无游客初次奔赴北极都有的新奇感，或是对即将独自1人担当黄河站所有科考任务的不安和焦虑，心里更多的是对夫人和降临人世才3个月的儿子瑞瑞的不舍和牵挂。

早在2012年还在瑞典皇家理工学院攻读空间物理学博士时，李斌就已经去北极圈内斯瓦尔巴群岛上的挪威科考站实习过了。第一次在北极圈内看极光的经历令他终生难忘：他和同学从斯瓦尔巴群岛的首府朗伊尔城坐车去观测站，一路上只见到夜空里的极光若有若无，不由得担心此行能不能看到真正的、像绿色的闪闪发光的丝绸一样美丽的极光。车到观测站，极光竟然褪去了。他们只得在观测站守着，就像热恋中的小伙子等待一位心仪已久、却总是姗姗来迟的女友，焦虑而不安。等了好久，突然有同学喊道："极光出来了！"这句话瞬间将他们引爆，李斌激动万分地套上羽绒服，抓起相机就和同学一起往外冲。因为只顾抬头看极光，一下子掉进了一个有一两米深的雪沟。好在雪很厚，心情又太激动，他都没顾得上疼不疼，爬起身赶紧给极光拍照。

"如果你在极地看极光，那极光就像一场球幕电影。笼罩整个夜空的极光，布满你的视野。当极光在无穷无尽的天际舞动时，你绝对为之震撼。"李斌回忆说。

李斌这次行程，是先从上海前往德国的法兰克福，再从法兰克福转机挪威的奥斯陆，然后从奥斯陆飞往斯瓦尔巴群岛的朗伊尔城。

"不久前，我在网上看到，有网友说'斯瓦尔巴群岛是中国在北极圈里的一块海外领地，所以中国能在岛上建考察站'，这完全是误解和误传。"李斌郑重其事地说，"斯瓦尔巴群岛是荷兰探险家巴伦支于1596年6月17日首先发现的，1920年2月9日，英国、美国、丹麦、挪威、瑞典、法国、意大利、荷兰及日本等18个国家，在巴黎签订了斯匹次卑尔根群岛行政状态条约，即斯瓦尔巴条约。1925年，中国、苏联、德国、芬兰、西班牙等33个国家也参加了该条约，成为斯瓦尔巴条约的协约国。该条约使斯瓦尔巴群岛成为北极地区第一个，也是唯一的一个非军事区。条约承认挪威'具有充分和完全的主权'，该地区'永远不得为战争的目的所利用'。但各缔约国的公民可以自主进入，在遵守挪威法律的范围内从事正当的生产和商业活动。该条约于1925年8月生效。中国也是当时这51个缔约国之一，因此，中国有在该群岛建立科考站的权利，中国公民前往斯瓦尔巴群岛也不需要当地签证。但斯瓦尔巴群岛不属于申根区和欧洲经济区，当我离开挪威北部城市特罗姆瑟准备前往朗伊尔城之前，出机场时护照上要加盖一个章，证明我已离开申根区。"

朗伊尔城堪称最接近北极的人类可居住地，现有 2000-3000 名居民，还有一座机场、一所大学（斯瓦尔巴大学）、一座美术馆，以及一座现代化的大酒店和若干家小旅馆。邮局和超市都常年营业，足以满足当地居民和世界各地来此科考的科学家们的需求。之前，朗伊尔城最发达的是矿业，而如今绝大多数矿业公司均已关闭，当地的议会和市民更希望朗伊尔转型升级为一座北极圈内的"大学城"。

黄河站的所在地新奥尔松，距朗伊尔城还有 45 分钟的航程，纬度比朗伊尔城高 1 度。那架前往新奥尔松的两个螺旋桨的小飞机，是李斌有生以来坐过的"最小的固定翼飞机"。十多名乘客分坐客舱两侧，坐在倒数第二排的他，透过飞机中间的过道和敞开式驾驶舱，可以清楚地看到机长的后背以及驾驶台上的各种仪表盘。这架小飞机没有增压系统，机体的密闭性和隔音性能显然不能与波音、空客的客机相比，所以给每个乘客发了耳塞。

"小飞机没经过多远滑行便一下子拉起来了，"这对李斌印象颇深，他说，"我在空中体验了各种'超重失重'，确实比去迪斯尼乐园玩还要刺激。"

45 分钟后，小飞机终于有惊无险地降落在新奥尔松。

那是 2018 年 11 月 5 日，经纬度是北纬 78° 13′，东经 15° 33′。

黄河站，观测 1000 公里范围内天空中的极光

从新奥尔松机场出来，向左转个弯，就是机场的候机厅。候机厅里有扇很有特色的门，上面贴满了来过新奥尔松的各个国家的科考队和科研机构的标志，李斌看到其中有中国的、韩国、意大利、德国的等等科考队的队标，以及 CCTV 的标志等等。

这扇门是新奥尔松当之无愧地成为"极地科考小镇"的缩影。百多年

前，这里还只有一座煤矿。而如今，煤矿早已关门大吉。从20世纪90年代起，不同国家的极地科学家纷至沓来，一个又一个科考站相继落户，而当年的煤矿主——挪威王湾公司则改弦更张，负责起整个小镇的运营，成为给小镇上所有科考站提供服务的"后勤保障大总管"。

黄河站建于2004年，它是一栋红色的两层楼房。黄河站非常好找，即使门口不挂牌子，所有人也都知道它是中国科考站，因为门口左右两侧各蹲着一只石狮子，这是最具代表性的中国元素。

黄河站的这栋两层楼房，要是放在国内的任何地方，看上去都有点像地铁工地边上的施工用房，毫不起眼。但在北极圈里，在新奥尔松，对所有极地科学家来说，绝对是"独栋豪宅"奥！要知道有些国家，比如韩国和意大利还需要和别的国家共享一栋楼作为考察站。

李斌拉开黄河站的大门时，黄河站已经因度夏结束空关了几个月。在此后的4个月里，李斌是它唯一的主人。整栋楼的结构布局有点像北京过去的"筒子楼"，两层共有20多个房间，李斌的办公室和卧室都在2楼。

但黄河站与众不同的"精华部分"却在楼顶的5个突出在外的"小阁楼"上，每个小阁楼上都有一个半球型的透明罩子，罩子下面是一台1米多长的照相机，镜头的直径有碗口大，学名叫"极光成像仪"，是专门记录极光信息的。

李斌抵达黄河站的首要工作，就是调试极光成像仪的硬件和软件，直到能正常拍摄极光。拍摄极光时，他不用再爬到阁楼上，只要在2楼的办公室里远程开机，点点鼠标就行了。极光成像仪会自动记录极光信息，然后打包、上传、发布到中国南北极数据中心。这些极光信息是公开的，全世界的极光研究者都可以向中国南北极数据中心申请下载。

黄河站可以观测到多大范围的极光？李斌说，黄河站的极光成像仪可以观测到周边高度100公里以上、直径1000公里范围内的极光。通常，极光会在黄河站偏南方向的天空出现，所以在黄河站看极光要往偏南方向看。

在黄河站，可以看到不同颜色的极光，为什么极光的颜色会不同呢？李斌说："太阳风将带电粒子'吹'到地球上空，带电粒子在地磁南北极的磁场引导下，撞入地球大气层。带电粒子如果撞上的是氧气，极光就呈绿色或红色；要是撞上氮气，极光就呈红光或蓝光。通常，人们看到极光最亮的地方，是极光的底部，高度大约是 100 公里左右，绿色居多，再往上一直可以达到 1000 多公里的高度，最高的部分会有红色、紫色等不同的颜色。所以说，极光的色彩反映的是我们地球大气在不同高度层的分布情况和带电粒子的能量分布。"

100 公里高度以上的地球大气层不是应当比较稳定的吗？那为什么极光会在夜空舞动呢？李斌说："极光的舞动，实际上反映的是磁场的运动。地球的磁场不是静态的，它的能量非常大，虽然我们肉眼看不见它，但这巨大的能量是一刻也不停息地运动的。谁持彩练当空舞？这彩练就是与不同成分的大气碰撞后的带电粒子，我们称之为'极光'，舞动它的能量，是送它来到地球的太阳风和引导它进入大气层的地磁极这两者的合力。"

但李斌在电脑屏幕上看到的由极光成像仪记录下来的极光信息，却没有肉眼看到的那么精彩，"极光成像仪记录下来的数据是黑白的，"李斌说，"成像仪会准确记录空中各种不同波长的极光分布，分别记录绿色的、红色的，或者紫色的极光在空中的变化。所有的游客来北极看极光，总是希望极光越亮、极光覆盖的范围越大越好，但极光越亮、覆盖的范围越大，对地面和卫星通信、卫星导航的影响也就越大。太阳风暴极端强大时，甚至会摧毁地面电网的线缆。"

这是一个理工男、一个高空大气物理研究者眼里的极光。

一个人的117天，最难的是"黑白颠倒"

进入12月以后，新奥尔松也就进入了完全的极夜了。

极夜是有严格标准的，不是上午时天黑蒙蒙的就是极夜了。"极夜的标准，就是当地时间正午12点时，太阳和地面的夹角小于8°。"李斌说。

作为曾经的南极中山站的越冬队员，他比较了黄河站的极夜和中山站的极夜有什么不同，"南极的极夜，地平线上还能看见一丝蒙蒙亮的微光，而北极圈里的极夜就是彻底的一片漆黑"。

虽说黄河站位于北极圈内的高纬度地区，但天气却没有南极泰山站这么冷。泰山站的经纬度是南纬73°51′，东经76°58′，地理纬度比黄河站的北纬78°13′还低得多，但泰山站夏天的最低气温会低至-30℃，而李斌越冬时的2018年2月，新奥尔松的最低温度是-14℃，其最高气温则达到了4.4℃。很多人过去凭直觉认为"北极肯定比南极冷"，现在要好好想一想："到底是北极冷，还是南极冷？除了经纬度，还有哪些因素在影响着气温的高低？"李斌说。

新奥尔松2月份的最高气温竟然高达4.4℃，所以地球变暖、北极冰川融化，真不是科学家在吓唬人。

在新奥尔松，只有黄河站的越冬，是独自一人全程坚守；别的国家的科考站，要么是2-3个人值守，要么是几个科学家分时段轮流值守。一个人值守117天，对李斌来说最难的是什么？

"最大的挑战来自极夜，在任何时候看出去都是漆黑一片。"李斌说，"黑白颠倒是个严峻的考验，用不了几天，人的生物钟就紊乱了。"

新奥尔松与上海的时差是7个小时。上海的上午8点，位于浦东的中国极地研究中心开始正常上班了，而李斌所在的黄河站还是深夜1点。李斌说，通常凌晨两三点之后，各种邮件就陆陆续续从国内发到黄河站了，李斌总要处理完这些邮件才能休息。没多久，李斌的入睡时间就延迟到每天凌晨三四点钟。尽管睡得这么晚，他每天还要用闹钟强迫自己醒来，因为必须去王湾公司的餐厅吃饭，王湾的餐厅是新奥尔松所有科考站的食堂，错过了中午的饭点，就只能吃晚饭了。

王湾餐厅其实还相当于巴黎的一家咖啡馆，其功能不仅仅是就餐、喝咖啡，更重要的是当地的社交中心，不同国家的科学家在此见面、交流、聚会。在新奥尔松越冬的不同国家的科学家有三四十位，和文化背景迥异的科学同行交流，一旦有困难相互帮助，让李斌着实体会了一把"地球村"的感觉。

李斌第一次打开餐厅门进去，首先看到的是一头站着有2米高的北极熊在欢迎他。李斌不由得脱口而出："好大的一头北极熊啊！"餐厅的工作人员连忙纠正他："不，不，它还是只很小的北极熊，它的爸爸一定要比它高好多。"

早先，斯瓦尔巴群岛上的北极熊比人还多，北极熊有2000多只，而当时人口只有500多。即使是现在，北极熊的数量有所下降，但依然是新奥尔松的常客。2018年夏天，北极熊光顾了新奥尔松这个小镇18次。北极熊的主食是海豹，但由于气温升高，冰川融化，浮冰减少，令北极熊猎杀海豹越来越困难，饥饿的北极熊不得不频频闯入人类的领地艰难觅食。

因此，李斌抵达此地后，按规定先去接受当地的安全培训，安全培训的后半段课程就是射击训练。他此前还没有使用过美制来复枪，8发WIN308子弹，站立式和蹲式各打4发，结果全部上靶，各有3发5环以上，心里暗暗有点小骄傲。"但是，最后一项是应急状态下的快速射击，10秒钟里打4发子弹，竟然全部脱靶。可见万一有北极熊朝人冲过来时，要稳得住神，能打中目标是不容易的。"李斌说。

虽然如愿拿到了持枪证，但这并不意味着他就有权向北极熊开枪了，只有遇到迫不得已的情况，人才能开枪自卫。"北极熊在通常情况下不会攻击人，只有在成年北极熊带着幼崽的情况下，或者人熊之间的距离过近，北极熊才会向人发起攻击。当然，其结果对人来说绝对有可能是致命的。北极熊一旦决定攻击人，通常事先不会发出警告，而是先悄悄地接近，然后猛扑过来。在50米的距离内，人绝对跑不过北极熊。所以培训老师告诉我三点：首先，出门必须带枪；其次，要随时注意观察，尽可能远离北极熊，非万不得已不得开枪；其三，一旦发现北极熊，必须尽快向小镇上的2名安全员报告。"

所幸的是，李斌此行没有和北极熊"狭路相逢"。但没有看见北极熊，又成了他此行的一大遗憾。

在黄河站越冬的另一大遗憾是没有WIFI，不能使用微信和蓝牙。因为科学考察的需要，不破坏北极圈内原生状态下的无线电观测环境，整个新奥尔松全年禁止使用无线电通信设备。没有WIFI，手机就不能上网，不能打电话，成了只能用来拍照的"卡片机"。为此，黄河站还专门配备了应急使用的铱星电话。小镇上的科学家和王湾公司之间，还可以使用有线电话和对讲机通话。

工作之余，越冬的科学家们还可以到小镇上的一个体育馆去锻炼身体，那里有篮球场和健身房，李斌还在那里学会了北欧人特别喜欢的室内曲棍球。

当然。体育馆里少不了桑拿，挪威人的习惯是在桑拿里蒸得实在受不了了，然后赤身裸体一路狂奔几百米到海边，直接跳进冰海里泡一泡。别说是极夜，你穿没穿衣服别人根本看不见，就是大夏天的，挪威的科学家也是这样跳进海里的，有必要穿衣服吗？亚洲人对"裸体"的羞涩常常让挪威科学家不可理解，他会说："你想想，阳光是多么宝贵啊，人必须晒太阳的！"

在越冬期间，李斌还经受了一场暴风雪的考验。当时，说是有一场十几级的暴风雪要降临新奥尔松，于是整个小镇一级戒备，规定所有的人都不能外出。远在上海的极地中心领导非常担心他的安危，还关照一定他要把黄河站的面包车和2辆雪地摩托锁好拴紧，以免被暴风雪刮到海里去。所幸的事，暴风雪过去后，人、楼、车，都安然无恙。

"有一件事，没来新奥尔松的人是想不到的，"李斌说，"新奥尔松的所有车辆都不上锁，车钥匙都是直接挂在车上的。为什么？就是怕万一发生人熊突然遭遇的时候，人可以迅速躲进离他最近的任何一辆车里，迅速驾车撤离。同样的道理，新奥尔松所有的科考站和建筑物，都是不锁门的，任何人任何时间都可以拉开门进去躲避。为什么是'拉开门'，而不是'推开门'？这个问题问得好，那里所有的房门都是只能拉、不能推的，因为人会拉门，而熊只会推门啊！"

陈冬：我要为祖国飞出新的高度

陈 冬

男，汉族，1978年12月出生于洛阳。1997年，以优异成绩考入长春飞行学院，在校期间加入中国共产党。2001年，获得歼击机飞行与指挥专业毕业证书，进入驻扎在浙江嘉兴的空军某团，曾担任该团某飞行大队大队长，被评为空军一级飞行员。2010年5月，他和刘洋、王亚平等7名飞行员正式加入航天员大队。2016年10月17日至11月18日，与景海鹏一起执行神舟十一号飞行任务，获圆满成功。同年12月26日，中共中央、国务院、中央军委授予他"英雄航天员"荣誉称号，并颁发"三级航天功勋奖章"。2018年1月，陈冬和他的航天员战友们一起，被中宣部授予"时代楷模"荣誉称号。现为中国人民解放军航天员大队一级航天员，大校军衔。2022年6月5日，与刘洋、蔡旭哲一同执行神舟十四号载人飞行任务，并担任指令长。

Chen Dong

2022年6月5日上午10时44分，戈壁大漠再次燃起梦想的烈焰——由中国航天科技集团有限公司所属中国运载火箭技术研究院抓总研制的长征二号F遥十四火箭，从酒泉卫星发射中心点火升空，托举载有3名航天员的神舟十四号载人飞船奔向中国空间站。神舟十四号乘组的3名航天员是陈冬、刘洋和蔡旭哲，第二次奔赴太空的陈冬担任指令长。

出发前，陈冬给他的两个孩子布置了一项"作业"，"孩子们说能不能带我们上去，我说没有票了，给你们留项作业——你们为什么想上，你们上去之后想干什么，回来之后我问问你"。

他还开玩笑说："王亚平回来时说'摘星星的妈妈回来了'，自己到时候就是'检查作业的爸爸回来了'！"

"那是 2016 年 11 月 9 日，习近平主席来到载人航天工程指挥中心与我们进行天地通话。"

不久前的一天，在位于北京航天城的航天员大队，航天员陈冬回忆起在执行神舟十一号飞行任务时难忘的一幕，眉宇间充溢着幸福和豪迈。"当时，指令长景海鹏和我正在做机械臂操作试验，地面科技人员通知我们习近平主席来了！我们赶紧停下手头的工作。主席亲切地询问我们身体状况怎么样，生活怎么样，工作进展得顺利吗？视频非常清晰。我至今记得主席说：'希望你们再接再厉，密切配合，精心操作，圆满地完成后续任务，祖国和人民盼望你们胜利归来！'听到主席亲切的话语，看到主席熟悉的身影，我真是激动万分，永生难忘。"

"那时，我们的'天宫二号'距地球约 400 公里，但我真觉得我们离北京其实很近很近。"他说。

这太空的 33 天，是陈冬一生中非同寻常的生命体验。

从没坐过飞机的少年，立志冲上云霄

每个人的青春，或许都会有若干次心灵被"震撼"的体验。青春为何而"震撼"，很大程度上影响了此后的人生选择、生命走向。

陈冬难以忘怀的那次震撼，是首次跟随教官坐"初教六"教练机升空。

"我是坐火车去长春飞行学院报到的。此前，我们一家人都没有坐过飞机，我从来也没有从空中俯瞰过大地。能冲上云霄，一直是我的向往。"陈冬告诉记者，"记得第一次升空是盛夏时节，从驾驶舱看下去，庄稼茂盛，鲁中大地一片绿色。真是太震撼了！"

陈冬出身于一个普通工人家庭，父母都在洛阳一家铜加工厂工作。陈家有两兄弟，陈冬还有个哥哥。1997 年，陈冬参加高考，成绩不错，但父母高兴得有点沉重，因为大儿子已经在读大二，家里再出一个大学生，即使再省吃俭用怕也难以负担。"父亲陪我去济南体检，他就住在附近价格最便宜的小旅馆。"陈冬的话语里满是对老父亲的心疼之情。"等拿到飞行学院的录取书，全家都很高兴，这是免学费的，我也能上大学了。父母平时从来舍不得上饭馆，这次全家破例去饭馆庆祝。"

"非常幸运的是，我中小学的班主任都特别好。"陈冬说，"小学3年级时，我很调皮。有一次学校给老师发点菜，都堆在小操场上。放学后，我和同学玩疯了，跳到菜堆上又打又闹，糟践了不少菜。等老师闻声赶来制止时，我才知道闯大祸了。可杨老师没有骂我，而是温和地对我说，老师知道你是无意的，但这样一来老师吃的菜就没了，以后凡事要为别人多想想。在杨老师的袒护下，学校没处罚我，但她的话我一直记到现在。冬天，我的手冻得皲裂了大口子，她看到就心疼得把我的手捂在她温暖的手心里，就像我母亲一样。"

但刚进飞行学院时，陈冬并不轻松。新训时，陈冬是班里被子叠得最差的。有一次，叠好的被子被班长扔到走廊上，他还非常抵触："把被子叠成豆腐块有必要吗？"直到教导员告诉他"看似叠被子，实际上是军人意志和作风的锤炼与养成"，他才把叠被子当作"从老百姓转变为军人的第一步"。更严峻的是，他的体能考核成绩是倒数。1500米达标是5分10秒，他要跑7分钟，而3个月后必须通过新兵及格考试。"记得当时每天早晨6点30分吹集合号，我6点就起床加练，腿上还要绑上沙袋，晚上熄灯后练俯卧撑，否则怎么撑得上大伙啊。3个月后，体能上去了，体重减了10公斤。"

陈冬这一届飞行学员的淘汰率高达70%，进校时11人，放完单飞到毕业时只剩3个了。2001年，他以优异成绩从飞行学院毕业，分配到驻扎在浙江嘉兴的空军某团，成为一名驾驶"强五"的强击机飞行员。此后11年间，他累计飞行1500小时，2次荣立三等功，成为飞行大队长。

"强击机飞行员和歼击机飞行员有什么区别？"记者问。

"强击机主要对地攻击,必须尽可能贴地飞行;歼击机主要是空对空作战,必须飞得高。所以我心里一直不满足,总想改飞歼击机,飞得高点再高点。2003年,看到杨利伟成为中国飞天第一人;2005年,费俊龙、聂海胜圆满完成'神六'任务。飞船可比飞机飞得高太多了!听说所有的航天员都是从战斗机飞行员中选拔的,我就有了当航天员的新梦想。"

2009年,陈冬参加了第二批航天员选拔体检。陈冬没想到,他的面试官是杨利伟。杨利伟问他:"想成为航天员要面对更大的风险,要付出更多,会照顾不了家庭,你会坚持吗?"

陈冬毫不犹豫回答:"我想成为航天员大队的一员,成为中国飞得最高的人。为实现梦想,我甘愿为之付出。"

过载8个G的训练,每年都必须达标

2010年5月,陈冬和刘洋、王亚平等7名飞行员正式成为航天员大队第二批航天员。报到的那天,曾代表祖国出征太空的航天员在门口欢迎新队员。能与心目中的英雄并肩战斗,陈冬非常振奋。

航天员的培训是异常紧张而辛苦的。转椅训练主要是锻炼人的前庭功能,中国载人航天工程航天员系统副总设计师、负责航天员选拔训练的责任总师黄伟芬告诉记者:"有人一转就吐了,当然这样的人不可能录取。我们录取的航天员都有良好的基础,但仍要通过专项训练,进行保持和提高。"

"转椅训练是我的弱项,刚开始,每次转完都会出冷汗,头发晕。为了锻炼前庭功能,我就买了一个可以旋转的电脑椅,一有空就坐在上面,让爱人推着我转。"

狭小环境心理适应性训练则是更艰难的考验。航天员乘组被关在仅有7平方米的狭小密闭环境中,还要被"剥夺睡眠"72小时。黄伟芬告诉记者,

72 小时不眠不休绝对"不辅助药物",但科技人员会密切监测航天员的各项生理指标,以确保航天员的健康不受损害。

"我感到最大的困难就是克服困倦,尤其是在第三天的凌晨四五点钟,尽管脑子是清醒的,但眼皮免不了打架。好在我们是 3 人乘组,大家轮流唱歌、讲笑话,终于把所有的实验和测试都进行到底了。"

然而,最"著名"的是超重耐力适应性训练,要求过载达到 8 个 G,即人体自重的 8 倍。

陈冬告诉记者:"当进行 8 个 G 的超重耐力训练时,你会觉得这 8 个 G 压在你每一寸肌肤、每一个细胞上,甚至感觉你的脏器都临时'位移'了,透不过气来。你明明没有哭,但泪水会不受控制地甩出去。"

正是因为对身心的考验极为严峻,所以在进行训练时,左手边都设有一个红色按钮,只要一按下它,过载立即下降。"我们都知道,只要按下按钮,人马上就舒服了,但梦想也终止了。所以迄今为止,没有一个航天员按下过红色按钮。"

这是一支意志多么顽强的队伍啊!

如此"魔鬼式"的训练,还不是跨进航天员行列"门槛式"的考试,而是每年都必须通过的训练!

难怪人们都说,飞行员与等身的黄金同值,而航天员与等身的钻石同值。航天员的意志真的如金刚钻一样坚硬无比啊!

但如果认为航天员最大的挑战就是体能训练,那就大错特错了。黄伟芬告诉记者,航天员的整个职业生涯是个持续不断学习的过程,从基础理论、航天环境适应性、航天专业技术、飞行程序和任务模拟、各种科学实验,以及发射场的人 - 船 - 箭 - 地联合检查等共有 8 大类 100 多个科目。而且航天员的所有操作必须绝对精确、万无一失,比如,神舟飞船与天宫的手控交会对接,陈冬就进行了 1000 多次训练。

"毕竟已经离开学校、参加工作10年了，要在很短时间里掌握这么多陌生的理论课难度很大。"陈冬说，"这对我们是非常严峻的考验。那段时间，我们从未在晚上12点之前睡过觉，也没有双休日。航天员的教室里出现过2件趣事：一是大家都在教室后面站着上课，怕坐着上课犯困；二是教室里弥漫着风油精的味道，把任课老师熏得特别精神。"

神舟十一号飞行任务，是我国载人航天工程实施以来飞行时间最长、航天员参与完成试/实验内容最多的一次，总数达38项。无论哪个试/实验，他俩都要在地面反复训练，确保飞行期间获得的试/实验数据可靠、有效。

我们的科学家和飞行器，一定能送我们安全回家

2016年10月17日，盼望了几千个日日夜夜的时刻终于来临了。凌晨1点多，陈冬起身开始做升空的各项准备工作。他和指令长景海鹏将驾乘神舟十一号飞船飞向太空。

当年，神舟五号升空时，火箭抛掉顶端的逃逸塔之后，发动机、箭体之间产生的8赫兹左右的低频振动，与人体内脏产生了令人难以承受的共振，整整26秒，人体耐受力几乎濒临极限。

"您乘长征二号F遥十一火箭升空时，有没有遭遇这样的共振？"记者问。

"完全没有。经过航天科技人员攻关，从'神六'起，这种共振现象就已经消除了。我们乘坐的火箭起飞非常平稳，甚至感觉不到很大的震动，就像坐太空版'动车'一样。直到抛整流罩时才感到有点震动，飞船立即沐浴在阳光里，当阳光洒进舷窗，座舱一下子亮堂了。"陈冬说。

当时，陈冬情不自禁地扭头看了一下座位右侧的舷窗，那是他期盼已久的美景：一半是深邃的太空，一半是蓝白相间的地球，两者相交之处是一道

蓝莹莹的弧线。

三上太空的景海鹏问他:"爽吗?"

陈冬脱口回答:"爽!"

初上太空,失重的体验让人新奇和兴奋,但很快"空间运动病"接踵而来。因为失重,血液涌向头部,头晕脑涨,甚至眼睛都有点外突。幸亏"景师兄"已有两次太空飞行经验,帮助他慢慢适应了失重感。

"在您之前,我国航天员还没有第一次上太空就连续飞行33天的。您晚上能睡踏实吗?"记者问。

"开始确实睡得不太踏实,因为在太空,人其实站着、躺着、飘着是一样的。我们睡觉是钻进固定在舱壁上的睡袋里站着睡,开始总觉得后背没有躺在床上的踏实感,感觉有点'飘着睡'。但后来越睡越踏实了,一是白天工作排得很满,人也适应了,很快就能睡着;二是知道即使我们睡着了,地面飞控中心还有多少专家眼睛一刻也不眨地陪伴着我们呢。"

在这33天里,他俩既是航天员,又是工程师、科学家、医生、饲养员和农民等多面手。尤其是太空种菜的实验,填补了我国在轨植物栽培技术领域的空白,为开展空间站更大规模、更高复杂度和更精确的受控生态生保系统技术验证与在轨应用奠定了坚实基础。

"因为时间有限,不可能像电影《火星救援》里一样种土豆,我们种的是生菜。"陈冬告诉记者。

在失重环境下种植,怎样才能出苗,怎样才能提供合适的养分、水分,都是难题和挑战。早在地面的多次试验中,陈冬他俩就认真摸索体会,根据对太空环境的充分了解,提出了很多宝贵建议,进行操作优化。在陈冬他俩的细心呵护下,生菜在"天宫二号"出苗了,短短几天就长到10多厘米高。在太空生长的生菜和吐丝成茧的蚕宝宝,吸引了全球很多青少年的目光。

就在飞船返航前几天,陈冬他俩突然遭遇了话音通信中断故障。"开始我呼叫飞控中心，没有反应，我还以为不在通信区。隔一会再呼叫，还没有反应。"陈冬说，"我们就在摄像头前写下'无线电通信故障'，让地面科技人员看到。在与地面联手排故的3小时里，我们在镜头前非常镇定，还在手册空白页上写了'我们很好，请你们放心'，来告知地面。同时，我俩一直在分析，是什么引起了故障，会不会引发其他故障，我们会不会提前返航？"

收听不到地面指挥调度的声音，航天员在太空中就像断线风筝。景海鹏说："最坏的打算，就是我们可能回不去了。"

这是直面生死的挑战。

陈冬说："我俩都相信我们的科学家和我们的飞行器，一定能把我们安全送回家。"

黄伟芬告诉记者："他们确实表现得很棒！非常镇静，整个排故流程都是按照平时训练进行的，不慌不乱，有条不紊，一丝不苟。"

当语音通信链路恢复，陈冬和景海鹏相视一笑。

返回地球的经历同样惊心动魄，尤其是返回舱以每秒8公里的速度穿越"黑障区"。

返回舱飞至距地面100公里高度后，逐步进入大气层。陈冬说："当返回舱高速闯入大气层时，会产生上千摄氏度的高温，并在返回舱周围形成一个电离层，无线电通信中断了。通过舷窗，我先是看到火焰将飞船表面防烧蚀涂层点燃，剥落的红色碎片密集飞过，很快将舷窗全部覆盖变黑，但是能感受到返回舱的发动机仍在工作。"

"当初，杨利伟看到舷窗曾出现'裂纹'，这次你们见到吗？"记者问。

"其实那不是舷窗玻璃的裂纹，而是防烧蚀涂层的裂纹。经过科学家的攻关，现在'裂纹'已经全部消除了。"陈冬说。

"穿过'黑障区'后最大的考验是什么？"

"那是降落伞开伞之时。先是'轰'的一声弹伞舱盖，然后是引导伞、主伞先后有序打开，返回舱坠落的重力和主伞的上升力造成舱体剧烈晃动，就像大风浪里的一叶小舟。这晃动人很不好受，但我心里好激动：主伞打开了，我们安全回家了！果然，一会儿返回舱就稳定了下来，直到它着陆时再次弹跳起来，我们立即发出指令切断了降落伞，舱体立即停了下来，经过飞翔和烈焰，我们再次回到了祖国的大地，心里无比踏实。"陈冬说。

那是2016年11月18日13时59分，内蒙古四子王旗航天着陆场。

将创下中国空间站的多个"第一次"

2022年6月5日7时54分，神舟十四号载人飞行任务航天员乘组出征仪式在酒泉卫星发射中心问天阁广场举行。

7时56分，中国载人航天工程总指挥、空间站阶段飞行任务总指挥部总指挥长李尚福下达命令："出发！"陈冬、刘洋、蔡旭哲3名航天员齐刷刷地向祖国敬礼，领命出征！

长征二号F遥十四火箭飞行在预定的窗口时间精准点火，火箭飞行约577秒后，神舟十四号载人飞船与火箭成功分离，进入预定轨道。

神舟十四号载人飞船采取径向自主快速交会对接方式，在完成6次自主变轨后，到达空间站后下方大约50公里的位置，随后途经中瞄点、停泊点，于北京时间2022年6月5日17时42分，成功对接于天和核心舱径向端口，整个飞行和对接过程历时约7小时。

在神舟十四号载人飞船与空间站组合体成功实现自主快速交会对接后，航天员乘组从返回舱进入轨道舱。按程序完成各项准备后，指令长陈冬成功开启天和核心舱舱门。北京时间2022年6月5日20时50分，航天员陈冬、刘洋、蔡旭哲依次全部进入天和核心舱。神舟十四号乘组为期6个月的太空之旅正式开启。

在神十四出征前夕的记者见面会上,有媒体记者问陈冬:"这次参加神十四任务和过去参加神十一任务,您的感受有什么不同?"他幽默而坚定地说:"原来是想上太空,这次是更想上太空,感受就是这么简单。"

如今,他的太空之旅即将从六年前的驻留1个月变为半年。作为我国第二批航天员中的首位指令长,重返太空,他确实责任重大。神舟十四号是中国空间站任务转入建造阶段后的首次载人任务,飞行任务将创下多个"第一次":神舟十四号与空间站在轨运行期间,将首次迎来4次航天器——问天实验舱、梦天实验舱、天舟五号货运飞船、神舟十五号载人飞船的"访问",陈冬他们将亲身见证并推动中国人的太空家园"越建越大"。

神舟十四号将在太空迎来神舟十五号飞船对接空间站,首次实现两艘载人飞船同时在轨。这是中国航天员乘组首次实现在轨轮换。"有朋自远方来,不亦乐乎"!神舟十四号与神舟十五号航天员乘组将同时在轨驻留5至10天,6名中国航天员齐聚太空,见证逐梦太空征程上的新奇迹。

陈冬信心满满地表示,在系统更稳定、功能更强大、设备更齐全的中国空间站上,乘组将利用更好的平台进行科技水平更高、更复杂的科学实验。"空间站不仅是中国人的太空家园,还会成为科技成果的孵化器,服务全世界,造福全人类"。

"神舟十四号任务是我国空间站建造阶段的关键一战,任务更重、难题更多、挑战更大,但我坚信,有全国人民的大力支持,有全体科研人员的保驾护航,有科学扎实的训练准备,我们乘组一定会以满格的信心、满腔的热血、满分的表现,坚决完成任务,用精细保证精准,用精心换来精彩"。

相信陈冬乘组一定能圆满完成任务。

"特别能吃苦,特别能战斗,特别能攻关,特别能奉献"。走进中国人民解放军航天员大队,最先映入眼帘的就是载人航天精神这句话。采访航天系统20多年后,记者对载人航天精神有了更为深切的感知。

其实，不仅航天员大队是个英雄的集体，所有航天员的家人也是这英雄集体的一员。

陈冬加入航天员大队的第二年，他的妻子汪晓燕有了身孕，为了不让丈夫分心，她独自一人回到了老家浙江嘉兴。每次孕检，医生都会用异样的眼光打量她，然后既关心又奇怪地问："你爱人怎么不来啊？"汪晓燕当然不能说丈夫在执行什么任务。

直到双胞胎儿子俊宇、砾宇满月后，参加完训练的陈冬才匆匆赶回嘉兴，妻子对他没有一句责备的话。

陈冬总结说："航天员家庭也有'四个特别'：特别能扛，家里照顾老人孩子的事全靠另一半扛着；特别能忍，家里有个小麻烦、自己生个病什么的，从来不跟我们说，全靠自己忍着；特别能'拖'，由于训练日程排得特别满，想全家人一块逛个街、聚个餐，总是'下一次'；还有就是全家人'特别支持'，不仅父母、爱人全力支持，孩子也特别懂事。"

陈冬在执行神舟十一号任务时，航天员大队安排了多次亲属通话。汪晓燕每次都问丈夫吃得好不好，说家里老人孩子都好，由她照顾着，让他放宽心。

俊宇和砾宇看着父亲在太空舱里能飘起来，还给他俩翻跟斗，感觉太空太神奇了。而且，这位经常不在家的父亲原来好厉害啊！

陈冬胜利完成神舟十一号飞行任务后，记者问陈冬："您未来的目标是什么？"

他毫不犹豫地说："尽快重返太空。我要为祖国飞出新的高度！"

之后，是6年的准备，以及6年如一日的努力。

好样的陈冬，如今正在为这一理想而飞翔在浩瀚的星空！